조선민주주의
인민공화국 현대사 2
1980~2021

조선민주주의인민공화국 현대사 2

초판 1쇄 발행 2021년 7월 7일

지은이   4.27시대연구원
펴낸곳   도서출판 4.27시대
주소   서울시 종로구 통일로 162
          덕산빌딩 502호(교남동)
전화   02-735-4270
팩스   02-735-4271
이메일   427era@gmail.com

ISBN 979-11-971106-5-8 04300
값 16,000원

51개 주제로 본 우리민족 절반의 이야기

조선민주주의
인민공화국 현대사 2
1980~2021

1945년
해방에서
2021년 8차
당대회까지

김동원·안광획·이정훈

도서
출판 **4.27시대**

| 발간사 |

벽을 문으로, 선을 넘자!

4.27시대연구원이 이번에 새로 발간한 〈조선민주주의인민공화국 현대사〉는 저자 중 한 분인 이정훈 연구위원이 국가보안법 위반혐의로 구속된 어려운 조건에서 펴낸 역작이다. 이른바 옥중출간인 셈이다.

북에서 살아가고 있는 우리의 반쪽은 '우리 민족의 운명은 우리 스스로 결정한다'는 주체와 자주의 역사를 살아가고 있다고 믿고 있다. 그래서 고난의 길을 감내하면서 초강대국 미국에 당당히 맞서 싸워내고, 그 특유의 자긍심을 잃지 않고 있다. 이러한 그들의 역사와 삶의 태도를 있는 그대로 이해하지 않고서야 어찌 분단을 극복하고 평화번영, 자주통일의 길을 찾을 수 있겠는가!

이 책의 의미는 북의 현대사를 우리 민족의 현대사로 자리매김했다는 점이다. 사실 조금만 생각해보면 이 입장은 지극히 당연한 것이다. 그러나 현실은 북을 적 혹은 혐오의 대상으로 보거나 심지어 아예 외국으로 바라보는 입장도 상당하다. 그러다 보니 북의 역사는 아예 모르거나, 알려고 하지도 않고 심지어 왜곡되게 이해한다. 조선일보가 가짜뉴스, 왜곡보도를 일삼아도 누구도 책임을 묻지 않는다. 모두 분단체제와 국가보안법이 만들어낸 분단의식, 피해의식의 반영이다. 북을 제대로 알려고만 하면 고문하고, 잡아가고, 낙인을 찍었던 역사가 만들어낸 괴물이다. 이 책은 이 괴물 같은 분단의식을 걷어내고 북 역시 우리 민족의 일원으로 그들의 역사를 있는 그대로 볼 것을 제안한다. 적이 아닌 형제로, 외국이 아닌 통일을 실현할 우리 민족의 일원으로 바라보고 그들이 만들어낸 역사의 여정을 제대로 알 것을 주문한다. 사실 그래야 4.27판문점선언대로 남북이 힘을 합쳐 평화를 지키고, 번영을 도모하고, 통일의 길도 찾을 수 있을 것이다. 이 점이 이 책의 큰 공적이다.

저자는 서문에서 삼국시대 고구려, 백제, 신라가 서로 싸웠지만 후대는 모두 우리 민족의 역사로 기록했듯이, 현대의 남북대결로 북 역사를 왜곡하거나 모르게 한다 해도 후대는 남북의 역사를 우리 민족의 역사로 제대로 기록할 것이라고 하였다. 예로부터 역사를 가벼이 대하면 망하고, 무겁게 대하면 흥한다 하였다. 4.27판문점선언이 아직 이행되고 있지 않지만 그렇다고 합의한 역사가 없어지는 것은 아니다. 이제 곧 실현될 남북의 평화번영과 통일을 대비하기 위해 먼저 북을 제대로 아는 노력이 절실한 때다. 이런 점에서 금번 4.27시대연구원의 〈조선민주주의인민공화국 현대사〉 출간은 반갑고 시의적절하다.

이 책의 큰 특징은 북의 역사를 처음 접하는 분들도 누구나 쉽고 재미있게 읽을 수 있도록 구성했다는 점이다. 해방 이후 현재까지 70년 이상의 긴 기간을 51가지 주제별로 묶어 독자들이 주요 역사적 사건이나 사안을 잘 이해할 수 있도록 서술했다. 국내에서 출간된 북 관련 역사서 가운데 이처럼 시기별 주요 사안을 쉽고, 일목요연하게 서술한 책은 아마도 처음일 것이다. 이 점이 이 책의 가장 큰 장점이다.

벽을 문으로!
선을 넘자!
늦봄 문익환 목사님이 그립다.

이정훈 연구위원이 '벽을 문으로' 박차고 나가고 있다. 또 하나의 '선을 넘고' 있다. 우리 모두 이정훈의 길동무가 되자.

4.27시대연구원 원장
한충목

| 추천사 |

더는 속으면서 살고 싶지 않다면

'우물 안 개구리'라는 말이 있다. 그가 보는 하늘은 매우 작은 동그라미에 불과하다. 플라톤의 유명한 동굴 우화가 있다. 평생을 쇠사슬에 묶여 동굴 깊숙한 곳에 사는 죄수는 햇빛을 통해 반사되는 벽면의 그림자를 통해서만 밖의 세상을 이해한다.

북조선에 대한 우리의 앎이 마치 이와 같다. 지금 사람들은 믿기 어려운 얘기일지 모르지만, 전쟁 직후에 태어난 나는 철저하게 이승만과 박정희 독재정권이 만들어낸 반공교육만을 받고 자라났다. 대학 1학년 때 국가가 안보교육 차원에서 보여준 북조선의 로동당 전당대회 16밀리 영상을 보고서야 비로소 난 북측 사람들이 나와 똑같은 언어를 사용한다는 사실을 깨달았다. 그전까지는 뭐가 달라도 달라 소통이 불가능할 것이라고 추측했다. 그때 난 절망하고 분노했다. 나의 순진한 어리석음에 절망했고 국가가 나를 속인 일에 대해 분노했다. 그리고 군에 입대하여 38선 철책에서 밤마다 북측을 향해 총을 겨누면서 '국방의 의무'라는 말이 한 인간을 얼마나 비인간적인 관념의 노예로 만드는가를 깨달았다. 역사는 분명히 말하고 있다. 국가 권력이 얼마나 쉽게 국민을 속이고 우민화시키고 있는가를.

남과 북은 무려 오천 년의 장구한 역사를 같은 땅 위에서 같은 문화를 공유하며 살아왔지만, 일본과 미국의 세계 패권주의 폭력에 의해 갈라진 지 76년째를 맞이하고 있다. 아니 그냥 갈라진 채 살아온 게 아니라, 무찔러야 할 적이요 망해야 할 원수로 여기면서 살아오고 있다. 이로 인해 생명경시 사상이 우리 안에 독버섯처럼 자라나, 남한은 경제군사대국으로 성장했으면서도 부동의 세계 제1위 자살국가라는 치욕을 안고 있다.

나는 목사로서 다섯 번 평양을 다녀왔지만, 내가 본 것은 극히 일부분에 불과하다. 북조선의 역사에 대해서는 더더욱 알지를 못한다. 왜냐하면 배운 적이 없기 때문이다. 언론에서 듣는 것이라곤 적대에 가득 찬 부정적인 얘기밖에 없다. 관변학자들과 탈북사들의 일방적인 주장뿐이다. 21세기 세계화의 시대에서 나는 계속 동굴 속에 갇혀 저들이 전해주는 '그림자'를 실상으로 여기는 어리석은 사람이 되고 싶지 않다. 아니, 이제는 더이상 속으면서 살고 싶지가 않다. 이를 벗어나는 가장 좋은 길은 북조선에서 발간한 책을 직접 읽는 일이다. 그러나 남한의 국가보안법은 이를 범죄행위로 규정하고 있다. 최근 법원에서조차 배포를 허락한 〈세기와 더불어〉 출판자의 집과 회사를 수색하고 모든 책을 압수했다.

4.27시대연구원은 그간 북조선에 관한 책 출판을 통해 〈북 바로 알기〉를 넘어 〈북 깊이 알기〉를 시도하여 오고 있다. 이 책 또한 북조선을 깊이 이해하는 데 있어 매우 중요한 길잡이가 될 것이다. 국민 필독서로 강력하게 추천한다. 하나 안타까운 일은 이 책의 책임집필자인 이정훈 연구위원이 그가 이전에 펴낸 책에 대해 공안당국이 불온 딱지를 붙여 현재 구속되어 있다는 사실이다. 하루속히 무죄 석방되어 출판의 기쁨을 함께 나눌 수 있기를 바란다.

예수살기 상임대표,
6.15공동선언실천 남측위원회 상임대표
조헌정

| 필자 서문 |

〈조선민주주의인민공화국 현대사〉를 시작하며

북한(조선)의 정식국호는 조선민주주의인민공화국이다. 즉 조선이다. 북 현대사를 서술하며 첫 번째 던지는 질문은 '조선민주주의인민공화국 역사는 우리나라 역사인가, 외국의 역사인가?'이다. 북한(조선) 역사가 우리 역사라면 우리는 자신의 역사에 대해 너무나 무지하다는 것을 바로 알게 된다. 우리가 북한(조선) 역사에 대해 아는 것은 '북괴(북한 괴뢰집단)', '북한 공산집단'이라는 적대적 이데올로기로 주입된 역사지식 외에는 거의 없다.

말할 것도 없이 북한(조선) 역사는 우리나라 역사다. 이 질문은 마치 고구려가 우리나라 역사인가를 묻는 것과 같은 수준의 질문이다. 신라, 백제, 고구려는 모두 우리 역사, 즉 우리 민족의 역사이다. 삼국시대 당대에는 신라가 외세 당나라를 끌어들여 동북아 전쟁을 벌였고, 백제와 고구려를 멸망시키며 서로 적으로 싸웠다. 하지만 그 후대는 당연히 삼국의 역사를 모두 우리의 역사로 기록한다. 마찬가지로, 미래에 통일조국을 이룩할 후대는 남북의 현대사를 모두 우리나라, 우리 민족의 역사로 기록할 것이다.

우리가 북한(조선) 현대사에 대해 아는 게 거의 없는 것은 어쩌면 당연하다. 북 현대사를 최소한 민족사적 관점, 통일지향적 관점에서 서술하는 용기 있는 지식인과 역사학자가 너무 없기 때문이다. 북 현대사는 전후 70년 가까이 분단과 적대적 냉전을 유지하는 국가보안법 체제에 굳게 갇혀 있었다. 그래서 북 현대사는 적대적 이데올로기에 자발적으로 훈련된 학자가 쓴 관변역사서가 대부분이다. 북 현대사의 진실은 몰라도 되는, 아니 몰라야 하는 남의 나라 역사로 철저히 배제되었다.

이 책은 남북의 현대사를 통일의 과도기라는 관점에서 본다. 북 현대사를, 분단과 냉전의 관점을 버리고 우리 민족의 역사, 우리 안의 역사로 본다. 통일지향적 관점에서 통일과도기에 불가피하게 남과 북에 두 개의 정부와 두 개의 현대사가 있다는 사실을 그대로 인정한다. 군사분계선을 넘어 평양과 개성에서 벌어지는 역사를 광주와 부산의 역사처럼 본다. 북 현대사는 우리 현대사의 절반이다. 잃어버린 우리 자신의 절반을 연구하고 기록하는 작업이다.

이 책의 서술관점은 내재적 관점이다. 내재적 관점은 외부자의 시각이 아니라 내부자의 시각에서 사건과 역사를 본다는 의미이다. 가령 한국에서 일어난 사건은 우선 한국인 내부의 관점에서 보는 것이 1차적이다. 여기에 외부자의 시각이 더해지면서 종합적 평가가 이루어진다. 그런데 시중에 있는 대부분 북 현대사 저작물의 시각은 적대적인 색안경을 끼고 본 외부자의 시각이다. 그나마 진보적이라는 역사학자들 역시 소련, 동유럽, 중국 등의 외국 사회주의 혁명사를 기준과 잣대로 적용하여 북 현대사를 해석하고 폄훼하는 한계를 보였다. 내재적 관점에서 북의 역사를 보면 북의 역사는 180도 다른 느낌과 그림으로 다가온다.

북이 지난 70여 년간 추구한 역사의 진실은 무엇이었을까? 내재적 시각에서 보자면 다음 세 가지를 변함없이 추구한 역사가 눈에 들어온다.

첫째, 북의 역사는 민족자주와 통일 구현의 역사이다. 남한에 수립된 정권이 친일·친미 정권이라면 북은 일본제국주의에 맞서 무장독립투쟁을 벌이던 항일독립군이 세운 정권이다. 사회주의에 앞서 북의 열망은 자주독립국이었다. 나라가 분단된 이후 북은 일본을 대체한 제국, 미국과 70여 년 동안 전쟁을 벌인다. 북은 민족통일이 일제로부터 시작된 투쟁의 완성, 즉 완전한 자주독립이라 보고 있다. 북이 해방 전후 가장 실력 있는 항일무장독립군을 계승한 정권이란 것은 남측 정부가 오랫동안 감추고 싶은 진실이었다.

둘째, 북의 역사는 사회주의 혁명의 역사이다. 1945년 해방 후 북이 지향한 사회체제는 자본주의가 아니라 사회주의였다. 사회주의를 바탕으로 자유와 평등국가를 지향했다. 남한이 친일·친미 자본가 정권이라면 북은 노동자, 농민 등 근로대중이 집권한 우리나라 역사상 첫 인민정권이다. 크게 보면 21세기 현대 사회주의 역사는 여전히 진퇴를 거듭하며 인류사적으로 거대한 시험이 진행 중이다. 역사는 이를 '과도기'라고도 부른다. 그런데 남측에 사는 우리는 사회주의에 대해 나쁘다는 것 말고 아는 게 별로 없다. 사회주의를 금기시하며 사회주의 혁명역사에 대해 한 번도 제대로 배워본 적이 없기 때문이다. 우리가 사상적 장애가 심하다는 것조차 잘 모른다.

셋째, 북의 역사는 주체사상 창시와 확장의 역사이다. 모든 혁명은 사상으로부터 시작된다. 맑스와 레닌, 모택동 등 숱한 사회주의 혁명 지도자들이 혁명가이자 철학사상가였듯이, 김일성과 김정일 역시 정치가이자 사회주의 철학사상가이다. 북은 항일독립투쟁과 이후 사회주의 건설과정에서 맑스-레닌주의를 계승하면서도 맑스-레닌주의를 넘어선 독자적인 혁명사상을 창시했다고 자부한다. 그것이 주체사상이다. 북을 주도하는 로동당과 국가기관의 모든 활동의 철학적 지침은 주체사상이다. 불행히도 이에 대해서도 우리는 아는 것이 거의 없다. 주체사상의 내용을 구호로 간단히 요약하면 이민위천, 일심단결, 자력갱생이다.

이러한 내재적 관점에서 북 현대사를 쓰려고 시도하니 자료가 너무나 부족했다. 남측에는 통일부 자료 외에 합법적으로 출판된 북 현대사 1차 사료 자체가 거의 없다. 저자들도 하는 수 없이 통일부 북한자료센터의 자료를 부지런히 찾았다. 〈조선전사〉, 〈조선통사〉, 〈현대조선력사〉, 〈조선로동당력사〉, 김일성종합대학 및 북 사회과학원에서 출판한 역사학 연구서들, 〈력사사전〉, 〈정치사전〉 등 상당한 1차 자료를 찾아보았다. 2016년 조선로동당 제7차 대회까지를 기록한 신판 〈조선로동당력사 2〉와 김정은시대의 시작까지를 담은 개정증보판〈조선통사〉(하)가 있다는 것도 처음 알았다.

북 현대사는 당사(黨史. 조선로동당의 역사)의 연장이라고 볼 수 있다. 따라서 당사의 관점을 중시하며 충실히 서술하려 했다. 허나 사회주의이론과 역사적 맥락에 대한 지식이 많지 않은 남측 독자들에게 이 역시 쉽지 않고 생소하기는 마찬가지다. 그래서 가능한 역사적 배경과 해설을 추가하는 방식으로 서술했다. 물론 북에서 다루지 않는 독자적 영역과 주관적 해석도 있으나 이 책은 기본적으로 북이 보는 북의 현대사를 해설하고자 하였다. 적대적 관점에서 쓴 북 역사에 대한 반론과 비판은 수두룩한 관계로 이 책에서는 더는 서술하지 않았다.

북 현대사를 이해하는 것은 북 바로알기의 핵심 내용이다. 전문서나 학술서보다 북 현대사를 쉽게 통으로 읽는 대중서를 쓰려 하였으나, 생각보다 전문적 내용이 계속 추가되었다. 북 현대사를 시간순으로 50개 정도의 주제를 뽑아 1945년 해방부터 2021년 조선로동당 제8차 대회까지를 모두 다루었다. 글을 마치려니 거칠고 부족한 점이 눈에 보인다. 나머지 과제는 다른 진보적 지식인과 역사학자들의 몫으로 남겨야 할 것 같다. 머지않아 북 사회과학원 학자들과 남북의 역사를 함께 쓰게 되는 날이 오기를 기대해 본다. 남과 북의 경험과 역사가 통일현대사로 거듭나 새로운 위대한 인류문명사를 창조하는 그날도 그려본다.

새로운 과제에 과감히 도전한 4.27시대연구원 저자 선생님들, 큰 관심을 보내주신 연구원 회원님들, 통일교과서 출간위원회 등 책의 출간을 위해 노력과 지원을 아끼지 않은 모든 분께 진심으로 감사드립니다.

2021년 5월
저자들을 대신하여
이정훈

| 차례 |

|발간사| 벽을 문으로, 선을 넘자! 4
|추천사| 더는 속으면서 살고 싶지 않다면 6
|필자 서문| 〈조선민주주의인민공화국 현대사〉를 시작하며 8

3장 사회주의 고속성장기 |공동집필| 17
1980~1993

1. 조선로동당 제6차 대회, 혁명의 계승과 18
   '온 사회의 주체사상화' 선포
2. 차이를 넘어 하나됨을 위하여 28
   고려민주련방공화국 통일방안
3. '혁명의 계승자' 김정일의 성장과정과 후계자 등장 35
4. 유일사상체계의 확립과 주체사상의 완성 45
5. 사회주의 경제건설을 위한 '속도 창조' 운동 58
6. '혁명의 교과서' 〈세기와 더불어〉 73
7. "조선이 없는 지구는 있을 수 없다" 84
   1994년 전쟁위기와 북미 제네바합의
8. 백두에서 한라까지 조선은 하나다 98
   통일운동의 발전과 전민족대단결 10대 강령

4장   김정일시대와 선군정치 | 김동원 | 105
1994~2011

1. '평양선인'에서 〈사회주의는 과학이다〉까지   106
2. 김일성 주석 서거와 수령영생위업   118
3. 고난의 행군과 강계정신   127
4. 선군정치의 시작   136
5. 광명성 1호 발사와 '첨단을 돌파하라'   144
6. 두 차례 남북정상회담과 6.15·10.4선언   152
7. 강성국가론과 선군경제노선   163
8. 김정은 후계자 확정   180

5장   김정은시대와 인민대중제일주의_북미대결을 중심으로   187
2012~2021 | 이정훈 |

1. 김정은시대의 출범, 2012년 4.15열병식   188
2. 2013년 전쟁위기와 3월 전원회의 '경·핵 병진노선' 결정   197
3. 36년 만에 열린 조선로동당 제7차 대회   204
4. 2017년 정점에 이른 김정은시대 북미 2차 핵대결   211
- |사진첩| 김정은시대의 북녘   220
5. 역사적인 4.27판문점선언과 9.19평양공동선언   228
6. 조선로동당 7기 3차 전원회의와 싱가포르 북미정상회담   233
7. 2019년 하노이 2차 북미정상회담의 결렬   240
8. '정면돌파전', 2019년 12월 전원회의   245
9. 새 격변기 준비한 조선로동당 제8차 대회   252

| 참고문헌 | 260 | 사진출처 | 267

1권 차례

1장.
조선민주주의인민공화국 수립과 전쟁(1945~1953) |김동원|

1. 북의 현대사 이해와 주체사관
2. 개선
3. 북조선공산당의 창당과 북조선민주주의민족통일전선의 결성
4. 북조선림시인민위원회와 토지개혁
5. 남북연석회의
6. 조선민주주의인민공화국의 수립
7. 왜 '조국해방전쟁'인가
8. '유령' 참전국 일본
9. "미국은 세균전을 멈춰라!"
10. 폭격, 그리고 학살
11. 항미원조보가위국
12. 박헌영·리승엽 '간첩' 사건
13. 정전협정의 체결과 '전승 열병식'

2장.
전후복구와 사회주의 건설기(1954~1979) |안광획|

1. 전후복구와 사회주의 개조
2. 천리마를 탄 기세로 - 천리마운동
3. 8월 종파사건과 반종파투쟁
4. 조선로동당 제4차 대회와 7개년 계획
5. 경제건설에서 '사람'을 중심에 세우다 - 청산리방법과 대안의 사업체계
6. '한 손에는 총을, 다른 한 손에는 마치를' - 경제·국방건설 병진노선
7. 조선로동당 제5차 대회와 사회주의헌법 제정
8. 사상과 기술, 문화도 주체의 요구대로 - 3대 혁명
9. 수정주의와 교조주의 혼란 속에서 조선혁명의 주체를 세우다
 - 중소갈등과 자주노선 천명
10. 전세계 약소민족의 해방투쟁을 지지하며 - 반제국주의 국제연대
11. 보복에는 보복으로, 전면전에는 전면전으로 - 1960~70년대 북미대결사
12. 자주·평화·민족대단결의 원칙을 세운 7.4공동성명과 조국통일 5대 방침
13. 우리의 또 한 형제, 재일동포의 역사

3

사회주의 고속성장기

1980~1993

공동집필

1 조선로동당 제6차 대회, 혁명의 계승과 '온 사회의 주체사상화' 선포

북은 1980년대를 시작하며 조선로동당 창당 35주년을 맞았다. 1980년 10월 10~14일 닷새 동안 평양에서는 이를 기념하는 6차 당대회가 개최되었다.

이때 남측에서는 1979년 10월 부마항쟁과 10.26사건, 12.12쿠데타, '서울의 봄' 등 정치사회적으로 굵직굵직한 사건들이 이어지고 있었다. 전두환을 중심으로 한 신군부는 1980년 5.17 내란을 일으켜 정권을 탈취하였고, 신군부 독재에 저항하며 민주화를 외치던 광주시민들을 무참히 학살했다(5.18민중항쟁). 그리고 신군부는 국가보위비상대책위원회(약칭 국보위)를 구성하고 남측의 정치·사회 전반을 장악하려 이른바 '사회정화운동'을 벌이며 정치적 반대파는 물론 노동운동가, 학생운동가, 사회적 약자들을 '사회악 척결'이란 명목으로 검거하고 삼청교육대에 강제 입소시키는 등 폭압을 자행하였다.

6차 당대회에선 노령에 접어든 김일성(당시 69세) 주석이 중앙위원회 사업총화보고를 하였다. 보고에서 김 주석은 5차 당대회 이후 10년간의 사회주의 건설과정 전반을 총화하였는데, 사상·기술·문화 3대 혁명을 적극 추진하여 정치사상·사회경제·문학예술 등 전반에서 사회주의 건설을 성공적으로 수행하였다고 평가하였다.[1]

조선로동당 제6차 대회를 주관하는 김일성 주석과 김정일 비서(1980.10) <조선의 오늘>

북의 역사서인 〈조선전사〉[2]와 〈조선로동당력사〉[3]을 보면 대회엔 각급 당 대표 회의에서 선출된 결의권 대표 3,062명과 발언권 대표 158명, 방청자 등 6,000여 명이 참가하였다. 또 로동당의 우당[4]인 조선사회민주당과 천도교청우당 대표단이 참관하였고, 대회를 축하하러 온 남측의 통일혁명당 대표단과 재일동포로 구성된 재일조선인축하단, 세계 118개 나라 177

---

1 김일성, 〈조선로동당 제6차 대회 중앙위원회 사업총화보고〉(1980년 10월)

2 사회과학원 력사연구소, 〈조선전사〉 33권 '현대편 : 사회주의건설사 6'(과학백과사전출판사, 1982) 526~527쪽.

3 조선로동당 당력사연구소, 〈조선로동당력사 2〉(조선로동당출판사, 2018) 92쪽.

4 우당(友黨) : 북에서 근로대중(노동자, 농민, 근로인텔리)의 전위정당인 조선로동당 외에 소자산계급, 중산계급(중농, 소상공인, 민족자본가 등), 애국적 종교인 등이 만든 정당. 우당은 로동당의 지도를 받는 한편 정책적으로 교류·협력하며 최고인민회의에 대의원 후보를 내보낸다. 우당은 자본주의국가에서 집권당에 대립하는 야당과는 성격이 다르다. 대표적 우당으로 민족자본가와 기독교 세력을 대변한 조선사회민주당과 천도교 세력을 대변한 천도교청우당이 있다(4.27시대연구원, 〈북 바로알기 100문 100답(1)〉(사람과사상, 2019), 228~229쪽 참조).

개 당 및 정부대표단과 대표자들이 방청하였다.

> "조선로동당 제6차 대회는 우리 당의 영광스러운 력사를 빛나게 장식한 또 하나의 커다란 사변으로 됩니다. 당 제6차 대회는 주체사상의 전면적 승리와 우리 당의 불패의 위력을 시위한 승리의 대회로, 우리 혁명의 승리적 전진과 주체위업의 완성을 위한 확고한 담보를 마련한 영광의 대회로 우리 당 력사에 길이 빛날 것입니다."[5]

6차 당대회에서 다룬 안건[6]은 사회경제 건설, 사상사업, 통일정책, 당사업 강화 등 여러 분야에서 제출되었다. 이들 가운데 우선 살펴볼 게 '온 세상의 주체사상화' 강령 제시와 후계자의 공식 확정이다. 여기에선 6차 당대회에서 처리한 주요 안건들과 김정일 후계자 공식화에 대해 살펴보겠다.

1) 3대 혁명노선 강화

1970년에 열린 5차 당대회에서 북은 사회주의 완전승리를 위한 총노선으로 '사상·기술·문화 3대 혁명'을 공식 제시하였다. 1972년 최고인민회의를 열어 제정한 사회주의헌법에 3대 혁명 관련 내용을 총노선으로 명시했다. 6차 당대회에서 북은 70년대 진행된 사상·기술·문화 3대 혁명의 성과를 총괄 평가하고는 이를 계속 강화해 나갈 것을 천명하였다.

> "동지들! 사상혁명, 기술혁명, 문화혁명은 근로인민대중의 자주성을 실현하기 위한 투쟁입니다. 근로인민대중의 자주성을 완전히 실현하려면 정치와 경제, 사상과 문화를 비롯한 사회생활의 모든 분야에서 낡은 사회의 유

---

5 김일성, 〈조선로동당 제6차 대회 폐회사〉(1980년 10월 14일)
6 온 사회의 주체사상화, 3대 혁명 강화와 사회주의 건설 10대 전망목표, 고려민주련방공화국 창립방안, 김정일 후계자 지위 공식화 등이 있다.

물을 청산하고 근로자들을 온갖 형태의 지배와 예속, 사회적 불평등에서 해방하여야 합니다. 근로인민대중을 계급적 지배와 예속에서 해방하는 과업은 낡은 사회의 정치제도와 경제제도를 변혁하는 혁명을 통하여 실현되며, 낡은 사상과 기술, 문화의 구속에서 해방하는 과업은 3대 혁명을 통하여 실현됩니다."[7]

북이 '3대 혁명' 노선을 강조한 이유는, 그것이 주체사상을 구현한 독창적인 북한(조선)식 사회주의 건설의 총노선이기 때문이다. 앞의 글들에서 봤듯 북은 1960년대 중국의 문화대혁명을 좌경적 노선으로 비판하였다. 또 소련의 경제제도 중심의 사회주의노선의 한계도 비판하면서 새로운 사람중심의 주체적 사회주의 총노선을 정립하였다. 1970년 조선로동당 제5차 대회에서 제시된 사상, 기술, 문화 3대 혁명노선이었다. 이는 당시 문화대혁명으로 기술혁명을 경시하는 중국의 사회주의 건설노선과 사람의 의식개조, 즉 사상과 문화 혁명을 경시한 소련식 사회주의노선과 비견되는 독창적인 북한(조선)식 사회주의노선이라고 하겠다.

2) 온 사회의 주체사상화

"온 사회를 주체사상화한다는 것은 혁명과 건설에서 주체사상을 확고한 지도적 지침으로 삼고 주체사상을 철저히 구현하여 공산주의사회를 건설한다는 것을 말합니다."[8]

6차 당대회는 '온 사회의 주체사상화'라는 새로운 목표를 제시하였다. 인용 문구에서 보듯 '온 사회의 주체사상화'란 북의 장기 목표인 공산주의사

---

7 김일성, 〈조선로동당 제6차 대회 중앙위원회 사업총화보고〉(1980년 10월)
8 조선로동당 중앙위원회 당력사연구소 편, 〈김일성저작선집〉 8권(조선로동당출판사, 1982) 338쪽.

회을 건설하는 과정에서 지침과 방도 모두를 주체사상에서 찾겠다는 것이다. 사상, 기술, 문화 3대 혁명노선 강화도 같은 맥락이다. 이는 북이 당사업에서 특히 사상을 중시하는 것과 관련이 있다. 사람(인민대중)의 인식과 실천활동에서 차지하는 사상의식의 역할에 관한 주체사상의 독특한 시각과 견해의 결과인데 인식과 실천에서 결정적 역할을 하는 게 사람(인민대중)의 요구와 이해관계를 반영한 사상의식이라고 보기 때문이다. 요지는 북의 인민대중을 주체사상으로 각성시켜 사상, 기술, 문화 3대 혁명을 더 강화해 공산주의사회로 나아가자는 주문인 셈이다. 이는 3대 혁명과 마찬가지로 당시엔 북에서만 독특하게 내세운 공산주의 건설노선이었다. 주체사상을 구현하는 사회주의 건설과정에서 나름 성과와 자신감을 얻은 결과로 읽힌다.

북이 주체사상을 당규약에 명시한 것은 앞서 1970년에 열린 5차 당대회에서였다. "맑스-레닌주의를 우리나라의 현실에 창조적으로 적용한 김일성 동지의 위대한 주체사상을 활동의 지도적 지침"으로 정식화했다. 맑스-레닌주의가 기준이지만 김 주석의 주체사상이 '창조적 적용'으로 같은 반열에 올랐음을 분명히 한 것이다. 주체사상에 따라 3대 혁명을 중심으로 추진한 사회주의 건설에서 성과를 이루고 중소갈등 속에서 '자주성' 원칙을 견지한 게 정당했다는 평가의 결과라고 보겠다.

> "새 당규약에서는 우리 당의 성격을 위대한 수령 김일성 동지께서 창건하신 주체형의 혁명적 당으로 규정하고 'ㅌ.ㄷ'로부터 당의 력사적 뿌리가 내리였다고 밝히였으며, 위대한 수령님의 혁명사상, 주체사상을 우리 당의 유일한 지도사상으로 명백히 규정하였다. 또한 우리 당의 최종 목적이 공산주의사회를 건설하는데 있다고 일반적으로 지적하였던 종전의 당규약과는 달리 온 사회를 주체사상화하는 데 있다는 것을 새롭게 밝히였다."[9]

이렇게 10년 뒤 연 6차 당대회에서 당규약을 개정해 주체사상만을 당의 '유일 지도사상'으로 공식 천명하였다. 또 새 당의 성격을 '김일성 동지가 창건한 주체형의 혁명적 당'으로 규정하고 김 주석이 청년 시절 조직한 타도제국주의동맹(ㅌ.ㄷ)[10]에 역사적 뿌리를 두고 있다고 공식화했다. '온 사회의 주체사상화'를 거듭 밝힌 것은 사회주의 완전승리와 공산주의 건설이 주체사상을 지침으로 삼아야만 구현 가능함을 강조한 표현법이라 하겠다.

3) 사회주의 경제건설의 10대 전망목표

북은 5차 당대회에서 제1차 6개년(1971~1976년) 계획을 제시하여 사회주의 경제건설을 추진하였다. 1977년 12월 제6기 1차 최고인민회의에 보고된 경제 실적과 〈조선중앙년감〉 1977년도판에선 1976년 공업 총생산액이 1970년에 비해 2.7배로 늘어나 목표(2.2배)를 초과 달성했다고 알렸다. 북의 경제가 남측을 앞선 때라던 1970년대 중후반 얘기다.[11]

1970년대 경제성과를 바탕으로 북은 6차 당대회에서 '사회주의 경제건설의 10대 전망목표'를 발표했다. 전체 분야에서 생산을 높은 속도로 배가시켜 가까운 앞날에 ▲연간 전력 1,000억Kw ▲석탄 1억2,000만 톤 ▲

---

9 조선로동당 당력사연구소, 〈조선로동당력사 2〉(조선로동당출판사, 2018) 94쪽.
10 타도제국주의동맹(ㅌ.ㄷ) : 1926년 10월 27일 김 주석이 만주 길림성 화전에서 최창걸, 김리갑, 리제우, 강병선, 김원우, 박근원 등과 결성한 비밀조직. 반제국주의와 조국해방, 사회주의-공산주의사회 건설을 목표로 삼았는데 민족주의자들과 연대도 강조했다. 회원들은 맑스-레닌주의 고전을 함께 공부하는 한편, 길림지역 인민들 속에서 대중사업을 적극 전개하며 운동 지반을 다졌다. 이듬해 8월 반제청년동맹으로 개편하였다(김일성, 〈세기와 더불어〉 1권(조선로동당출판사, 1992), 110~117쪽).
11 정석홍, 〈남북한 비교론〉(사람과 사람, 1999) 132쪽; 임영태, 〈민족화해와 협력의 시대에 읽는 북한 50년사②: 주체사상의 정립부터 김정일 시대까지〉(들녘, 1999, 124~125쪽 재인용.

강철 1,500만 톤 ▲유색금속[12] 150만 톤 ▲시멘트 2,000만 톤 ▲화학비료 700만 톤 ▲직물 15억m ▲수산물 500만 톤 ▲알곡 1,500만 톤 생산과 ▲ 10년간 30만 정보의 간석지를 농지로 개간하자는 것이었다. 하지만 '10대 전망목표'의 계획 수행은 1980~90년대 소련을 필두로 동유럽의 사회주의 중단과 맞물려 차질을 빚게 된다.

이에 대해 남측 학계에선 북 자체의 내재적 한계에서 원인을 찾는 주장(자립적 민족경제 건설노선 집착, 경제-국방건설 병진노선으로 인한 국방비 부담, 기술수준 낙후 및 체제 자체의 경직성 등)이 다수였다.[13] 하지만 남측 학계가 북의 경제건설 노선을 비판하며 비교 대상으로 삼은 당시 미하일 고르바초프(Михаи́л Горбачёв)의 이른바 '글라스노스트(Гласность: 개방)', '페레스트로이카(Перестройка: 개혁)' 노선은, 북의 입장에서 보면 흐루쇼프 때 등장한 현대수정주의의 연장으로 외려 소련과 동유럽 사회주의 중단의 촉진제였다.[14] 중국의 덩샤오핑이 내세운 이른바 '개혁·개방' 정책 역시 자본주의화를 수용한 수정주의 경향의 하나였다.[15] 게다가 북은 미국과의 군사적 대치가 상수이다. 사회주의국가들에서 수정주의 확산으로 전체 사회주의진영에 악영향을 끼치고, 미국의 군사적 위협에 대응해야 하는 환경 속에서 자체 역량으로 사회주의 건설을 지속해야 했던 북의 상황을 염두에 두는 게 합리적 시각이라 하겠다.

---

12 철과 그 합금을 제외한 모든 금속과 그 합금. 구리, 알루미늄, 금·은 등 귀금속이 속한다.
13 김성보·기광서·이신철, 〈사진과 그림으로 보는 북한현대사: 1945~〉(웅진지식하우스, 2009); 이종석, 〈북한의 역사 2: 주체사상과 유일체제, 1960~1994〉(역사비평사, 2011); 임영태, 〈민족화해와 협력의 시대에 읽는 북한 50년사②: 주체사상의 정립부터 김정일 시대까지〉(들녘, 1999) 등.
14 최철웅·신영균, 〈사회주의 배신자들의 추악한 운명〉(사회과학출판사, 2010) 253~256쪽.
15 문영찬, 〈등소평의 사회주의 시장경제론 비판〉(〈노동사회과학〉 vol 1., 노동사회과학연구소, 2008년 11월호) 참조

4) 고려민주련방공화국 창립방안 제시

6차 당대회에선 '고려민주련방공화국'을 창립해 남북이 자본주의와 사회주의라는 서로 다른 제도를 인정한 기초 위에 통일중앙정부를 세우자는 평화통일방안이 제기되었다. 고려민주련방공화국 창립방안에 관해서는 다음에 자세히 살펴보겠다.

5) 김정일 후계자 공식화

6차 당대회에선 김정일 비서[16]를 당중앙위원회 정치국 상무위원회 위원, 당 중앙군사위원회 위원으로 추대하였다.

> "오늘 당사업에서 내세울 중요한 과업은 우리 당의 영광스러운 혁명전통을 빛나게 계승 발전시키는 것입니다.… 우리 당의 혁명전통을 계승 발전시킨다는 것은 본질에 있어서 주체의 혁명위업을 계승하여 완성하여 나간다는 것을 의미합니다."[17]

북은 '혁명의 계승과 후계자' 문제를 매우 중시한다. 북은 인류역사가 평등사회로 나아가는 '사회주의 과도기'는 한 세대에 완성될 수 없고 더욱이 사회주의 완전승리와 공산주의사회로의 이행은 몇 세대를 거쳐야 하는 장기간의 과업이라고 본다. 그래서 세대를 이어 혁명전통과 노선을 계승하는 문제를 건국사업만큼 중시하는 것이다. 6차 당대회에선 1974년 2월 당중앙위원회 제5기 8차 전원회의에서 후계자로 확정된 김정일 비서의 6년여 기간 활동과 업적 등을 총화하고 '혁명위업의 계승'을 공식 확정한 것이라고 볼 수 있다.

---

16 김정일은 1973년 당중앙위원회 비서가 됐으며 이듬해인 1974년 김일성 주석의 후계자로 추대되면서 당중앙위원회 정치위원회 위원이 됐다('김정일 약력' 〈매일경제〉 1994년 7월 9일자).

17 김일성, 위의 글(1980년 10월).

"그런데 소련에서 레닌의 뒤를 이은 스탈린이 사망한 후부터 후계자 문제가 아주 심각한 문제로 제기되었던 것이다. 그것은 1953년 스탈린이 세상을 떠난 후에 소련공산당 내 요직을 오랫동안 차지하고 있던 야심가인 흐루시초프가 스탈린이 후계자로 지명한 말렌코프를 밀어내고 공산당의 최고 지위를 차지한 것과 관련된다.… 뿐만 아니라 그는 1956년 2월 소련공산당 제20차 비공개회의에서 스탈린을 비판하고 격하시키는 짓까지 하였다. 이리하여 후계자 문제가 공산주의운동의 운명을 좌우하게 된다는 자각이 그 어느 때보다도 높아지고 후계자 문제의 중요성이 국제사회에서 널리 재인식되게 된 것이다."[18]

이는 북이 국제사회주의운동 역사에서 찾은 심각한 교훈이기도 하다. 북은 흐루쇼프가 스탈린의 지명을 받은 게오르기 말렌코프(Гео́ргий Мале́нков)를 몰아내고 음모적 방법으로 소련공산당 지도부를 장악해 레닌의 위업을 계승한 스탈린의 공적을 깎아내리고 비난하며 수정주의노선을 도입해 소련 사회주의를 중단시키는데 결정적 역할을 했다고 본다.[19]

"중국당에서도 세상에 널리 알려진 일이지만 후계자 문제와 관련하여 불미스러운 일이 있었다.… 1969년 4월 중국공산당 제9차 전국대표대회(9전대회)에서 당시 76세인 '모택동 없는 중국'을 감안하여 당 부주석인 임표를 모택동의 후계자로 정하고 당헌에까지 명문화하였다. 그런데 임표는 1971년 3월 '571 공정기요(工程紀要)'라고 불리우는 반모(反毛) 비밀쿠데타 계획을 실천에 옮기다가 실패하고 비행기로 소련으로 도주하다가 몽고(몽골)의 운돌한에 추락되었다.(1971.9.13.) 수령의 후계자로 지명된 사람이 자기 수령을 살해하고 권력을 탈취하려고 한 상상하기 어려운 사태가 발생한 것이다."

---

18 김재천 저, 김경식 편, 〈후계자문제의 이론과 실천〉(출판사 불명, 1989), 264~265쪽(통일부 북한자료센터 소장).
19 최철웅·신영균, 위의 책, 2010, 169~173쪽.

"후계자 문제로 하여 중국당 내에서 벌어진 불미스러운 일은 이것만이 아니었다. 1973년 8월 10전대회(十全大會)에서 5명의 부주석을 선정하고 새로운 집단체제를 이루었을 때 그중에는 37세의 왕홍문이 끼어 있었는데⋯ 모택동의 처 강청은 왕홍문, 장춘교, 요문원과 '사인방(四人幇)'을 형성하고 당, 정부, 군대의 지도권을 탈취할 것을 노렸다. 그리하여 '4인방'은 모택동 서거(76.9.9.) 후 화국봉이 후계자로 등장하자, 화국봉을 수반으로 하는 당 중앙을 전복하고 강청을 당수석으로, 장춘교를 국무원 총리로 앉히려는 쿠데타 음모까지 꾀하게 되었다. 그러나 망동하던 '4인방'은 드디어 1976년 10월 체포되고(10월 정변) 1977년 8월 11전대회 후 중국의 정국은 안전궤도에 올라서게 되었다. 참으로 피로써 점철된 국제공산주의운동사는 후계자 문제의 옳은 해결이 얼마나 중요하고 또 얼마나 어려운 일인가를 뜨겁게 비쳐주고 있다."[20]

이처럼 중국도 후계자 문제를 둘러싸고 큰 위기와 진통을 겪은 사실을 알고 있는 북으로선 '노동계급의 혁명위업 계승', 즉 후계자 문제를 어떻게 해결하는가가 혁명의 운명과 직결된 심각한 문제가 아닐 수 없었을 것이다.[21] '혁명의 계승자'로서 김정일 비서의 성장과 등장 과정은 뒤에서 살펴보도록 하자.

---

20 김재천 저, 위의 책, 1989, 271~273쪽.
21 "당의 위업의 계승에서 기본으로 되는 것은 수령의 후계문제를 올바로 해결하는 것입니다. 로동계급의 당 건설에서 후계자의 문제는 수령의 지위와 역할을 계승하는 것입니다."(김일성, 〈조선로동당 건설의 력사적 경험〉(조선로동당출판사, 1986) 102쪽; 이진규, 〈새시대 정치학원론〉(조국, 1990) 379쪽 재인용)

2. 차이를 넘어 하나됨을 위하여
고려민주련방공화국 통일방안

6차 당대회에서 김일성 주석은 고려민주련방공화국 창립방안(이하 고려연방제)을 내놓았다. 남한의 역대 정부들은 모두 '적화통일전략'이라며 고려연방제에 반대했다. 남한 정부들은 사실상 '분단 지속체제'인 연합제를 주장했다. 그럼 북의 고려연방제는 남측 정부들의 주장처럼 적화통일, 즉 사회주의 통일전략인가?

자본주의와 사회주의로 서로 다른 제도를 가진 남과 북이 평화적으로 통일하려면 어떤 방안이 실현 가능한지를 따져봐야 한다. 만약 남측이 북을 강제로 자본주의화하려면 전쟁이나 북 정권 붕괴를 유도해야 한다. 반대로 북이 남한 사회를 힘으로 사회주의화하려면 마찬가지로 전쟁이나 남측 정권 타도를 유도해야 한다. 이는 전쟁과 무력에 의한 강제적 통일방식이다. 평화통일이 아니다. 남과 북이 평화적 원칙으로 통일하려면 서로의 존재를 인정하고, 상대 제도를 전복하려 해선 안 된다.

통일이란 우리 민족의 단일한 통일정부(1국가)를 구성하는 것이므로, 통일이 평화적으로 가능하려면 유일한 방법은 각각의 정부가 자치를 실현하면서 중앙정부를 만드는 방법 말고는 사실상 없다. 연방이란 게 별것이 아니라 남북이 각자 자치정부를 둔 가운데 중앙정부를 만들어 하나의 국호를 사용하자는 통일방안이다.

"우리 당은 북과 남이 서로 상대방에 존재하는 사상과 제도를 그대로 인정하고 용납하는 기초 우에서 북과 남이 동등하게 참가하는 민족통일정부를 내오고 그 밑에서 북과 남이 같은 권한과 의무를 지니고 각각 지역 자치제를 실시하는 련방공화국을 창립하여 조국을 통일할 것을 주장합니다."[1]

남북이 서로 상대의 사상과 제도를 그대로 인정하는 가운데 남북이 동등하게 참가하는 하나의 통일중앙정부를 만들고, 여기서 남북이 똑같은 권한과 의무를 지니고 각자 지역에서 자치하는 연방국가를 설립하자는 게 북이 주장하는 연방제 통일방안의 기본내용이다.[2]

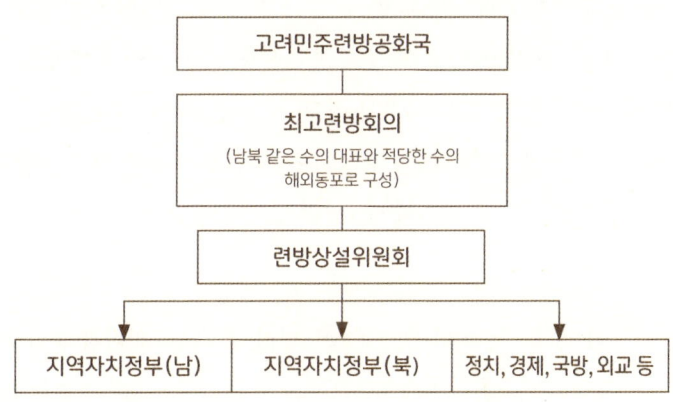

고려민주련방공화국 구성안 개념도

연방제 통일방안에선 중앙정부의 최고의사결정기구로 "북과 남의 같은 수의 대표들과 적당한 수의 해외동포들로 최고민족련방회의를 구성하고, 거기에서 련방상설위원회를 조직하여 북과 남의 지역정부들을 지도하며 연방국가의 전반적인 사업을 관할"하자고 제안한다. 연방제 방안은

---

1 김일성, 〈조선로동당 제6차 대회 중앙위원회 사업총화보고〉(1980월 10일)
2 심병철, 〈조국통일문제 100문 100답〉(평양출판사, 2003) 23~25쪽.

또 당시 존재한 자본주의 진영이나 사회주의 진영에 속하지 않는 중립국 형태의 연방국가를 설립하자고 주장한다.[3]

지구상에는 현재 미국, 러시아, 캐나다, 브라질, 스위스, 인도 등 많은 연방국가들이 있다. 이 나라들은 대체로 자본주의거나 사회주의인 단일체제 다민족연방이다. 고려민주련방공화국은 이와 달리 하나의 민족국가 안에 서로 다른 체제가 공존하는 연방이다. 다른 나라들의 연방이 1체제, 다민족 연방인 데 비해 고려민주련방공화국은 1민족, 2체제 연방인 게 특징이다. 연방을 만든 이유는 다양하지만 각 민족 또는 각 집단의 정치적 자주권을 존중하기 위해서라고 볼 수 있다. 비슷한 개념이 중국의 일국양제(一國兩制)로, 홍콩·마카오 등이 중국에서 갖는 지위(특별행정구)이다. 그런데 일국양제가 본토의 중화인민공화국이 압도적인 지위를 바탕으로 홍콩·마카오의 자본주의 체제를 일정 부분 용인하는 것과 달리 연방제 통일방안은 남북이 동등한 지위에서 1민족, 2체제의 단일 연방국가를 구성하자는 것이다.

> "련방 국가의 국호는 이미 세계적으로 널리 알려진 우리나라 통일국가의 이름을 살리고 민주주의를 지향하는 북과 남의 공통한 정치리념을 반영하여 '고려민주련방공화국'으로 하는 것이 좋을 것입니다."[4]

국호에 관한 제안, 고려란 이름이 이미 고구려 때부터[5] 세계적으로 널리 알려져 있었고, 후삼국 시기에 실제 통일된 우리 민족의 국호이기도 하다. 북은 우리민족의 과거 통일국가의 이름을 살리자는 취지로 보인다.

---

3 심병철, 위의 책, 27~34쪽.
4 김일성, 위의 글 참조.
5 장수왕(413~491) 시기 고구려는 국호를 고려(高麗)로 바꾸었다. 이는 '충주고구려비' 등 금석문과 〈위서〉(북위), 〈남제서〉, 〈주서〉(북주), 〈수서〉, 〈당서〉 등 당시 중국 사서에서도 확인된다 (리성호, 〈력사를 통하여 본 영문국호 표기: Corea〉(사회과학출판사, 2013) 298~299쪽).

고려민주련방공화국 선전화
〈우리민족끼리〉

김 주석은 6차 당대회에서 고려연방제를 제안하며 연방국가의 정치, 경제, 문화, 군사, 인민생활, 대외관계 등에서 실시해야 할 10대 시정방침도 내놓았다. 각 분야의 첫 명제만 소개한다.

"첫째, 고려민주련방공화국은 국가활동의 모든 분야에서 자주성을 확고히 견지하며 자주적인 정책을 실시하여야 합니다.

둘째, 고려민주련방공화국은 나라의 전 지역과 사회의 모든 분야에 걸쳐 민주주의를 실시하며 민족의 대단결을 도모하여야 합니다.

셋째, 고려민주련방공화국은 북과 남 사이의 경제적 합작과 교류를 실시하며 민족경제의 자립적 발전을 보장하여야 합니다.

넷째, 고려민주련방공화국은 과학, 문화, 교육 분야에서 북과 남 사이의 교류와 협조를 실현하며 나라의 과학기술과 민족문화예술, 민족교육을 통일적으로 발전시켜야 합니다.

다섯째, 고려민주련방공화국은 북과 남 사이에 끊어졌던 교통과 체신을 련결하며 전국적 범위에서 교통, 체신 수단의 자유로운 리용을 보장하여야 합니다.

여섯째, 고려민주련방공화국은 로동자, 농민을 비롯한 근로대중과 전체 인민들의 생활안정을 도모하며 그들의 복리를 계통적으로 증진시켜야 합니다.

일곱째, 고려민주련방공화국은 북과 남 사이의 군사적 대치상태를 해소하고 민족련합군을 조직하며 외래침략으로부터 민족을 보위하여야 합니다.

여덟째, 고려민주련방공화국은 해외에 있는 모든 조선동포들의 민족적 권리와 리익을 옹호하고 보호하여야 합니다.

아홉째, 고려민주련방공화국은 북과 남이 통일 이전에 다른 나라들과 맺은 대외관계를 옳바로 처리하며 두 지역정부의 대외활동을 통일적으로 조절하여야 합니다.

열째, 고려민주련방공화국은 전민족을 대표하는 통일국가로서 세계 모든 나라들과 우호관계를 발전시키며 평화애호적인 대외정책을 실시하여야 합니다."[6]

북의 연방제 제안은 1980년에 처음 나온 게 아니다. 연방제 통일의 기본원칙은 같아도 시기적 특성과 현실성을 고려해 내용을 조금씩 수정·보완해 왔다. 김일성 주석은 4.19혁명 직후인 1960년[7]에 자주적 평화통일의 기본방침을 천명하였다. 남측이 남북총선거 제안을 받아들이지 않아 과도적 대책으로 남북의 연방제 실시방안을 내놓은 적이 있다. 그리고 1972년 5월 3일 남북 고위정상회담에 참가한 남측 대표에게 한 담화〈조국통일 3대 원칙에 대하여〉에서 이렇게 연방제에 대해 설명했다.

---

6 김일성, 위의 글(1980년 10월)
7 김일성,〈8.15해방 15돐 경축대회 보고〉(1960년 8월 15일)

"북과 남 사이의 정치적 합작을 실현하는 데서 남북련방제를 실시하는 것이 합리적이라고 생각합니다. 우리가 생각하는 남북련방제는 지금 남에 존재하고 있는 정치제도와 북에 존재하고 있는 정치제도를 당분간 그대로 두고 하나의 통일국가를 만들자는 것입니다. 북과 남의 각 정당, 사회단체 대표들과 각계각층 대표들, 저명한 인사들이 광범히 모여 최고민족회의를 조직하고 거기에서 민족의 발전을 위한 중요한 문제들을 공동으로 토의하여 결정하며 대외적으로 하나의 국호를 가지고 활동하면 련방제가 될 것입니다.

련방국가의 국호는 세계에 널리 알려져 있는 고려라는 이름을 살려 고려련방공화국이라고 하는 것이 좋을 것입니다. 남북련방제가 실시되면 북과 남 사이의 연계와 합작이 모든 분야에 걸쳐 전면적으로 실현될 것이며 우리 민족의 대외적 권위도 높아지게 될 것입니다. 하나의 민족인 우리가 무엇 때문에 대외적으로 두 개 나라로 활동하여야 하겠습니까. 나는 우리나라가 분렬된 상태에서 북과 남이 제각기 유엔에 들어가는 것을 절대로 찬성하지 않습니다."[8]

2000년 6월 분단이후 처음 열린 남북정상회담에서 대한민국 대통령과 조선민주주의인민공화국 국방위원장은 통일방안과 관련해 처음으로 합의를 이뤘다. 다소 추상적이지만 '낮은 단계 연방제' 또는 '느슨한 연방제' 방안에 가깝다. 이를 6.15통일방안(연합연방통일방안, 또는 연방연합통일방안)이라 부르기도 한다.

"남과 북은 나라의 통일을 위한 남측의 연합제안과 북측의 낮은 단계의 연방제안이 서로 공통성이 있다고 인정하고 앞으로 이 방향에서 통일을 지향시켜 나가기로 하였다."[9]

---

8 김일성, 〈조국통일 3대 원칙에 대하여〉(1972년 5월 3일)
9 김대중·김정일, 〈6.15남북공동선언〉 2항 (2000년 6월 15일)

2000년 6월 15일 남북정상회담 4개월 뒤인 10월 6일 고려민주련방공화국 창립방안 제시 20주년 기념식에서 북의 안경호 조국평화통일위원회 서기국장은 보고에서 '낮은 단계의 연방제'에 대해 "북과 남에 존재하는 두 개 정부가 정치·군사·외교권 등 현재의 기능과 권한을 그대로 갖게 하고 그 위에 민족통일기구를 내오는 방법"이라고 알린 바 있다. 북이 연방제 통일의 기본원칙을 지키면서도, 현실적으로 남북이 합의 가능한 수준에서 통일정부의 권한 수준을 대폭 낮춘 통일방안을 염두에 두고 있음이다.

3. '혁명의 계승자' 김정일의 성장과정과 후계자 등장

김정일 비서가 1980년 10월 6차 당대회에서 당중앙위원회 정치국 상무위원이자 당중앙군사위원회 위원으로 선출되면서 외부에도 '혁명의 후계자'로 공개됐다. 김정일 비서가 후계자로 등장하자 남측 제도언론에선 봉건 왕조시대의 왕위세습이라느니, 재벌의 2세 대물림이라니 비난 일색이었다.

이런 남측 일각의 비난처럼 김정일 비서는 절대 권력자인 아버지의 막강한 후광과 낙점으로 북의 차기 지도자로 등장한 것인가? 당시 남측에는 김 비서에 대해 제대로 알려진 게 거의 없었다. 당시 북 관련 정보는 전두환 신군부의 보안사와 이후엔 국가안전기획부가 완전히 통제하고 있었다. 방송 등에선 '기쁨조'를 앞세워 호색한이나 방탕아, 광적인 독재자 등 그의 이미지를 악마화하기 일쑤였다.[1] 2000년에 분단사상 첫 남북정상회담과 6.15공동선언이 없었다면 남측 대중에게 크게 왜곡되어 주입된 인식은 달라지지 않았을 것이다. 군사정권 때만큼은 아니라고 하지만 여전히 김정일 비서를 포함한 북 관련 정보는 국가보안법 등으로 통제되고 있고 수구보수언론의 왜곡보도는 계속된다. 김정일 비서가 어떤 인물인지

---

[1] 한국방송공사(KBS)가 1964년부터 90년대 말까지 대북 심리전방송인 사회교육방송(현 KBS 한민족방송)에서 내보낸 <김삿갓 북한 방랑기>가 대표적이다. KBS는 또 드라마로 1980년 11월 <붉은 왕조>, 1983~85년 <지금 평양에선>을 방송하기도 했다.

를 다양한 정보를 통해 아는 게 중요한 이유이다. 그는 북에서 말하는 '혁명의 계승자'로서 북한(조선) 현대사에서 결코 빼놓고 얘기할 수 없을 정도로 영향력을 끼쳐온 최고지도자의 한 사람이다. 내재적 관점에 입각해 있는 이 책에선 먼저 북이 공개한 김정일 비서의 성장과정부터 보겠다.

> "울창한 밀림 속, 항일의 성지에서 김정일 동지께서 탄생하시였을 때, 그분에게는 집도 따로 없었다. 원쑤 격멸의 전장에서 탄생하시여 거기서 삶의 첫 시기를 보내신 그분께서는 총소리와 '유격대 행진곡'이 자장가였고 흰 구름을 허리에 두르고 창공에 거연히 솟은 백두련봉의 신비롭고 장려한 모습이 조국의 성스러움으로 그분의 동심을 키웠다.… 부모님과 유격대원들의 품에 안겨 들으신 조국에 대한 이야기들은 어리신 그분의 가슴을 조국에 대한 그리움과 사랑의 감정으로 차게 했다. 물론 이 모든 것은 완전히 형성된 애국심은 아니였지만 그 바탕이고 맹아였다."[2]

김정일 비서는 항일무장투쟁 시기였던 1942년 2월 16일 새벽 백두산 밀영에서 태어났다고 한다.[3] 어린 김정일은 조선과 만주, 소련 국경을 넘나들며 항일무장투쟁을 전개하던 조선인민혁명군을 따라 다니며, 그들과 깊은 유대관계를 맺고 그들의 경험으로부터 애국심과 사회주의 건설에 대한 기초적인 의식을 갖게 되었다.[4] 1945년 8월 조선이 해방되자, 9월 19일 김정일은 어머니 김정숙과 자기를 돌봐주던 여성 유격대원들과 함

---

[2] 탁진·김강일·박홍제, 〈김정일지도자 1〉(구월서방, 1984) 6~7쪽.

[3] 김정일의 출생지가 백두산 밀영이라는 북의 공식 입장과 남측 수구보수세력이 주장하는 당시 소련(블라디보스톡 또는 하바롭스크 등) 출생설이 극을 이룬다. 하지만 북에서 당 간부로 활동하다 1980년대 남측에 온 박병엽 선생은 '소련 출생설'이나 '백두산 탄생 조작설'에 부정적이었다. 항일빨치산 1세대인 김익현, 김옥순, 박정숙, 리보익, 최광 등의 증언이나 만주 일대에서 발견된 구호나무들도 백두산 밀영 출생설에 힘을 실어준다(박병엽 구술, 정창현 편, 〈곁에서 본 김정일〉(김영사, 1999) 56~66쪽).

[4] 박병엽 선생은 어린 시절 항일빨치산 대원들과 보낸 김정일의 경험이 훗날 '혁명의 후계자'로 성장하는데 큰 도움을 주고 정치사상적 기반이 됐다고 한다(박병엽 구술, 위의 책, 66쪽).

김정일 가족사진 〈조선의 오늘〉, 탁진·박홍제·김강일, 〈김정일 지도자〉 I, 구월서방, 1984

께 배편으로 원산으로 귀국하였고, 이어 기차편으로 아버지 김일성의 생가인 만경대에 도착해 유년시절을 보냈다.

김정일은 7살이던 1949년 9월 어머니를 잃는 비극을 겪었다. 게다가 1년 뒤인 1950년부터는 전쟁의 참화를 경험해야 했다. 가정사의 비극과 전쟁의 고통을 겪으며 어린 김정일은 여동생 김경희를 돌봤다고 한다. 김정일은 1952년 11월 만경대혁명학원 4학년에 편입하였고, 삼석인민학교, 평양제4인민학교, 평양제1중학교에 진학해 학창시절을 보냈다. 북에선 그가 학창시절 여러 방면에서 학습에 매진하며 애국심과 투철한 주체의식을 갖춰갔다고 한다. 또 학교소년단 위원장-고급중학교 민청부위원장 등을 맡으며 소조활동과 사회주의 건설사업(평양 살림집 2만호 건설사업, 평양학생소년궁전 건설 등)에 적극 참여하였고, 1956년 5월엔 아버지가 항일무장투쟁을 벌였던 '혁명전적지'를 답사하며 '백두산 혁명전적지 답사길'을 개척했다고 한다.

> "그분께서는 어떤 시정(詩情)을 느끼신 듯, 룡남산 마루를 천천히 거니시더니 예지로운 눈길을 동녘 하늘가에 보내신 채 즉흥시를 조용히 읊으시였다. 그것이 바로 후일 조선의 남녀노소가 노래로 즐겨 부른 유명한 시 '조선아 너를 빛내리'였다.

3. '혁명의 계승자' 김정일의 성장과정과 후계자 등장   37

'해 솟는 룡남산 마루에 서니/ 삼천리강산이 가슴에 안겨온다/ 이 땅에서 수령님 높은 뜻 배워/ 조선혁명 책임진 주인이 되리/ 아, 조선아 너를 빛내리

위대한 수령님 높이 모시고/ 주체의 한길로 억세게 나아가리/ 사나운 풍랑도 폭풍도 헤쳐/ 조선을 이끌고 미래로 가리/ 아, 조선아 너를 떨치리

누리에 빛나는 태양의 위업/ 대를 이어 해빛으로 이어가리라/ 주체의 붉은 노을 지구를 덮을/ 공산주의 그날을 앞당겨오리/ 아, 조선아! 나의 조선아!'[5]

김정일은 1960년 9월 김일성종합대학에 입학하였다. 그는 대학이 위치한 룡남산 언덕에 올라 '조선아 너를 빛내리'란 시를 지어 김 주석의 뜻을 받들어 조선의 주인이란 자각으로 배움에 힘써 조선을 빛내겠다는 굳은 맹세를 다졌다고 한다. 그의 전공은 정치경제학이었지만 철학, 역사, 문학, 법학, 수학, 지리학 등 다른 학문 분야에도 관심을 기울였다고 한다.[6]

대학 시절 〈공산당선언〉, 〈자본론〉, 〈국가와 혁명〉 등 맑스-레닌주의 저작들을 탐독, 분석하는 한편, 김 주석의 저작들을 통해 주체사상을 습득, 연구한 결과, 1,200여 편의 논문과 담화를 발표한 것으로 알려졌다. 특히 김정일은 당시 만연하던 수정주의와 교조주의를 극복하고 사상사업에서 주체를 세우는 문제를 강조했다고 한다. 그는 또 '1만 페이지 독서운동' 등 학우들과 학술토론과 세미나를 활발히 하며 주체사상을 전파했다고 북은 소개한다.[7]

김정일은 또 "민중들 속에서 학문을 실천하고 이바지할 것"을 강조한 것

---

[5] 탁진·김강일·박홍제, 위의 책, 61~62쪽.
[6] 특히 역사학과 관련해 김정일은 신라 중심의 삼국통일론에 대한 재고(再考)와 민족에 대한 재인식, 현대제국주의의 특징과 침략적 본성, 전근대기 민중들의 반봉건 항쟁(농민폭동) 등 다양한 주제에 독특한 의견을 제시해 북 역사학에 적잖은 영향을 끼쳤다고 한다(사회과학원 력사연구소, 〈장군님과 력사학〉(사회과학출판사, 2014) 참조).
[7] 탁진·김강일·박홍제, 위의 책, 72~76쪽.

제105기갑사단을
현지지도하는
김정일(1960. 8)
〈조선의 오늘〉

으로 전해진다. 1961년 4월 평양방직기계제작소 생산실습과 그해 5월 평양 와산동-룡성 도로 확장공사 노력봉사 등 사회주의 건설이 한창인 현장을 찾아다니며 인민들 속에서 실천했다는 것이다. 그리고 사회주의 건설 과정에서 인민군대의 역할을 중요하게 여겨 대입 전인 1960년 8월엔 인민군대 제105기계화사단(현 근위 서울 류경수 제105땅크사단)을 방문하고, 1962년 8월엔 학우들과 군사야영에 참가해 병영생활도 한 것으로 전해진다. 학창시절 군대에 대한 관심과 이해는 이후 사회주의 건설에서 인민군대의 역할을 강조한 '선군정치'의 기초가 됐다고 한다.[8]

> "농촌문제를 종국적으로 해결하고 사회주의 건설을 힘있게 밀고 나가자면 군의 역할을 높일 데 대한 수령님의 사상을 깊이 체득하고 그것을 철저히 구현해나가야 한다.… 군의 역할을 높여 도시와 농촌의 차이, 로동계급과 농민의 계급적 차이를 없애는 것은 사회주의제도가 선 다음 로동계급의

---

[8] "당의 령도는 혁명무력 건설에서 나서는 가장 근본적인 문제입니다. 혁명군대에 있어서 당의 령도는 생명과 같습니다. 우리 당의 령도를 떠나서는 인민군대를 혁명의 믿음직한 보위자로, 일당백의 혁명무력으로 강화발전시킬 수 없습니다."(평양출판사 편,〈선군태양 김정일장군 1〉, 평양출판사, 2006)

3. '혁명의 계승자' 김정일의 성장과정과 후계자 등장

당과 국가가 튼튼히 틀어쥐고 나가야 할 전략적 과업이다. 현시기 군의 역할을 높이는 데서 특별히 중요하게 나서는 문제는 지방경제 발전의 종합적 단위로서의 군, 도시와 농촌의 경제적 련계의 거점으로서의 군의 역할을 백방으로 높이는 것이다."[9]

김정일은 1964년 3월 농촌의 사회주의 건설에서 군(郡)의 주도적 역할을 논증한 〈사회주의 건설에서 군의 위치와 역할〉을 학사논문으로 내고 김일성종합대학을 졸업하였다. 김정일은 4월에 당중앙위원회에서 활동을 시작해 지도원, 과장, 부부장을 거쳐 1973년에 비서로 승진되었으며, 1974년 2월엔 당중앙위 제5기 8차 전원회의에서 당중앙위 정치위원이 되면서 김일성 주석의 후계자로 추대됐다. 당에 발을 디딘 지 10년 만이었다.

김정일 비서가 '혁명의 계승자'로 되는 과정이 순탄치만은 않았다고 한다. 김 주석은 후계 문제와 관련해 '혈연관계를 초월해 동지관계만을 기본으로 본다'는 원칙을 지켜온 터여서 김 비서와 혈연관계를 의식해 결정을 보류했다고 한다. 하지만 혁명 1세대인 항일빨치산 출신들은 김 비서에게 꾸준히 신뢰와 지지를 보냈고, 결국 당중앙위 전원회의에서 압도적 찬성을 표하자 김 주석 역시 이를 받아들여 김 비서를 당중앙위 정치위원으로 선출했다고 북은 설명한다.

"김정일 동지를 당중앙위원회 정치위원으로 추대하는 것은 혁명의 요청이며 전체 인민의 열망입니다. 아직 젊다고 말씀하시지만 젊고 젊지 않은 것이 무슨 상관이겠습니까? 수령님께서도 일찌기 김정일 동지와 같은 연세에 조선혁명을 승리의 한길로 이끄시지 않았습니까. 혁명의 운명문제이며 그 장래에 관한 문제이니 수령님께서 고쳐 생각해 주시기 바랍니다." 로투

---

9 김정일, 〈사회주의 건설에서 군의 위치와 역할〉(김일성종합대학 정치경제학부 학사논문, 1964년 3월)

사(老鬪士)는 말을 마치고 나서도 아직 하고 싶은 말을 다 하지 못한 듯 잠시 그 자리에 서 있다가 앉았다.

원래 수령님께서는 누구나 혁명투쟁에서는 혈연관계를 초월해서 오직 동지관계를 기본으로 하여 결합하는 것을 어길 수 없는 혁명적 원칙으로, 계율로 삼고 계시였다. 공산주의운동에서 혁명가들이 차지하는 지위는 그가 혁명과 인민을 위해 이룩한 업적과 앞으로 이룩할 수 있는 능력에 따라 정해지는 것이며 그 어떤 혈연관계 같은 것은 작용할 수 없는 것이다.… 수령님께서도 그의 말을 각별히 신중하게 들으시는 듯 가끔 그쪽을 바라보시기도 하고 탁자 위에 두 손을 모아쥐시기도 하였다.

로투사는 길지 않은 자기의 토론을 이런 말로 맺었다. "수령님! 유감입니다만 저희들은 이제 늙었습니다. 젊고 패기 있는 동지들이 수령님을 보좌해 드려야 합니다. 그래야 우리 혁명도 청춘의 기백으로 더 활기 있게 전진할 것이 아니겠습니까!"… 이렇게 되자 생각에 잠기시였던 수령님께서는 비로소 마음을 정하시고 모든 위원들의 의견이 한결같다면 김정일 비서를 정치위원으로 선거하자고 말씀하시였다. 장내에는 렬광적인 박수가 터졌다.[10]

이렇게 당중앙위 정치위원으로 선출된 김정일 비서는 이른바 '당중앙'[11]이란 호칭으로 불리며 김 주석을 보좌하고 사회주의 건설을 주도하기 시작하였다. 물론 당시도 '혁명의 후계자'로 공개되진 않았고 김 비서는 물밑에서 사업했다. 다음에 서술하겠지만 1970년대 중후반 김정일 비서는 주체사상의 심화발전을 위해 다양한 사상이론활동을 전개하는 한편, 당내

---

10 탁진·김강일·박홍제, 〈김정일지도자 2〉(구월서방) 7~10쪽.

11 〈조선전사〉에 그 과정이 잘 반영돼 있다. 김정일 비서가 '후계자'로 공식 추대되기 전이던 60~70년대를 다룬 '현대편 : 사회주의건설사' 4~6권엔 김 비서가 주도한 사업들의 주체를 실명 없이 '영광스러운 당중앙'이라고 표현했다. 그러다 80년 6차 당대회에서 공식 후계자가 된 뒤 편찬된 '현대편 : 사회주의건설사' 7권과 연표 2부에선 '친애하는 지도자 김정일 동지'가 등장한다(사회과학원 력사연구소, 〈조선전사〉 31~34권(과학백과사전출판사, 1981~1983); 사회과학원 력사연구소, 〈조선전사 년표 2〉(과학백과사전출판사, 1993) 참조).

반종파투쟁을 강력히 벌이고 당의 유일사상체계를 세우는 데도 큰 역할을 맡았다고 한다.

특히 당 일꾼들 대상 사상교양사업에서 김정일 비서는 항일무장투쟁의 혁명전통을 계승하는 것의 중요성을 강조했다. 김 비서는 '전당, 전민, 전군이 학습하자!'는 구호를 내세워 북 사회에 김일성 주석을 위시한 혁명선배들의 역사와 저작에 대한 교양을 강화하고, 북 전역에 혁명사적지와 혁명사적관, 혁명사상연구실을 꾸리는 사업을 주도한 것으로 알려졌다.[12]

그리고 김정일 비서는 공장, 기업소, 협동농장, 탄광 등 여러 경제단위에 현지지도를 꾸준히 다니며 5차 당대회에서 주요 과제로 제시된 6개년 계획의 수행을 독려했다. 또 '3대 혁명' 가운데 기술혁명의 세부 과제로 제시된 자동화·기계화·자연대개조를 사회 전반에 보급하기를 주도했다고 한다. 1974년 10월엔 사회주의 건설에서 전환을 이뤘다는 '70일 전투'를 발

김일성경기장을
현지지도하는
김일성 주석과
김정일 비서(1992)
〈조선중앙통신〉

---

12 사회과학원 력사연구소, 〈조선전사〉 31권 '현대편 : 사회주의건설사 4'(과학백과사전출판사, 1982) 194~205쪽.

조선예술영화촬영소를
현지지도하는 김정일 비서
〈조선중앙통신〉

기하고, 이듬해인 1975년 11월 '사상도 기술도 문화도 주체의 요구대로!' 란 구호 아래 3대 혁명 붉은기쟁취운동을 주도했다고 한다. 북에선 그의 1970년대 사회주의 건설 지도의 대표 사례로 황해제철소 자동화(1973년 1월), 청산리협동농장의 기계화(1971년 5월), 은률광산-은률군 앞바다를 잇는 장거리 컨베이어벨트 운송선 건설 지도(1975년 6월)[13] 등을 꼽는다.

이밖에 김 비서는 문학예술분야에서 1969년 10월 가극혁명에 관한 독창적인 방침을 제시하고 문학예술 창작활동을 지도했단다. 그를 통해 북의 대표 예술작품으로 꼽히는 〈피바다〉(1969), 〈한 자위단원의 운명〉(1970), 〈꽃 파는 처녀〉(1972)[14] 등이 영화화되고, 혁명소설과 혁명가극으로도 각색됐다. 1973년 4월엔 예술영화 창작에서 '종자'의 중요성을 강조하고 근로인민대중의 자주적 요구와 주체성 반영을 제시한 논문 〈영화예술론〉

---

13 은률광산 장거리 컨베이어벨트 운송선 건설과 관련해 북에선 '3대 혁명'의 '자연 대개조'의 대표 사례로 평한다. "이것은 먼 앞날이 아니라 오래지 않아 현실로 펼쳐지게 될 것입니다. 그때 우리는 조선지도를 다시 그릴 것입니다!"(탁진·김강일·박홍제, 〈김정일지도자 1〉(구월서방, 1984) 287쪽)란 대목은 이런 평가를 잘 보여주는 대목이다.
14 이들 영화의 공통점은 김 주석이 1930년대 항일무장투쟁 때 창작한 작품들을 극화한 것이다.

을 발표했다. 이 창작이론에 따라 〈안중근 이등박문을 쏘다〉(1979) 등 다양한 예술영화가 1970년대에 제작되었다.

이처럼 당중앙위에서 활발한 사상이론활동과 각종 현지지도, 교양사업을 주도하며 김 비서는 북의 인민대중에게 능력을 인정받고 '혁명의 후계자'로 추대되는 과정을 거쳐 1980년 10월 6차 당대회 때 당중앙위 정치국 상무위원회 위원과 당 중앙군사위원회 위원으로 선출되면서 '혁명의 계승자'로 세상에 공식 등장하였다. 호칭도 '당중앙'에서 '친애하는 지도자 김정일 동지'로 바뀌었다. 이어 1982년 2월부터 최고인민회의 대의원으로 선출되었고, 1994년 김 주석이 서거할 때까지 함께 북 사회주의 건설을 이끌었다.

이런 사정을 놓고 볼 때 김정일 비서가 '혁명의 계승자'가 된 과정을 혈연에 따른 '권력세습'이라 보는 건 피상적 견해라고 하겠다. 스스로 정치사상적 소양과 실력을 쌓고 민생현장에서 검증, 인정받는 과정 없이 북의 인민대중이 그를 '혁명의 계승자'로 추대할 수 있었을지 궁금할 따름이다.

4. 유일사상체계의 확립과 주체사상의 완성

북의 지도이념인 주체사상은 '사람이 모든 것의 주인이고 모든 것을 결정한다'는 철학적 원리, 그리고 '사람은 자주성·창조성·의식성을 본질적 특성으로 가진 사회적 존재'라는 정의 등을 기본으로 한다.[1]

북은 주체사상의 지도원칙[2]에 따라 사회주의를 건설해 나가고 있는 주체사상의 나라이다. 혁명에서는 노동계급만이 아니라 인민대중이 주체라고 한다. 그런데 인민대중은 저절로 역사의 주체가 되는 게 아니고 자주적 사상의식으로 의식화되고 지도자와 당의 지도를 받아야 한다. 그래서 역사의 '자주적 주체'는 인민대중의 자주성·창조성을 발양시키고 선두에서 조직하는 수령과 당, 인민대중이 하나로 통일된 사회정치적 생명체라고 한다.[3]

---

[1] 북에선 주체사상을 '주체의 사상과 이론, 방법의 전일적 체계'라고 정의한다. 그만큼 내용이 방대한데 사상(철학)만을 꼽아도 철학적 원리와 사회역사적 원리, 지도적 원칙으로 구성되어 있다. 철학적 원리는 다시 철학의 근본문제에 대한 새 정의, 사람의 지위와 역할을 중심으로 본 근본원리, 그리고 사람과 세계에 대한 견해와 입장 등으로 구성돼 있다(리성준, 〈위대한 주체사상 총서 1: 주체사상의 철학적 원리〉(사회과학출판사, 1985) 참조). 북의 현대사를 다루는 만큼 세부 설명은 생략한다.

[2] 김정일 비서의 〈주체사상에 대하여〉(1982)에 따르면, 자주적 입장을 견지하고 창조적 방법을 구현하는 것을 말한다. 자주적 입장은 사상에서 주체, 정치에서 자주, 경제에서 자립, 국방에서 자위를 말하고, 창조적 방법은 인민대중에 의거하고 실정에 맞게, 사상교양과 정치사업을 앞세우는 것이다.

[3] "사회주의사회에서 전 인민의 확고한 사상의지적 통일은 다름 아닌 정치적 지도자(수령)의 사상에 기초한 단결이며, 그를 중심으로 한 단결이다. 정치적 지도자를 중심으로 하여 사상의지적으로 단결된 인민만이 자주적인 존재로 된다."(이진규, 위의 책, 367쪽)

주체사상탑
Aram Pan, "Juche Tower", 〈DPRK 360〉 2020. 4. 25.

주체사상은 특히 혁명과 건설에서 수령(최고지도자)이 결정적 역할을 한다고 강조한다. 러시아혁명의 조직적 특징이 레닌의 전위당론이었다면, 북이 항일무장투쟁 때부터 벌여온 '조선혁명'의 특징은 전위당론에다 수령론을 더한 것이라 할 수 있다. 북의 유일 지도사상인 주체사상의 정립 과정을 살펴보자.

1) 주체사상의 형성과 발전

주체사상은 상당히 오랜 과정을 거쳐 형성되고 완성되었다. 북에서 주체라는 개념이 강조된 것은 1950년대 중반 이후이고, 주체사상이 사상이론으로서 정식화되고 체계적으로 정리된 것은 1970~80년대였다. 하지만 기원은 김일성 주석의 항일무장투쟁 시기로 올라간다. 이는 맑스주의와 맑스-레닌주의란 정의가 맑스 사후와 러시아혁명 승리 이후 각각 정식화되는 과정과 유사하다고 보겠다. 맑스주의, 맑스-레닌주의처럼 사회주의운동에서 사상체계는 오랜 기간을 거쳐 형성되고 대체로 후대가 정식화한다.

북에선 무장투쟁 준비기인 1930년 6월 길림성 카륜에서 열린 '공청 및 반제청년동맹 지도간부회의(일명 카륜회의)'에서 김일성 주석이 〈조선혁명의 진로〉[4]란 보고에서 조선혁명의 성격을 반제반봉건민주주의혁명이라 규정하고 사대주의와 교조주의를 배격하며 조선민족의 자주적 혁명노선을 채택할 것과 혁명투쟁에서 인민대중을 주체로 세우는 원칙을 제시한 것을 주체사상의 시원으로 본다.[5]

"경험은 혁명을 승리에로 이끌기 위하여서는 인민대중 속으로 들어가 그들을 조직동원하여야 하며, 혁명에서 나서는 모든 문제를 다른 사람에게 의존하여 해결하려고 할 것이 아니라 자신이 책임지고 자기의 실정에 맞게 자주적으로 해결하여야 한다는 것을 보여주고 있습니다. 우리는 이 교훈으로부터 조선혁명의 주인은 조선인민이며, 조선혁명은 어디까지나 조선인민 자체의 힘으로, 우리나라 실정에 맞게 수행하여야 한다는 확고한 립장과 태도를 가지는 것이 가장 중요하다고 인정합니다."[6]

〈조선혁명의 진로〉엔 1920년대 만주에서 김일성 주석 등 청년공산주의자들이 교조주의와 사대주의, 그리고 5.30폭동[7]의 좌경모험주의 경향 등

---

4   김일성 주석은 〈조선혁명의 진로〉에서 반제반봉건민주주의혁명 수행을 위해 이런 과제를 제시했다.
    1. 항일무장투쟁을 통해 일제를 타도하고 조선을 해방할 것.
    2. 반일애국역량을 각성시키고 튼튼히 묶어세워 반일민족통일전선을 결성할 것.
    3. 새로운 혁명적 당을 창건할 것.
5   "위대한 수령님께서는 독창적인 투쟁강령을 내놓으시고 주체적인 혁명력량을 튼튼히 꾸리시며 혁명을 승리에로 조직령도하신 고귀한 경험에 기초하시여 주체사상의 진리를 발견하시고 마침내 카륜회의에서 주체사상의 원리를 천명하시고 주체사상의 창시를 선포하시였던 것이다."(김한길, 〈현대조선력사〉(사회과학출판사, 1983) 177쪽)
6   김일성, 위의 글(1930년 6월 30일)
7   5.30폭동 : 1930년 5월 동만주 일대에서 조선공산주의자들이 중국공산당의 지도 아래 노동자·학생·시민으로 구성된 소비에트 유격대를 만들어 도시 곳곳에서 벌인 폭동이다. 많은 희생을 낳은 폭동은 결국 실패했는데 일제와 중국국민당은 이를 빌미로 반일 및 공산주의운동을 탄압했다. 또 혁명조직과 만주 일대 인민대중과 괴리를 낳아 일제의 민족이간책에 이용당했다(〈력사사전〉 참조)

4. 유일사상체계의 확립과 주체사상의 완성

에서 얻은 교훈이 크게 반영된 것으로 보인다. 김일성 주석은 혁명에서 주체를 세우는 것의 중요성을 절감하고 카륜회의에서 원칙적 입장으로 천명한 것 같다. 〈조선혁명의 진로〉에서 확립한 '교조주의, 사대주의, 좌경모험주의 배격', '조선의 자주적 혁명노선 확립', '혁명에서 인민대중 주체화' 등으로 요약되는 주체 노선과 원칙은 이후 8.1폭동[8], 민생단 사건[9], 다훙왜 회의[10] 등을 거치며 더 공고해졌다. 이를 체계화한 게 1937년 11월 10일 김일성 주석이 발표한 〈조선공산주의자들의 임무〉이다.

카륜회의(1930. 6) 상상화 〈조선의 오늘〉

8   8.1폭동 : 1930년 8월 1일 박윤세, 마건 등 이른바 ML파들이 일으킨 5.30폭동의 후속 폭동. 이들은 사전 준비 없이 철도와 전신 등을 파괴하고 만주 북양군벌 휘하 경찰기관을 습격했다. 북양군벌은 군대와 경찰을 동원해 폭동을 강경 진압, 돈화~교하 일대의 수많은 조선인이 학살당하고 혁명조직들은 거듭 타격을 입었다(〈력사사전〉).

9   민생단 사건 : 1931년 11월 만주에서 일제가 혁명조직 와해와 민족 이간책으로 조직한 관제단체. 일제는 민생단 단원을 혁명조직에 침투시켜 와해시키려 했다. 민생단은 1932년 4월 일제의 만주침략(만주사변)과 괴뢰정권 수립으로 7월에 해체됐다가 1934년에 부활했고, 9월엔 만주 항일세력에 관한 정보수집 및 귀순공작을 전담하는 간도협조회(間島協助會)에 통합됐다. 1930년대 민생단 척결을 명분으로 중국공산당 내 좌경배타주의자와 종파주의자들이 이른바 '반민생단 투쟁'을 3년(1932~1935)이나 벌여 수많은 조선공산주의자들이 민생단원, 반역자 등으로 낙인찍혀 살해당했다(〈력사사전〉).

"현 단계에 있어서의 우리나라 혁명은 반제반봉건민주주의혁명이다.… 현 단계에서 조선혁명의 동력은 로동자, 농민을 비롯한 청년학생, 지식인, 소자산계급 등의 광범한 반제민주력량이다. 량심적인 민족자본가들과 종교인들도 반제투쟁에 참가할 수 있다. 로동계급은 앞으로 수행하게 될 사회주의혁명과 사회주의, 공산주의 건설 시기에는 말할 것도 없지만 반제반봉건민주주의혁명에서도 령도계급으로 된다. 그것은 로동계급만이 근로대중의 근본적인 리익을 대변하고 있으며 혁명성과 조직성이 가장 강하고 모든 근로대중을 조직령도하여 혁명을 승리에로 인도할 수 있는 능력을 가진 가장 선진적인 계급이기 때문이다."

"조선혁명의 현 단계에서는 광범한 반일력량이 혁명의 동력으로 된다. 우리는 혁명에 참가할 수 있는 모든 계급과 계층에 대한 원칙적이며 아량 있는 태도를 견지하고 그들을 포섭하고 조직결속하여 전체 반일력량을 반제민족해방투쟁에 총동원하여야 한다."[11]

조선혁명의 성격이, 노동계급이 지도하는 반일민족통일전선에 입각해 일제와 반동세력을 타도하고 해방조국에서 인민민주주의정권을 수립하는 반제반봉건민주주의혁명임을 견지했다. 또 반제반봉건민주주의혁명 수행에서 조선공산주의자들의 임무는 계속 항일무장투쟁의 확대 강화, 통일전선운동 강화, 국제혁명역량과 연대 강화, 혁명적 맑스-레닌주의 당 창당 등이었다. 또 해방 이후 조선에서 노동계급이 지도하는 인민민주주의정권을 세워 반봉건민주개혁을 완수할 것을 목표로 삼았다.

"조선혁명의 주인은 조선인민이며 조선공산주의자들이다. 조선혁명은 조

---

10 다홍왜 회의 : 1935년 2월 길림성 왕청현 다홍왜란 곳에서 반민생단 투쟁 중단과 단결을 위해 열린 공청간부회의. 회의에서 김일성 주석은 좌경배타주의자와 종파주의자들에 맞서 반민생단 투쟁의 부당성을 설득하며 자주성을 강조하였고 항일전선에서 조-중 인민의 분열을 해소하고 단결할 것을 호소하였다(김일성, 〈세기와 더불어〉 4권(조선로동당출판사, 1994) 20~39쪽).

11 김일성, 〈조선 공산주의자들의 임무〉(1937년 11월 10일)

선공산주의자들의 령도 밑에 조선인민이 수행하여야 한다. 우리는 지난 시기 종파주의자들의 사대주의로 말미암아 우리나라 공산주의운동과 혁명운동이 혹심한 피해를 입고 많은 우여곡절을 겪게 된 쓰라린 교훈을 잊지 말아야 한다. 조선공산주의자들은 자기의 신념에 따라 혁명투쟁을 전개해야 하며 자체의 혁명력량을 튼튼히 배양하고 거기에 철저히 의거하여 조선혁명을 승리에로 이끌어야 한다."[12]

〈조선공산주의자들의 임무〉에선 또 조선혁명의 주인은 조선인민이고 조선공산주의자들임을 천명하고, 조선의 실정에 맞는 자주적인 혁명노선(반제반봉건민주주의혁명)과 전략전술(반일민족통일전선 결성과 항일무장투쟁 등)을 실현해 혁명역량을 튼튼히 꾸릴 것을 거듭 강조하였다.

이렇게 항일무장투쟁 시기 사대주의, 교조주의 등을 배격하고 조선의 자주적인 혁명노선과 주체를 세울 것, 광범한 반일민족통일전선을 결성해 일제를 타도하고 조국을 해방해 인민민주주의정권을 세우자는 김 주석의 노선은 해방후 북의 정부수립과 사회주의 건설과정에 그대로 반영되었다.

"우리 당 사상사업에서 주체는 무엇입니까? 우리는 무엇을 하고 있습니까? 우리는 어떤 다른 나라의 혁명도 아닌 바로 조선혁명을 하고 있는 것입니다. 이 조선혁명이야말로 우리 당 사상사업의 주체입니다. 그러므로 모든 사상사업을 반드시 조선혁명의 리익에 복종시켜야 합니다.… 자체의 것을 성실하게 연구하고 그것에 통달하여야 합니다. 그러지 않으면 우리가 실천행정에서 끊임없이 부닥치게 되는 새로운 문제들을 우리의 실정에 맞게 창조적으로 해결하지 못할 것입니다."[13]

---

12 김일성, 위의 글(1937년 11월 10일)
13 김일성, 〈사상사업에서 교조주의와 형식주의를 퇴치하고 주체를 확립할 데 대하여〉(1955년 12월 18일)

이후 1950년대를 거치며 소련과 중국이 각각 수정주의와 교조주의로 갈등을 겪던 상황에서 북은 다시금 조선혁명에서 수정주의·교조주의 배격과 주체를 세울 것을 강조하며 자주노선을 천명하였다. 앞에서 본 8월 종파사건과 그에 맞선 반종파투쟁을 통해 조선로동당 내에서 사대주의, 교조주의를 청산하였기에 자주노선은 더 탄력을 받을 수 있었다. 즉 소련이나 중국 어디에도 속하지 않는 북의 사회주의 건설노선과 지도이념인 주체사상을 전면화한 것이다.[14]

2) 유일사상체계의 수립과 혁명전통의 공식화

1967년은 북에서 주체사상의 유일사상체계를 수립하는데서 중요한 계기였다고 한다. 그해 5월에 열린 조선로동당 중앙위원회 제4기 15차 전원회의에서 박금철, 리효순 등 이른바 '갑산파'[15] 세력이 "우리 당의 빛나는 혁명전통을 반대 외곡하며[16] 혁명전통 교양을 못하도록 온갖 교활한 책동을 다하였다. 또한 이들은 부르죠아 사상, 수정주의사상, 봉건 유교사상, 사대주의, 종파주의, 지방주의, 가족주의 등 온갖 불건전한 사상을 퍼

---

[14] 북에선 〈사상사업에서 교조주의와 형식주의를…〉에 대해 "혁명과 건설에서 주체를 확립하는 문제를 전면에 제기하고 사상사업에서 주체를 세우는 문제를 해명하여 주체사상 발전의 새로운 전환을 일으켰으며, 사상사업에서 주체를 세우고 혁명과 건설 전반에서 주체 확립을 위한 투쟁을 추동해 나가는 확고한 토대를 마련"했다고 의미를 부여했다(사회과학원 철학연구소, 〈조선철학전사〉 11권(사회과학출판사, 2010) 22쪽).

[15] 갑산파 : 항일무장투쟁 시기인 1930년대에 함북 갑산군 일대를 중심으로 '한인민족해방동맹'을 조직해 김일성 주석의 조국광복회에 연대했던 세력. 박금철, 리효순 등이 중심이었으며 보천보 전투 당시 조선인민혁명군의 작전을 지원했다. 이들은 통일전선과 무장투쟁 중심인 조국광복회와 달리 갑산군 일대의 의식화된 빈농, 노동자 중심 활동을 벌이며 비무장투쟁을 강조했다고 한다(조우찬, 〈1967년 북한 갑산파의 혁명전통 다원화 시도의 종결〉《현대정치연구》 2017년 봄호(Vol 10.1), 2017), 196~199쪽. 그런데 북에선 '갑산파'란 표현을 사용하지 않는다).

[16] 혁명전통 왜곡의 혐의는 보천보 전투를 기념하는데서 김일성 주석의 역할을 부정하고 당력사 연구실의 활동을 방해한 것이었다고 한다.

뜨리면서… 당의 로선과 정책이 관철되는 것을 백방으로 방해하였다"[17]는 이유로 비판받아 숙청되었다.[18] 그리고 이를 계기로 전원회의에선 유일사상체계를 세워 당의 통일단결을 강화하기로 결정하였다. 당의 유일사상체계를 세운다는 것은 "수령(최고지도자)의 혁명사상과 그 구현인 당의 로선과 정책으로 전당을 무장시키고 모든 당원들을 수령의 두리에 굳게 묶어세우는 것"을 가리킨다.[19]

북은 정권 수립 직후 터진 전쟁 와중에 연안계 무정의 오류에 대한 책임추궁과 실각(1950년 12월)을 시작으로 소련계 허가이 실각(1951년 11월), 전쟁 말엽 박헌영·리승엽 '간첩' 적발과 처형(1953년 3월), 1956년 8월 종파사건을 통한 최창익·박창옥 숙청 등 여러 차례 당내에서 반종파투쟁을 해야 했다. 이들 사건 처리에서 원칙을 강하게 세워 해결했지만 '갑산파' 사건에 이르러선 근본 대책의 필요성을 절감한 것으로 보인다. 기실 '갑산파'는 1930년대 중반 이후 항일투쟁을 함께해 온 인사들이었다. 사상문제가 가장 중요함을 반증해 준 것이다. 해법을 "수령의 령도 밑에 수령의 혁명사상을 유일한 지도적 지침으로 하여 혁명사업을 해나간다"는 유일사상체계 수립에서 찾은 이유인 셈이다. 그런 한편 당시 문제의 제기와 해결 과정에서 북의 역사서가 실명이 아닌 '영광스러운 당중앙'이라 표현한 인물의 역할이 두드러졌다. 바로 김정일 비서다. 〈조선전사〉는 "'영광스러운 당중앙'("는 인용자)은 이 시기 당 안에 나타난 부르죠아 및

---

17 사회과학원 력사연구소, 〈조선전사〉 31권 '현대편 : 사회주의건설사 4'(과학백과사전출판사, 1982) 28~29쪽.

18 갑산파 숙청과 관련해 남측 학계에선 갑산파가 정약용의 〈목민심서〉 등 봉건 유교 학문과 관념적 퇴폐풍조를 인민대중에게 퍼뜨리려 해 숙청했다고 본다. 그를 통해 항일무장투쟁 전통의 회복과 김일성 중심 유일사상체계 확립을 시도했다고 평가한다(이종석, 〈북한의 역사 2- 주체사상과 유일체제 1960~1994〉(역사비평사, 2011) 46쪽).

19 사회과학원 력사연구소, 위의 책 29쪽.

수정주의 분자들의 이러한 반당반혁명적 책동을 제때에 폭로분쇄하고 당의 유일사상체계를 철저히 세워나가는 데서 거대한 역할을 하였다"고 알렸다.[20]

15차 전원회의에서 반종파투쟁과 유일사상체계 수립 결정으로 1960년대 말~70년대 초 북에선 유일사상체계가 빠르게 구축되어갔다. 김 주석의 혁명사상인 주체사상이 당의 공식 지도사상임을 거듭 확인히고, 항일무장투쟁은 당의 공식 혁명전통이 되었다. 그리고 당과 근로단체, 인민군대에서 반당종파세력의 여파(수정주의, 종파주의, 관료주의 등)를 제거하는 사상투쟁과 유일사상으로 무장하는 사상교양사업, 당정책 학습이 이어졌다고 한다.

혁명전통의 계승과 발전이 강조된 것은 주체사상과 동전의 양면 관계였기 때문으로 보인다. 항일무장투쟁을 결의하던 그때 주체사상이 창시되었고, 주체사상을 구현해 온 초기 혁명과정이 바로 항일무장투쟁사였다. 그래서 '생산도, 학습도 생활도 항일유격대식으로!'란 구호 아래 당 사업과 생산단위들의 활동, 인민군대의 훈련과 사상교양 등에서 항일유격대의 혁명정신과 경험, 사업기풍을 강조했다. 또 혁명전통 교양 강화를 위해 각지의 혁명사적지가 혁명전통 교양거점으로 새로 꾸려졌으며 당 조직에도 혁명전통을 연구 교양할 '김일성 동지 혁명사상연구실'이 곳곳에 설립되었다. 혁명전통 관련 서적 출판도 활발해져 〈김일성저작선집〉 1~4권, 〈항일빨찌산 참가자들의 회상기〉 등이 보급되었다.[21]

---

20 사회과학원 력사연구소, 위의 책 28~29쪽
21 항일무장투쟁의 혁명전통화와 관련해 일본 학자 와다 하루끼(和田春樹)는 북을 항일무장투쟁 시기 사령관-유격대원 관계가 수령-혁명투사 관계로 발전했다며 '항일유격대 국가'라 표현한 바 있다(와다 하루끼 저, 서동만·남지정 역, 〈북조선: 유격대 국가에서 정규군 국가로〉(돌베개, 2004) 참조).

이런 과정을 거쳐 유일사상체계는 1974년 4월 조선로동당의 공식 강령인 '당의 유일사상체계 확립의 10대 원칙' 제정과 공포로 완성되었다. 이 역시 김정일 비서가 주도했다고 한다. '당의 유일사상체계 확립의 10대 원칙'에선 "김일성 동지의 혁명사상으로 일색화"가 거듭 강조되었다. "1. 김일성 동지의 혁명사상으로 온 사회를 일색화하기 위하여 몸 바쳐 투쟁하여야 한다", "2. 위대한 수령 김일성 동지를 충성으로 높이 우러러 모셔야 한다"[22] 등의 내용으로 제정된 '10대 원칙'이 대중화되자 김정일시대가 끝날 때까지 이전 같은 심각한 종파문제는 없었다.

3) 김정일 비서와 주체사상의 완성

1970년대 들어 주체사상 연구 역시 심화 발전되었다. 그 중심엔 또 김정일 비서가 있었다. 북에선 주체사상에 대해 설명할 때 김일성 주석이 항일무장투쟁 당시 창시하였고, 이를 김정일 비서가 지도이념이자 철학사상으로 체계화, 정립했다고 소개한다. 주체사상의 창시와 구체화, 그리고 현실화 과정이 김 주석의 몫이었다면 이를 철학사상으로 이론화하고 완성한 데엔 김정일 비서의 역할이 컸다는 얘기이다.[23]

김정일 비서는 1964년 김일성종합대학을 졸업하고 조선로동당 중앙위원회에서 사업하면서 다양한 사상이론활동을 전개하였다. 그는 특히 3년

---

22 김정일, <당의 유일사상체계 확립의 10대 원칙>(조선로동당출판사, 1974년 4월); 임영태, <민족화해와 협력의 시대에 읽는 북한 50년사 ②>(들녘, 1999) 102~103쪽 재인용

23 "경애하는 김정일 동지께서는 일찌기 위대한 김일성 동지의 혁명사상을 전면적으로 깊이 연구체득 하시는 한편, 고대로부터 현대에 이르기까지 모든 철학가들이 쓴 수많은 저서들을 깊이 탐독하시면서 온갖 반동적인 부르죠아 철학과 사회학, 수정주의 리론들을 검토·비판 하시였으며… 위대한 김일성 동지 혁명사상, 주체사상을… 계승발전시키시였으며, 시대와 혁명발전이 새롭게 제기한 중요한 철학적 과제들을 빛나게 해결하시고 전일적으로 체계화하시여 독창적인 철학사상으로 정립하시였다."(사회과학원 철학연구소, <조선철학전사> 13권(사회과학출판사, 2010) 20~21쪽)

여에 걸쳐 맑스와 엥겔스, 레닌의 저작들을 분석해 노동계급의 혁명사상 100년사를 주체적 입장에서 총화하고[24] 사회과학자들과 수차례 정치경제학, 철학 등 주요 분야를 주제로 토론하는 과정에서 철학사상을 정리해 갔다고 한다.

당시 북의 사회과학자들은 맑스-레닌주의와 주체사상의 관계를 깊이 밝히지 못하고 "주체사상은 조선의 현실에 창조적으로 적용한 맑스-레닌주의" 또는 "주체사상은 우리 시대의 맑스-레닌주의"라는 견해를 내놓는 정도였다고 한다. 일각에선 맑스-레닌주의와 관계성을 부정해야 주체사상의 독창성이 논증된다는 주장도 나왔다고 한다. 김정일 비서는 당시 사회과학자들의 이런 경향을 비판하면서 맑스-레닌주의의 시대적 특성과 한계[25]에 대해 지적하는 한편 주체사상이 맑스-레닌주의를 계승하면서도 엄격히 구별되는 독창적이고 완전한 형태의 사상이론이라고 정의했다고 한다.[26]

60년대에 선행 노동계급 혁명사상을 총화 정리한 김정일 비서는 1970년대 들어 주체사상을 정식화하고 심화발전시키는 작업을 벌였다고 한다. 1974년 2월 19일 조선로동당 3차 사상일꾼대회에서 그는 〈온 사회를 김

---

[24] 김정일 비서의 혁명사상 100년사 총화와 관련해 〈조선철학전사〉 13권에선 이렇게 전한다. "김정일 동지께서는 일찌기 김일성종합대학 시기에 이룩하신 선행 로동계급의 혁명사상에 대한 연구성과에 기초하시여 선행고전들 가운데서 〈공산당선언〉과 〈자본론〉, 〈자연변증법〉, 〈반듀링론〉, 〈유물론과 경험비판론〉, 〈국가와 혁명〉, 〈철학노트〉를 비롯한 30여 건의 맑스, 엥겔스, 레닌의 중요 저서들을 선정하여 주체적 립장에서 연구·분석·총화하는 사업을 벌리시였다."(370쪽)

[25] "김정일 동지께서는… 맑스-레닌주의는 지난날 로동계급과 인민대중을 낡은 자본주의제도와 착취제도를 반대하는 투쟁에로 힘있게 불러일으키고 혁명을 이끌어나가는 데서 의의를 가지였지만… 우리 시대에 와서 그것은 시대적, 력사적 제한성으로 하여 인민대중의 혁명투쟁과 사회주의, 공산주의 건설에서 나서는 리론실천적 문제들에 옳은 해답을 줄 수 없게 되었다고 가르치시였다."(사회과학원 철학연구소, 위의 책, 372쪽)

[26] 사회과학원 철학연구소, 위의 책, 383~400쪽.

일성주의화하기 위한 당사상사업의 당면한 몇 가지 과업에 대하여〉를 발표하여 김 주석의 혁명사상을 '김일성주의'로 공식화하고 조선로동당과 사회 전반을 김일성주의로 일색화해 사회주의 건설을 추진할 것을 강조하였다.

"주체철학은 수령님께서 창시하신 새로운 철학입니다. 주체철학은 사람을 중심에 놓고 전개되고 체계화된 사람 위주의 철학입니다. 주체철학이 사람 위주의 철학이라는 것은 단순히 인간 문제를 연구하고 해명하는 철학이라는 것을 의미하지 않습니다. 주체철학이 사람 위주의 철학이란 것은 사람을 위주로 하여 철학의 근본문제를 제기하고 사람을 중심으로 하여 세계에 대한 견해, 세계에 대한 관점과 립장을 밝힌 철학이라는 것을 의미합니다."[27]

그해 4월 초에는 당의 이론 선전일꾼들과 담화(〈주체철학의 리해에서 제기되는 몇 가지 문제에 대하여〉)하면서 주체사상의 철학적 특징, 즉 주체철학의 기본 원리(사람 중심 철학이자 사회적 존재인 인간의 본질을 해명한 철학)를 규명하였다고 한다. 같은 달 보름께엔 위의 담화를 바탕으로 유일사상체계 구축을 강조한 논문 〈전당과 온 사회에 유일사상체계를 더욱 튼튼히 세우자〉를 발표하였다. 김정일 비서는 이밖에도 3대 혁명소조운동 등을 지도하였다고 한다.

"수령님께서 개척하시고 이끌어 오신 조선혁명의 력사는 위대한 주체사상이 빛나게 구현되고 전면적으로 승리하여온 영광스러운 력사입니다. 주체사상은 조선혁명의 확고한 지도사상으로 되고 있으며 우리 시대의 위대한 혁명적 기치로 되고 있습니다. 오늘 우리 앞에는 온 사회의 주체사상화 위업을 실현하여야 할 영예로운 과업이 나서고 있습니다. 온 사회의 주체

---

27 김정일, 〈주체철학의 리해에서 제기되는 몇 가지 문제에 대하여〉(1974년 4월 2일)

조선로동당 제3차 사상일군대회(1974. 2)에서 결론하는 김정일 비서와 〈주체사상에 대하여〉 표지
〈조선의 오늘〉, 〈우리민족끼리〉

사상화 위업은 주체사상의 기치 밑에 개척되고 승리하여온 우리 혁명을 종국적으로 완성하기 위한 력사적 위업입니다.… 주체사상으로 튼튼히 무장하고 그 기치 따라 나아갈 때 어떠한 난관과 시련도 이겨내고 혁명과 건설에서 승리할 수 있다는 것은 반세기가 넘는 혁명투쟁 력사를 통하여 우리 인민이 심장 깊이 간직하게 된 신념입니다."[28]

1960~70년대 김정일 비서가 주도한 주체사상의 심화발전은 1980년대에 완성단계에 이르렀다. 1980년 10월 조선로동당 제6차 대회에선 조선혁명의 최종 목표로 '온 사회의 주체사상화'를 천명하였다. 그리고 김 비서는 1982년 3월 그동안의 사상이론활동을 총괄 정리하고 체계화해 주체사상의 성격과 의의, 철학적·사회역사적 원리, 지도적 원칙을 집대성한 논문 〈주체사상에 대하여〉를 발표하였다. 항일무장투쟁 시기에 창시되어 인민민주주의혁명과 사회주의 개조 건설기에 심화발전된 주체사상이 마침내 완성된 것이었다.

---

[28] 김정일, 〈주체사상에 대하여〉(조선로동당출판사, 1982) 서문 발췌

5 사회주의 경제건설을 위한 '속도 창조' 운동

1) 정치도덕적 자극 위주의 사회주의 경제건설

북은 당대회 등 주요 계기를 맞게 되면 인민대중의 '정치적 열의'를 높이고 '노력적 성과'를 거두기 위해 'ㅇㅇ일 전투' 등을 벌인다. 2020년 가을엔 이듬해 정초에 열리는 8차 당대회를 앞두고 '80일 전투'를 벌인 바 있다. 앞서 2019년엔 '만리마 속도 창조' 운동[1]을 강조하기도 했다. 1950년대 전후세대가 벌인 하루에 천리를 달린다는 '천리마운동'을 계승 발전시켜 '만리마'의 기상으로 사회주의 건설을 다그치자는 북 특유의 대중운동이다. 이 운동이 그렇다고 사상, 기술, 문화의 3대 혁명과 분리된 것은 아니다. 속도 창조를 위한 대중운동이 사회주의 건설의 기본노선인 3대 혁명을 구현하고 더 가속화하는 방법이라고 볼 수 있다.

북은 사회주의사회에서 생산의 동기와 속도를 자본주의사회와는 다른 방식으로 이뤄야 한다고 본다. 그래서 대중운동을 전개한다. 요란한 상품 광고가 없는 대신 각종 대중운동의 구호가 있다. 자본주의경제를 움직이는 요인은 이윤이다. 자본주의사회에서 자본가는 더 많은 이윤을 얻기 위해 성과급 등으로 노동자를 자극하고 넘치는 상품을 판매하려 밤낮으로

---

[1] 만리마 속도창조운동은 "만리마의 기상으로 혁명의 전진속도를 비상히 높여 사회주의강국 건설위업을 앞당겨 실현하기 위한 우리시대의 새로운 대중운동"이라고 한다('만리마 속도창조운동의 본질과 특징'《로동신문》 2019년 5월 20일자).

광고를 한다. 반면 사회주의경제의 동력은 이윤이 아니다. 사회주의경제 관리에도 이윤 개념[2]이 있지만 자본가가 사적으로 취득하는 자본주의경제의 이윤과는 전혀 다르다. 사회주의사회에선 주택도 교육도 의료도 기초식료품도 무상 배급이 기본이다. 판매를 위해 물건을 만들지 않고, 주로 인민대중에게 공급하기 위해 물건을 만든다. 상품광고가 별로 필요 없는 사회이다. 이익은 기본적으로 공동의 재산이다.

> "로동에 대한 물질적 자극만 내세우는 견해는 사회주의사회의 공산주의적 성격을 홀시하고 과도적 성격을 위주로 보는 데서 나온 것입니다. 물질적 자극을 기본으로 보는 사람들은 사회주의제도가 선 다음에도 사람들의 머리속에 착취사회로부터 물려받은 낡은 사상 잔재가 많이 남아있기 때문에 물질적으로 자극하는 것이 근로자들의 생산의욕을 높이고 경제를 빨리 발전시키는 데서 가장 효과적인 방법이라고 하면서 물질적 자극체계를 경제관리 전반에 받아들일 것을 요구하고 있습니다."[3]

그렇다면 사회주의 경제건설의 속도와 힘은 어디서 나오는 것일까? 사회주의도 생산에서 추동력이 있어야 성과를 거두는 것은 같은 이치다. 이는 경제원리에 관한 질문이기도 하다. 북은 사적 이익이라는 '물질적 자극' 대신 국가와 인민의 '절박한 수요'에 대한 '정치도덕적 자극'을 앞세운다. 이를 자본주의적 시각에선 강제 노력동원으로 보기도 하는데 피상적 견해이다. 북은 대중운동 방식으로 경제를 건설하는데 그것이 사회주의사회의 본성에 맞는 경제운영 방식이라고 보기 때문이다.

> "다른 한편, 정치도덕적 자극만 주장하는 사람들은 사회주의사회의 과도

---

[2] 사회주의경제관리에서 이윤은 독립채산제 공장·기업소가 국가예산으로 납부하고 남은 순소득을 가리킨다. 기본은 공장·기업소 운영에 쓰지만 상금기금, 탁아소와 유치원, 공장고등전문학교, 공장대학, 기능공학교의 경비, 정양소 경비, 주택유지비 등으로도 이용된다고 한다(《경제사전》).
[3] 김정일, 〈정치도덕적 자극과 물질적 자극에 대한 옳바른 리해를 가질데 대하여〉(1967년 6월 13일)

적 성격을 무시하고 공산주의적 성격만을 강조하고 있습니다. 그들은 사회주의사회에서는 모든 근로자들이 사회와 집단을 위하여, 조국과 인민을 위하여 높은 정치적 열의를 가지고 자각적으로 일하기 때문에 로동의 결과에 따르는 물질적 평가가 필요 없으며, 따라서 분배에서도 평균주의를 실시하여야 한다고 주장하고 있습니다.

아직 사람들이 국가적인 사업이나 공동 로동을 자기 일처럼 생각하지 않으며 능력에 따라 일하고 수요에 따라 분배를 할 수 있을 정도로 생산력이 발전하지 못한 사회주의사회의 조건에서 평균 분배를 실시하여야 한다고 주장하는 것은 결국 사회발전단계를 뛰여넘어 단꺼번에 공산주의를 실현해보려는 좌경적인 리론입니다.… 만일 사회주의사회의 현실과 력사적 경험을 외면하고 로동의 결과에 대한 고려가 없이 평균주의적으로 분배를 한다면 근로자들의 생산의욕을 떨어뜨리게 되고 일하기 싫어하며 적게 일하고도 많이 분배받으려는 현상이 조장되여 사회주의 건설에 큰 지장을 주게 될 것입니다.

정치도덕적 자극과 물질적 자극의 호상관계에서 어느 것이 위주이고 어느 것이 어디에 복종되여야 하는가 하고 문제를 제기한다면 정치도덕적 자극이 위주이고 거기에 물질적 자극이 안받침되여야 한다고 말하여야 할 것입니다."[4]

북의 경제관리 방식은 과거 소련 방식과 다르다. 소련 방식이 경제부분에서 물질적, 경제적 자극을 중시한 데 비해 북은 물질적 자극보다 정치도덕적 자극과 평가를 우선하는 방식이다. 또 경제건설도 인민대중이 모두 대중운동 방식으로 벌여나가는 게 정책과 전통으로 자리 잡았다. 북의 경제건설을 위한 속도전과 대중운동이 어떻게 정착돼왔는지 살펴보겠다.

---

4 김정일, 위의 글(1967년 6월 13일)

2) 가장 높은 속도로 최상의 질을 : 속도전

김정일 비서가 사회주의 건설을 보다 강력히, 그리고 빠르게 추진하기 위해 모든 경제분야에서 속도전을 제안한 것은 1974년 2월이었다고 한다.

> "속도전은 모든 사업을 최단기간 내에 빨리 해제끼며 모든 력량을 총동원하여 제시된 과제를 하나하나 모가 나게 철저히 완성해 나가는 전격전, 섬멸전이다. 속도전의 기본요구는 높은 속도와 높은 질을 다같이 보장하는 것이다.… 속도전이 요구하는 속도는 가장 높은 질을 전제로 하는 가장 빠른 속도이며 속도전이 요구하는 질은 가장 높은 속도를 전제로 하는 최상의 질이다. 속도를 높인다고 하여 질을 낮추거나, 질을 높인다고 하여 속도를 늦추는 것은 속도전과는 아무런 인연도 없으며, 최단시간 내에 량적으로나 질적으로 다같이 최상의 성과를 이룩하는 것, 바로 이것이 속도전의 기본 요구인 것이다."[5]

속도전을 벌이기 위한 기본방도는 사상혁명, 기술혁명을 힘 있게 밀고 나가며 조직지도사업을 보태는 것이라고 한다. 또 북에선 이런 속도전 방침을 주체사상과 계속혁명[6]의 사상을 구현하여 역사상 처음으로 사회주의 건설의 기본전투형식을 밝힌 탁월한 방침이라고 주장한다.

그래서 김정일 비서는 '모두 다 속도전 앞으로!'란 구호 아래 전당과 전체 인민이 사회주의 건설에 떨쳐나서도록 독려했다는 것이다.

> "우리는 이번 70일 전투를 잘 짜고 들어 처음부터 긴장성을 늦추지 말고 힘 있게 밀고 나감으로써 어떤 일이 있어도 승리적으로 결속지어야 합니다."[7]

---

5   탁진·박홍제·김강일, 〈김정일지도자 2〉(구월서방, 1984) 118~119쪽.

6   계속혁명 : 계급적 차별과 민족적 차별을 없애고 사회주의제도를 수립했다고 혁명활동이 끝나는 것이 아니라 계속 노동자와 농민의 계급적 차이를 없애고 도시와 농촌의 차이, 힘든 노동과 위험한 노동 등을 없애고 전 사회를 노동계급화해야 공산주의를 달성할 수 있다는 것이다.(〈력사사전〉 참조)

〈조선로동당력사〉는 김정일 비서가 1974년 인민경제계획을 완수하기 위해 그해 10월 초 '충성의 70일 전투'를 직접 발기했다고 전한다. 70일 전투 성공의 열쇠를 '사상동원'이라고 판단한 그가 근로자들 속에서 당과 수령에 대한 충실성 교양과 함께 전진을 방해하는 낡은 사상을 극복하기 위한 사상전을 적극 추진했다는 것이다.[8] 이런 70일 전투의 결과로, 공업생산은 전투 이전에 비해 1.7배로 성장하고 1974년 공업 총생산액은 전년도에 비해 117.2%로 늘어났다고 한다. 또한 그렇게 새로운 '천리마 속도', '70일 전투 속도'가 창조되었다고 평가한다.[9]

김정일 비서는 또 1975년 초 '속도전 청년돌격대'를 조직하고 그해 7월에는 검덕광산을 현지지도해 은률광산의 대형장거리 컨베이어벨트 수송선과 무산광산~김책제철소 사이 대형 장거리 정광 수송관 건설을 완공토록 한 것으로 알려졌다. 그래서 〈조선통사〉에선 "조선로동당 창건 30주년을 앞둔 1975년 8월 말에 6개년 계획의 전력고지, 석탄고지, 화학비료고지들이 성과적으로 점령되고 직물고지, 수산물고지는 그보다 앞서 점령되었으며 알곡고지는 2년 앞당겨 점령되였다"고 알렸다.[10]

김 비서는 2년 뒤 제2차 7개년 계획(1978~1984)을 달성하기 위한 '속도'도 끌어냈다. 2차 7개년 계획은 인민경제의 주체화, 현대화, 과학화로 사회주의 경제토대를 더 강화하고 인민생활을 한 단계 더 높이는 게 기본과업이었다고 한다. 그는 1982년 6월 당중앙위원회 책임일꾼협의회에서 1956년 12월 전원회의를 계기로 천리마의 대고조를 일으켰던 것처럼 사

---

7 김정일, 〈김정일선집〉(증보판) 7권(조선로동당출판사, 2011) 41쪽; 사회과학원 력사연구소, 〈조선통사(하)〉(개정판)(사회과학출판사, 2016) 381쪽 재인용.
8 조선로동당 당력사연구소, 〈조선로동당력사 2〉(조선로동당출판사, 2018) 64~66쪽.
9 사회과학원 력사연구소, 위의 책, 380~381쪽.
10 사회과학원 력사연구소, 위의 책, 382쪽.

회주의 경제건설에서 새로운 대고조를 일으키자고 호소하면서 이번엔 '80년대 속도 창조운동'을 추진했다. 〈조선통사〉는 80년대 속도 창조운동에 대해 "천리마 대고조 시기 우리 인민이 발휘한 혁명정신을 계승하고 속도전의 원칙을 전면적으로 구현하여 1980년대 사회주의 경제건설에서 일대 앙양을 일으키기 위한 대중적 진군운동"이라고 밝혔다.[11]

김징일 비서는 1982년 7월 김책제철련합기업소 노동자들과 청산리 협동농장 농민들이 80년대 속도 창조운동의 첫 봉화를 들도록 하고, '천리마 대고조 시기의 기세로 '80년대 속도'를 창조하자!'는 구호를 제시했다고 한다. 한 달 전엔 검덕광업종합기업소 제3선광장 건설에서 입체전을 벌려 80년대 속도를 창조토록 격려하고 천리마운동 선구자대회, 전국청년열성자회의, 인민경제 부문별 회의들을 잇달아 소집해 모든 부문, 모든 단위에서 80년대 속도 창조를 위해 적극 나서도록 지도했다고 한다. 이렇게 80년대 속도 창조운동을 독려한 결과, 북의 인민경제 모든 부문에서 제2차 7개년계획이 추진되어 광물과 석탄, 전력, 금속, 기계 생산에서 혁신이 일어나고 시멘트와 화학비료 생산이 크게 증가했다고 한다. 또 농촌경리부문에서 주체농법이 이뤄져 1984년 알곡고지를 성공적으로 달성했다고 〈조선전사〉는 전했다.[12]

그리고 김 비서는 30만 정보 간석지 개간과 20만 정보의 새땅 찾기, 서해갑문 건설과 태천발전소 건설을 현지지도하면서 80년대 속도 창조운동을 더 한층 높은 단계로 이끌었다고 한다.

---

[11] "위대한 장군님의 가르치심을 높이 받들고 주체71(1982)년 7월과 8월에 김책제철소의 로동계급과 청산리의 농장원들이 80년대 속도 창조운동의 첫 봉화를 들었으며, 인민경제 모든 부문, 모든 단위의 당원들과 근로자들이 이에 호응해 나갔다."(사회과학원 력사연구소, 위의 책, 387쪽)

[12] 사회과학원 력사연구소, 위의 책, 388~390쪽.

"남포갑문(서해갑문)과 태천발전소 건설 역시 대자연 개조사업의 하나이다. 대동강 하류에 건설되는 남포갑문은 그 규모에 있어서 세계적인 건설공사이다. 언제(제방)의 길이만 하여도 근 8킬로메터나 되고 콩크리트 타입량(투입량)은 수백만 입방메터나 된다. 이 갑문이 건설되면 중부 서해안 일대에 새로운 광야를 펼치게 될 간석지(간척지)의 물 문제는 물론이고 이 일대의 공업용수와 음료수 문제까지도 다 풀리게 된다.… 태천발전소 건설 역시 이만저만한 건설이 아니다. 이 발전소는 압록강으로 흘러드는 위원강과 충만강의 물을 많은 산줄기들을 뚫고 대령강에 떨구어 막대한 전기를 얻은 후 평안북도 서해안 일대에 새로 개간하는 간석지 논에 물을 대주게 하는 새로운 형식의 수력개발 사업이였다."[13]

서해갑문 공사는 8km의 바다를 막고 3개의 갑실과 수십 개의 수문을 갖춘 대규모 방조제를 세우는 공사였는데 1981년 5월 갑문 건설을 인민군대에 맡겨 5년이란 기간에 완공할 수 있었다고 한다.[14]

3) 3차 7개년 계획과 '200일 전투'

북은 1986년 12월 열린 조선로동당 중앙위원회 제6기 12차 전원회의에서 제3차 7개년 계획(1987~1993)의 목표를 제시했다. 그리고 2년 뒤인 1988년에 전당, 전민이 총동원되어 새 전망계획 수행의 돌파구를 열기 위한 '200일 전투'를 단행했다.

---

13 탁진·박홍제·김강일, 앞의 책, 332~333쪽.
14 〈조선전사〉는 "서해갑문이 건설됨으로써 위대한 수령님과 친애하는 지도자 동지의 두리에 전체 인민이 사상의지적으로 굳게 통일단결된 주체조선의 위력을 온 세상에 과시하게 되었으며, 1980년대 사회주의 경제건설의 10대 전망목표를 다그쳐 끝내고 사회주의 완전승리를 앞당겨 나가는 데서 매우 유리한 물질적 토대를 튼튼히 마련할 수 있게 되었다"고 의미를 부여했다 (사회과학원 력사연구소, 〈조선전사〉 34권 '현대편 : 사회주의건설사 7'(과학백과사전출판사, 1992) 135쪽).

200일 전투 〈로동신문〉

"우리는 지금 벌리고 있는 200일 전투에서 앙양된 기세를 늦추지 말고 계속 견지하여야 하며 200일 전투가 2000일 전투, 2만일 전투로 이어지게 하여야 합니다. 그래야 우리가 주체의 혁명위업을 끝까지 완수할 수 있으며 세계혁명 앞에 지닌 무거운 책임을 다할 수 있습니다."

"'모두 다 영웅적으로 살며 투쟁하자!', 이것이 현시기 우리 당의 요구이며 우리가 들고 나가야 할 구호입니다. 우리는 모든 당원들과 근로자들이 이 전투적 구호를 높이 들고 나가도록 함으로써 온갖 안일과 해이, 보수와 침체를 짓부시고 무한한 헌신성과 불굴의 투쟁정신을 발휘하여 계속혁신, 계속전진하며 비겁성과 패배주의를 불사르고 신심과 락관에 넘쳐 용감하게 싸워나가는 영웅적 투쟁기풍이 온 사회에 차넘치게 하여야 합니다."[15]

---

15 김정일, 〈모두 다 영웅적으로 살며 투쟁하자!〉(1988년 5월 15일)

'모두 다 영웅적으로 살며 투쟁하자!'는 구호 아래 200일 전투 과정에서 이전부터 추진해 온 발전소 건설과 탄광 개건·확장 공사, 김책제철련합기업소 2계단 확장공사와 무산광산련합기업소의 확장공사, 순천비날론련합기업소 건설, 평양 광복거리 건설 등이 추진되었다. 북은 200일 전투 기간에 새로운 '200일 전투 속도'를 창조하고 제3차 7개년계획 수행의 돌파구를 열었다고 자평한다.[16]

그런데 당시 외부 환경은 북에 유리하지 않았다. 이른바 '개혁·개방'을 표방한 소련 고르바초프의 수정주의노선은 동유럽 사회주의국가들에 잇단 위기를 불러 북의 대외경제 여건에 장애를 조성하는 한편, 미국은 제재를 계속했고 서유럽 국가들과 경제교류도 어려웠다.[17]

북은 제3차 7개년 계획 이후 완충기(1994~1996)를 둬 경제개발 속도와 목표를 일부 조정하였다. 그리고 대외관계에 조성된 난관을 자체의 힘으로 해결하려고 경제적 자립성을 한층 더 강화하는 방향에서 경제구조를 갖춰나갔다.

> "오늘날 경제사업에서 힘을 넣어야 할 가장 중요한 문제는 인민생활을 빨리 높이는 것입니다."[18]

김정일 비서는 90년대 들어서도 북을 속도 창조운동으로 이끌었다. 1990년 1월 열린 당중앙위원회 제6기 17차 전원회의에서 그는 자력갱생, 간고

---

16 사회과학원 력사연구소, 위의 책, 400~401쪽.
17 북은 서방국가들과 교류협력을 통해 선진기술과 자본을 도입하려 했다. 1984년 8월 합영법을 발표해 평등호혜의 원칙에서 해외자본 및 남측과 경제협력을 추진했다. 그러나 사회주의(유무상통)와 자본주의(달러나 경화 결제) 교역방식의 차이, 1970년대 말 석유파동 여파로 교류협력은 제한적이었다(임영태, 위의 책, 187~192쪽).
18 김정일, 〈김정일선집〉(증보판) 13권(조선로동당출판사, 2012) 161쪽; 사회과학원 력사연구소, 위의 책, 437쪽 재인용.

분투의 혁명정신을 강조하면서 인민경제 모든 부문, 모든 단위에서 최대한 증산하고 절약하기 위한 투쟁을 벌이도록 했다고 한다.

김 비서는 그해 2월 전국생산혁신자대회에 이어 4월에 전국청년열성자대회를 소집해 근로자들이 90년대 속도 창조운동을 적극 추진하도록 했다. 서해안 일대에 2,000리 물길 공사가 추진되었고, 평양에 5만 세대 규모의 살림집과 지방에 수십만 세대의 살림집 건립이 진행되었다고 한다. 이런 90년대 속도 창조운동에 대해 북에선 "로동계급과 전체 근로자들이 난관과 시련을 이겨내면서 90년대 속도 창조운동을 힘 있게 벌려 미제와 국제반동들의 반공화국 책동을 짓부시고 제3차 7개년계획을 성과적으로 수행"했다고 자평했다.[19]

북은 80~90년대 초반 두 차례에 걸친 7개년 계획과 200일 전투 등을 벌이며 사회주의 건설을 지속했다. 80년대 말~90년대 초반 불리한 대외 여건으로 조정 기간을 거치는 등 차질을 빚긴 했으나 북은 자력갱생과 간고분투의 원칙을 견지했다.

---

19 사회과학원 력사연구소, 〈조선통사(하)〉(개정판)(사회과학출판사, 2016) 436~437쪽.

1970~80년대 북의 대표적 건축물들

70년대 말~80년대 북의 사회주의 건설과 맞물려 평양 등 주요 도시에선 건축사업이 활발히 벌어졌다. 평양에선 만수대기념비와 조선혁명박물관(1972년), 대성산혁명렬사릉(1975년), 국제친선관람관(1978년), 개선문, 만수대의사당, 주체사상탑(1982년) 등의 혁명사적지와 기념비들이 조성되었다.

또 창광원, 평양산원(1980년), 인민대학습당, 김일성경기장(1982년) 등 보건·문화예술 및 체육시설이 세워졌고, 락원거리(1975년), 창광거리(1980년), 문수거리(1984년), 광복거리(1989년) 등 대규모 주택단지도 김정일 비서의 지도 아래 건설됐다. 더불어 시내 곳곳에 공원과 녹지들이 조성되었다. 또 평양 지하철이 서울(1974년)보다 한해 앞서 개통됐다. 김정은시대의 대규모 현대화사업 이전 남측에 익숙한 평양 시내 모습은 이때 완성됐다고 하겠다.

원산과 함흥 등 지방 거점도시 건설도 활발히 이뤄져 대규모 주택단지와 각종 보건·문화예술 시설, 봉사시설들이 조성되었다고 한다. 북에선 70~80년대의 건축사업에 대해 "경애하는 수령님의 위대성을 칭송한 기념비적 건축물들을 비롯하여 다양한 구성형식과 참신한 조형 예술성, 현대 민족건축술이 최상의 수준에서 결합된 공공건축물들과 살림집들이 그 어느 때 없이 많이 창조됨으로써 주체적인 건축예술 발전의 새로운 전환의 계기가 열려졌다"고 평가한다.[20] 대표적 건축물을 몇 가지 소개한다.

평양지하철-평양시 서평양 일대에 있는 도시철도. 총 2개 노선(천리마선(1973년 9월 개통)-만경대선(1987년 9월 연장), 혁신선(1978년 9월 개통))으로 구성되어 있으며, 총 17개 역과 총 연장 22.5km로 되어 있다고 한다. 또 국방건설에서 전국요새화 방침에 따라 유사시 핵공격 및 폭격에 대비하는 차원에서 지하 100m의 대심도로 건설되었고, 역사(驛舍)는 항일무장투쟁·사회주의 건설 등을 소재로 한 다양한 모자이크 벽화와 석재 조각, 샹들리에 등으로 장식되어 화려한 내부구조를 자랑하여 일명 '지하궁전'으로도 불린다. 김정은시대인 2015년에 김종태전기기관차련합기업소에서 신형 전동차가 제작되어 2016년 1월부터 운행하고 있다.[21]

---

20 사회과학원 력사연구소, 〈조선전사〉 34권 '현대편 : 사회주의건설사 7'(과학백과사전출판사, 1992) 257~269쪽.

21 '지하 평양이 전하는 이야기' 1~2(〈조선의 오늘〉 2016년 1월 28일자)

평양 지하철	창광원
평양산원	개선문
주체 사상탑	김일성 경기장
만수대 의사당	인민대 학습당
창광거리	서해갑문
광복거리	문수거리

**80년대 대표
건축물들**
〈조선의 오늘〉,
〈우리민족끼리〉,
대한민국 청와대 등.

5. 사회주의 경제건설을 위한 '속도 창조' 운동

광복거리 건설 장면 〈조선신보〉

창광원-평양시 천리마거리 보통강변에 위치한 종합위생봉사시설. 1980년 3월 22일에 준공되었으며, 연면적 3만8,000㎡에 4층 건물로 목욕탕, 수영장(2,000여 석 관람석 포함), 물놀이장, 이발소, 미용실, 식당 등 편의봉사시설을 갖추고 있다. 최대 1만6,000명을 수용할 수 있는 것으로 알려졌다.[22]

평양산원-평양시 대동강구역에 위치한 북 최대의 산부인과 겸 산후조리시설. 1980년 3월 30일에 준공되었으며 약 6만㎡ 연면적에 2,000여개의 방, 13층 건물인 1호동(환자 치료건물)과 2호동(관리동), 3호동(제약생산동)등 총 6개동으로 구성되어 있다. 산원은 산모의 출생과 산후조리, 신생아의 보육을 지원하는 각종 현대적 의료설비와 기구들이 구비된 것으로 알려졌다. 또 산원에서는 사회주의 무상의료체계와 예방의학에 따라 매일 400명 이상 여성의 외래진료와 매년 1만 5,000명가량의 산모들[23]에 대한 출생 보조와 산후조리를 하고 있다. 북에서는 평

---

22 '종합적인 위생문화 편의봉사기지에 깃든 사연'(〈조선의 오늘〉 2020년 3월 21일자 참조)

23 평양산원에 입원하는 산모는 평양만 아니라 북 전역에서 첫 출산을 하는 산모들이 우선 입원하게 된단다. 쌍둥이(세쌍둥이 포함)를 임신한 산모를 우선 입원시켜 쌍둥이를 임신한 공로로 선물도 주고 특별 관리한다. 그외 둘째·셋째를 입원한 산모나 지방의 산모들은 담당구역제에 따라 해당 지역 산원에서 출생과 산후조리를 하지만 조산(助産) 등 문제가 생겼을 경우 평양산원에 입원할 수 있다.('미국무장관 블링컨과 북한 '세쌍둥이'의 상관관계는?', 유튜브 〈왈가왈북〉 2021년 3월 25일자 참조)

양산원을 사회주의 무상의료제와 무상보육제를 상징하는 대표적인 종합의료봉사 기지라고 자랑한다.[24]

개선문-평양시 모란봉구역에 있다. 1982년 태양절(4월15일)에 준공되었으며, 김일성 주석의 항일무장투쟁과 해방 직후 개선해 평양시 환영군중대회에서 김 주석이 연설한 것을 기념하였다. 설계 모티브가 된 프랑스 파리의 에뚜알 개선문(Arc de Triomphe de l'Étoile)보다 큰 규모(높이 60m, 폭 50m)를 자랑한다.[25]

주체사상탑-평양시 동대원구역 대동강 기슭에 있는 170m(탑신 150m, 봉화 20m) 높이의 탑. 세계 최대규모의 석탑으로 1982년 태양절에 준공됐으며 북의 지도사상인 주체사상을 형상화하였다. 탑 최상단엔 횃불 모양 장식물이 있고 기단엔 3대 근로인민대중인 노동자, 농민, 근로인텔리가 각각 망치, 낫, 붓을 들고 조선로동당 로고를 상징하는 동상이 있다. 탑 내부엔 엘리베이터가 있어 상단 전망대까지 올라갈 수 있고, 전망대에서 평양 전경을 감상할 수 있다.[26]

김일성경기장-평양시 모란봉구역 개선동에 있는 종합경기장. 전신은 평양공설운동장으로 1945년 당시 김일성 주석이 개선 연설을 한 곳이었다. 1982년 4월에 약 10만의 수용인원 규모로 개건·확장되어 오늘에 이르고 있다. 북 축구국가대표팀의 홈구장으로 사용되고 축구, 마라톤 등 각종 체육행사가 열린다.[27]

만수대의사당-평양시 중구역 서문동에 있는 의사당. 1982년 10월에 준공되었다. 연면적 4만5,000㎡의 규모로, 최고인민회의 등 북의 각종 정치행사가 열린다.[28]

인민대학습당-평양 김일성광장 서쪽에 있는 북의 국립중앙도서관. 1982년 10월에 준공했으며 연면적 10만㎡ 규모에 10층 건물로 장서 3,000만권과 6,000석 좌석을 뒀다고 한다. 20여 개 열람실과 10여 개의 강의실, 문답실, 음악감상실 등 각종 학습시설을 갖췄다. 애초 건설 계획상에는 정부청사를 지으려 했으나 "인민대중을 위한 도서관을 짓자"는 김일성 주석의 제안에 따라 인민대학습당을 세웠다고 한다. 북에선 인민대학습당을 '김 주석의 이민위천(以民爲天, 백성을 하늘같이 대하다)

---

24 평양산원, 〈조선의 오늘〉 설명 참조.
25 개선문, 〈조선의 오늘〉 소개 참조.
26 주체사상탑, 위 사이트 참조.
27 김일성경기장, 위 사이트 참조.
28 만수대의사당, 위 사이트 참조.

의 애민정신이 어린 대표 사례'로 자랑한다.[29]

창광거리-평양시 중구역 보통강 일대에 있는 주거지역. 보통문에서 평양역까지 이어져 있으며, 도로를 중심으로 연면적 40만㎡ 구역에 1만7,000여 세대 규모의 현대적 고층 살림집들과 평양체육관, 인민문화궁전, 창광원, 고려호텔 등 각종 문화봉사시설들이 조성되어 있다. 김정일 비서의 지도 아래 10개월이란 짧은 기간에 건설되어 1982년에 준공되었다고 한다.

서해갑문-남포갑문이라고도 한다. 남포특별시에서 서쪽으로 15km 떨어진 곳에 있다. 방조제 길이는 8km이고 3개의 갑문과 36개의 수문이 있으며, 배수량 5만 톤급의 선박이 통행할 수 있다고 한다. 갑문은 '4대 자연개조사업'의 하나로 1981~1986년 건설되었다. 방조제 위로는 도로와 서해갑문선 철도가 건설돼 남포특별시와 황해남도를 연결한다. 서해갑문은 대동강의 수위를 높여 통행할 수 있는 선박의 용량을 늘리고 해수가 담수로 유입되는 것을 막아 물 공급문제를 해결하며, 토지를 추가로 관개해 이 지역의 경작 가능한 땅을 확장시키는 역할을 한다.[30]

광복거리-평양시 만경대구역 일대를 관통하는 청년영웅도로 중 광복다리와 만경대(김주석 생가) 구간(약 5.4km)의 거리. 1989년 열리는 세계청년학생축전 준비 차원에서 1988~89년에 이곳에 2만5,000세대 이상의 고층 살림집들과 각종 봉사시설이 조성되었다.

문수거리-평양시 대동강구역 문수봉 일대에 조성된 주거지역. 1만7,000여 세대의 현대적인 살림집(아파트)와 교육시설 및 병원, 40여 개 편의봉사망으로 구성되며 1994년 9월 30일 개건된 당창건기념탑이 여기에 있다.

---

29 인민대학습당, 위 사이트 참조.
30 서해갑문, 위 사이트 참조.

6　'혁명의 교과서' 〈세기와 더불어〉

1992년 4월은 김일성 주석 탄생 80주년이었다. 이 무렵 김 주석은 자신의 생애를 돌아보면서 항일투쟁의 기록과 교훈을 후대들에게 남기고자 회고록 〈세기와 더불어〉를 집필하기 시작하였다. '세기(世紀)'란 다 알듯 100년을 가리키는데 1912년에 태어나 회고록을 집필한 1992년까지의 80년 세월을 20세기에 비유한 것으로 보인다. 개인 회고록 형식이지만 사실 역사서에 가깝다.

물론 북에서 항일무장투쟁 관련 역사서는 회고록 출간 이전에 〈조선전사〉 16~22권(사회과학원 력사연구소, 과학백과사전출판사, 1981)과 〈항일무장투쟁사〉 1~4권(사회과학원 력사연구소, 사회과학출판사, 1983~1985), 〈현대조선력사〉(김한길, 사회과학출판사, 1983) 등 다양하다. 하지만 모두 학술서라서 일반 대중이 읽기에는 딱딱하고 난해한 점도 있다. 또 회고록 출간 이전에 편찬된 서적들이라 일부 내용이 누락된 단점도 있다. 항일무장투쟁을 다룬 대중 교양서인 〈항일빨찌산 참가자들의 회상기〉(총 20권, 조선로동당출판사)와 〈인민의 자유와 해방을 위하여〉(총 12권, 조선로동당출판사)의 경우 무장투쟁 참가자 개개인의 구술녹취 및 회상이다 보니 항일무장투쟁 전반을 살피는 데는 한계가 있다. 회고록은 이런 기존의 항일무장투쟁 역사서와 일화집들을 뛰어넘는, 투쟁을 직접 지휘한 장본인인 김 주석이 집대성해 북의 인민대중이 교양서로 읽기 쉽게 정리했다는 점에서 두드러진다.

〈회고록〉을 집필 중인 김일성 주석
〈조선의 오늘〉

〈세기와 더불어〉는 북에서 혁명역사교양과 사상교양을 위한 필독서이다. 물론 남측에선 국가보안법에 따라 금서(禁書) 1호이다. 1994~95년 남측에서 회고록을 펴낸 출판사 대표 등 여러 명이 구속되는 수난을 겪었다. 2021년 현재도 출판된 단행본이나 전자책 자료[1]는 국가정보원이나 방송통신심의위원회 차원에서 차단돼 읽을 수 없고, 국립중앙도서관 소재 통일부 북한자료센터에서 인적사항을 기록하면 열람과 연구목적의 복사가 가능하다. 그런데 2021년 4월 남측의 한 남북교류업체가 회고록 전편을 원문 그대로 출판해 화제가 된 바 있다.[2] 남측의 극우세력은 회고록 출판 소식이 알려지자 출판금지 가처분신청을 냈으나 같은해 5월 14일 법원이 기각했다. 항일투쟁을 중심으로 한 회고록을 둘러싼 남측에서의 이런 논란은 역설적으로 국가보안법의 구시대성과 폐지의 당위성을 반증하는 사례라 하겠다.[3]

---

1 〈세기와 더불어〉 전자책은 〈항일빨찌산 참가자들의 회상기〉, 〈총서 불멸의 력사〉, 〈총서 불멸의 향도〉 등과 함께 〈우리민족끼리〉, 〈조선의 오늘〉, 〈메아리〉 등 북의 인터넷매체 홈페이지에 있다.
2 '남북이 공유할 항일역사 출판 계기로 새 시대 열자'(〈통일뉴스〉 2021년 4월 23일자)
3 '출협 "김일성회고록 가처분 기각 환영… 서점서 자유롭게 만나길"'(〈연합뉴스〉 2021년 5월 14일자)

남측엔 칼 맑스, 프리드리히 엥겔스, 블라디미르 레닌, 이오시프 스탈린, 체 게바라, 피델 카스트로, 호찌민, 마오쩌둥 등 외국 사회주의운동 지도자들의 혁명역사를 다룬 도서들이 이미 많이 출간돼 있다. 김원봉이나 박헌영 등 좌익계 독립운동가 관련 서적도 마찬가지다. 오직 김일성 주석의 행적, 특히 항일무장투쟁사는 아는 것이 거의 없을뿐더러 출간 자체가 금기의 대상이나. 그나마 한홍구[4], 와다 하루끼(和田春樹)[5] 등 학자들이 김일성 주석의 항일무장투쟁사를 연구하고 부분적으로 출간한 게 전부다.

〈세기와 더불어〉는 1992년에 먼저 항일혁명 초기(어린 시절부터 반일인민유격대 결성까지)를 다룬 1, 2권이 출간되었다. 이어 1994년까지 항일무장투쟁을 한창 벌인 시기를 담은 3~6권이 순차적으로 출간돼 김 주석의 항일혁명 역사의 전모를 접할 수 있게 했다. 김정일 국방위원장은 1994년 김 주석 사후에도 그가 남겨놓은 구성안과 요강에 따라 자료들을 정리해 계승본(7·8권)으로 회고록을 완간했다. 2020년 7월 〈로동신문〉 보도[6]에 따르면 〈세기와 더불어〉 후속편으로 김 주석의 사회주의 건설 시기를 담은 〈민족과 더불어〉 1권(조선로동당출판사, 2020)이 출간되었다고 한다.[7]

〈회고록〉 표지 〈우리민족끼리〉

---

4 한홍구, '20세기형 민족주의자, 김일성', 〈대한민국사 3〉(한겨레출판, 2005) 참조.
5 와다 하루끼 저, 서동만·남지정 역, 〈북조선: 유격대 국가에서 정규군 국가로〉(돌베개, 2004) 참조.
6 '혁명실화 총서 〈민족과 더불어〉 제1권 출판'(〈로동신문〉 2020년 7월 7일자)
7 〈조선신보〉는 〈민족과 더불어〉에 대해 "김일성 주석님께서 생전에 자신의 혁명생애를 감회 깊이 돌이켜보시며 집필하신 회고록 〈세기와 더불어〉에서 서술되지 않은 주석님의 해방 후부터 혁명생애의 마지막 시기까지의 불멸의 업적을 력사적 사실자료에 기초하여 서술한 위대성 도서"라고 의미를 부여했다('혁명실화 총서 〈민족과 더불어〉 제1권 / 김일성 주석님의 해방 후 업적을 서술', 〈조선신보〉 2020년 7월 10일자).

회고록은 1권 1장부터 8권 24장까지로 구성되어 있다. 제1장 '비운이 드리운 나라'의 첫째 절 '우리 가정'부터 시작해 제24장 '거족적인 반일항전'의 마지막 절 '개선'으로 끝난다. 김 주석의 어린 시절 비참한 식민지 조선의 현실과 3.1운동에 대한 기억부터 항일투쟁을 결심한 청소년기 만주 길림에서의 항일운동, 10대 후반부터 시작된 1930년대 북간도 항일무장투쟁의 역사와 1945년 34살 나이에 해방된 조국에 '개선'하기까지 파란만장한 순간과 사건의 기록들이 꼼꼼히 담겨 있다.

책의 첫 절인 '우리 가정'에서 김 주석은 자기 집안 내력을 이렇게 소개했다.

> "우리 가정은 그 당시 조선의 어느 농촌, 어느 고을에서나 흔히 볼 수 있는 소박하고 평범한 가정이였다. 남들보다 별로 표가 나는 것도 없고 특이한 점도 찾아볼 수 없는 가난한 가정이였다."

> "그렇지만 일생을 독립운동에 바쳐온 집안이였다. 아버지 김형직은 독립운동을 하다 이역에서 32살에 세상을 떠났다. 6년 후에는 어머니 강반석이 안도에서 독립의 날을 보지 못하고 돌아갔다. 어머니가 세상을 떠난 후에는 유격대에 들어가 총을 잡고 싸우던 동생 철주마저 전사하였다. 몇 해 후에는 마포형무소에서 장기형을 받고 감옥살이를 하던 작은삼촌 김형권이 모진 고문 끝에 옥사하였다. 나는 아버지 김형직의 맏아들로 망국 이태후인 임자년(1912년) 4월 15일에 만경대에서 태여났다."[8]

김일성 주석은 자기 집안을 평범한 가정이라고 소개했지만, 아버지 김형직부터 시작해 어머니 강반석, 동생 김철주, 작은삼촌 김형권 등 온 집안이 일제 식민지 지배를 끝내고 조선의 독립을 쟁취하고자 싸운 '항일 가족'이였다. 그는 특히 아버지 김형직의 가르침과 유산을 이렇게 회고하였다.

---

[8] 김일성, 〈세기와 더불어〉 1권(조선로동당출판사, 1992) 10~17쪽.

"아버지의 이야기 가운데서 지금도 잊혀지지 않는 것은 혁명을 하는 사람들이 가져야 할 3대 각오에 대한 말씀이다. "혁명가는 어디 가나 항상 3대 각오를 가져야 한다. 아사, 타사, 동사, 다시 말하여 굶어 죽을 각오, 맞아 죽을 각오, 얼어 죽을 각오를 가지고 처음 먹은 원대한 뜻을 버리지 말아야 한다.""[9]

"생각하면 나에 대한 아버지의 정은 남다른 것이였다. 내가 좀 자라서부터는 늘 진지하게 나라와 민족의 장래 문제를 터놓고 말씀하군 하던 아버지였다. 무한히 엄하면서도 끝없이 웅심 깊은 것이 우리 아버지의 사랑이였다. 이제는 그런 사랑, 그런 이끄심을 더는 받을 수도 없고 바랄 수도 없게 되였다. 그러나 나를 비탄의 눈물 속에서 일으켜 세워준 것은 아버지의 남다른 그 유산이였다. '지원(志遠, 뜻을 멀고 깊게 두다)', 3대 각오, 동지 획득, 두 자루의 권총… 당장은 무엇을 해야 할지 갈피를 잡을 수 없는 막막하고 암담한 슬픔 속에서도 나는 그 유산에서 힘을 얻고 내가 갈 길을 모색하기 시작하였다."[10]

회고록에서 김 주석은 아버지 김형직이 가르쳐 준 '지원(志遠)'이란 문자 그대로 뜻을 원대하게 가져야 조국과 민족을 위한 투쟁의 길에서 참된 보람과 행복을 찾는 혁명적 인생관을 세우게 되며, 대를 이어 가며 싸워서라도 기어이 나라의 광복을 이룩하겠다는 백절불굴의 혁명정신을 갖게 된다고 강조하였다.

김 주석은 서문에서 "인민을 믿고 인민에 의거하면 천하를 얻고 백번 승리하며 인민을 멀리하고 그의 버림을 받게 되면 백번 패한다는 진리, 생과 투쟁의 교훈을 후세에 남기게 되기를 바라면서 시간이 있는 대로 한줄 두줄 심혈을 기울였다"[11]고 회고록 집필의 취지를 밝혔다. 또 항일혈전의

---

9 김일성, 위의 책, 91쪽.
10 김일성, 위의 책, 93쪽.
11 김일성, 위의 책, 5쪽.

길에 청춘을 바친 전우들의 삶과 위훈을 기리려고 회고록 집필에 온 힘을 기울였다고 한다. 혁명활동 연고자들과 사적 자료들을 하나라도 더 찾아내려 기억을 더듬고 또 일꾼들과 소통하며 자료들을 직접 고증하고 추억하며 회고록에 반영했다고 한다.

회고록 1~2권에선 초기 활동기인 길림 시절 동지였던 차광수, 김혁의 첫 인상과 함께했던 일화들, 그리고 카륜의 진명학교 교실에서 첫 당조직인 '건설동지사'를 조직하고 격정에 넘쳐 열변을 토하던 모습들을 추억했다. 이어 반일인민유격대의 결성과 첫 유격투쟁인 남만 원정, 소사하에서 어머니 강반석을 마지막으로 본 뒤 임종을 지키지 못해 한으로 남은 소회 등을 담담히 기술하고 있다.

특히 카륜회의에서 〈조선혁명의 진로〉를 발표하여 주체사상을 창시한 일화와 당시 운동에서 교조주의, 종파주의, 사대주의, 좌경모험주의로 인한 폐해들과 반민생단 광풍(狂風) 속에서 고초를 겪으며 절감했다는 조선혁명의 자주노선과 주체적 입장의 중요성을 자세히 전하고 있다.[12]

회고록 3~4권에선 본격화된 항일무장투쟁의 전개과정을 담았다. 1934년 3월 반일인민유격대를 조선인민혁명군으로 확대개편하고, 동북항일연군에 참여하면서도 자주노선을 확립한 것(다훙왜 회의)[13], 항일유격전을 전개하는 과정에서 동만주 일대 조선민중과 함께하며 체득한 대중노선과 조-중 국제연대의 중요성 등을 알리고 있다. 특히 민족통일전선조직이라는 조국광복회의 결성(1936년 5월)에 대해 "혁명의 군중적 지반을 강화하는 사업에서 획기적인 사변"이라며 "조국광복회 창립을 통하여 반일민족통일전선운동은 항일무장투쟁과 밀접히 결합되어 전국적 범위에서

---

12 김일성, 위의 책, 120~137쪽.

보다 조직성 있고 체계성 있게 빨리 발전하게 되였으며 모든 반일역량을 나라의 해방을 위한 투쟁에로 힘있게 조직동원할 수 있게 되였다"고 큰 의미를 부여했다.[14]

회고록 5~6권, 그리고 계승본인 7~8권에선 1930년대 후반기 조선인민혁명군을 지휘하며 국내 진출을 추진하던 상황과 주요 전투들, 그리고 소련군과 연합해 대일전을 준비하던 과정 등을 지세히 다루고 있다. 즉 백두산 일대에서 밀영(비밀기지) 건설, 조국광복회 조직을 통한 국내 반일대중투쟁 지도, 무송 원정(1937년 3월)-보천보 전투(1937년 6월 4일)-간삼봉 전투(1937년 6월 30일)-고난의 행군(1938년 12월~1939년 3월)-대홍단 전투(1939년 5월) 등 조선과 만주 국경을 넘나들며 벌인 주요 전투들과 관련 일화이다. 특히 오중흡, 김주현, 리동학, 오백룡 등 항일전우들의 행적과 중국인 동지 장울화(張蔚華)[15]와의 인연, 항일투쟁 과정에서 민중들의 도움

---

13 김 주석은 당시 조선인민혁명군과 동북항일연군의 관계를 이렇게 설명한다. 조선인민혁명군은 조중연합전선, 즉 국제연대를 위해 동북항일연군에서 분리되지는 않았으나, 한편으론 조선혁명의 자주적 노선을 관철했다고 한다. 김 주석은 회고록 4권에서 "우리가 요구한 것은 자주권이였지 분권은 아니였다. 우리는 조선사람들이 제한과 구속과 방해를 받지 않고 조선혁명을 해나갈 수 있는 자주적 권리를 인정하고 존중할 것을 요구한 것이지, 세력 분배를 요구하지 않았다"(132쪽)고 알렸다. 이는 당시 조선-중국 민중은 물론, 항일무장투쟁을 탄압하던 일제와 만주군 모두 김 주석이 이끌던 조선인민혁명군(동북항일연군 2군)을 '김일성부대'라 불렀고 중국 항일혁명열사 주보중(周保中)이 일기에서 "항일연군 제2군은 동시에 조선인민혁명군이었다"고 밝힌 데서도 알 수 있다(4.27시대연구원 편, 〈북 바로알기 100문 100답(1)〉(사람과사상, 2019) 387~388쪽).

14 김일성, 〈세기와 더불어〉 4권(조선로동당출판사, 1993) 242~243쪽.

15 장울화(張蔚華, 1913~1937) : 중국 출신 항일혁명열사. 만주 길림에서 부호의 아들로 태어났으며, 아버지는 김일성의 아버지인 김형직의 오랜 동지였다고 한다. 1925년 무송 제1소학교 시절에 김 주석과 인연을 맺고 반제청년운동에 참여했으며 항일무장투쟁 시기 무송에서 '형제사진관'을 운영하며 조선인민혁명군 자금 지원과 조직활동을 도왔다. 1937년 일제에 체포돼 고문당하면서도 진술을 거부하고 결국 자결했다고 한다. 1948년 조선민주주의인민공화국 수립 이후 혁명열사로 추대됐다. 현재도 북에선 장울화를 '조·중인민 친선과 국제연대의 상징'으로 높이 평가하고 있다 (이창기, '김일성 주석 안전 위해 목숨 바친 국제주의전사 장울화 열사'(〈자주민보〉 2008년 4월 18일자).

을 받은 경험 등은 북에서 중시하는 '혁명전통교양'과 '사상교양'의 중심내용이다.

"우리는 어려운 환경에서 사회주의 건설을 하고 있습니다. 우리 혁명은 의연히 간고한 행군길을 이어가고 있습니다. 그러니 지금도 고난의 행군은 계속된다고 말할 수 있습니다. 지난날에는 수십만의 일본군이 우리를 포위하고 추격하였지만, 오늘은 그와는 대비도 할 수 없이 막강하고 포악한 제국주의 세력이 우리나라를 압살하려 하고 있습니다. 우리는 사실 전쟁 시기나 다름없는 상태에서 살고 있는 셈입니다. 이런 어려운 처지에서 우리가 살아나갈 수 있는 길은 무엇이겠습니까? 그것은 항일혁명선렬들이 고난의 행군과정에 발휘하였던 백두의 혁명정신을 그대로 실생활에 철저히 구현하는 것입니다."[16]

이밖에 남측 학계에서 1940년대 이래로 일제 관동군과 만주군 및 간도특설대[17]의 토벌로 항일무장투쟁이 대부분 소멸했다고 주장하는 것과 달리 조선인민혁명군이 근거지를 연해주 일대로 옮겨 지속적으로 국경을 넘나들며 소부대 활동을 벌였고[18] 중국, 소련과 더불어 국제연합군인 독립88여단을 구성해 대일항전을 새로운 단계로 발전시켰다는 일화[19] 등 잘 알려지지 않은 내용이 회고록에 수록돼 있다.

---

16 김일성, 〈세기와 더불어〉(계승본) 7권(조선로동당출판사, 1996) 104쪽.
17 간도특설대 : 1930년대말 일제의 괴뢰정권인 (위)만주국 주도로 동북지역 항일부대들을 토벌할 목적으로 결성된 부대. 조선인 출신 친일 부역자들이 대부분이었고, 토벌과정에서 민간인 학살로 악명 높았다. 해방후 국군 지도부의 상당수가 만주 괴뢰군과 간도특설대 출신이어서 정통성 논란을 빚기도 했다. 시라카와 요시노리(白川義則, 백선엽), 나까지마 잇껜(中島一權, 정일권) 등이 대표적이다(김주용, '만주지역 간도특설대의 설립과 활동'〈한일관계사연구〉 31집, 한일관계사학회, 2008 참조).
18 김일성, 〈세기와 더불어〉(계승본) 8권(조선로동당출판사, 1996) 104~117쪽.
19 김일성, 위의 책, 130~139쪽.

"조선의 해방은 쏘련군이 일본 관동군을 격멸하는 유리한 환경에서 우리 인민과 인민혁명군 자체의 역량에 의해 마련된 위대한 결실입니다. 1930년대와 1940년대 전반기에 우리가 조직한 국내의 항쟁조직들과 무장대들이 조선인민혁명군의 최후공격작전 계획에 따라 국내도처에 웅거하고 있는 일제의 침략무력과 식민지 통치기구들을 제압·소탕하고 나라를 해방하였습니다."[20]

회고록의 마지막 제24장 '거족적인 반일항전으로'에는 1945년 독소전쟁(대조국전쟁)에서 소련이 승리한 뒤 일제에 선전포고하고 극동지역 해방작전(만주 전략공세작전)을 전개하던 유리한 정세에서 조선인민혁명군과 국내 조국광복회 조직을 재정비해 '최후결전'을 준비(간백산 회의, 1945년 6월 4일)하던 과정이 자세히 묘사돼 있다.[21] 그리고 마침내 8월 9일 조선인민혁명군이 소련군과 함께 조국으로 진격하여 경흥·훈융·라진·웅기·청진 일대를 해방하고, 국내의 조선광복회 조직들은 반일 전민항쟁을 주도하여 일제를 타도하고 북부 지역을 해방했다는 내용이 서술되어 있다.[22]

"항일혁명을 우리 인민 자신의 힘으로 해낸 것처럼 우리는 새 조국 건설도 조선사람 자신의 힘으로 해내야 하였습니다.… 인민을 새 조국 건설에 불러일으키자면 그들을 교양하고 조직하고 동원할 수 있는 혁명의 참모부가 있어야 하고 정권이 있어야 하고 새 사회 건설을 무력으로 담보할 수 있는 군대가 있어야 하였습니다.

나는 이런 견해에 기초하여 1945년 8월 20일 훈련기지에서 조선인민혁명군 군사정치간부들의 회의를 소집하고 우리 혁명의 주체적 역량을 강화하

---

[20] 김일성, 위의 책, 200쪽.
[21] 김일성, 위의 책, 196~207쪽.
[22] 1945년 8월 조선인민혁명군의 조국해방 최후결전과 조국광복회 조직의 전민항쟁을 통한 북부지역 해방과정은 김일성, 〈세기와 더불어〉 8권(조선로동당출판사, 1996) 208~261쪽과 박경순, 〈현대조선의 탄생: 1945~1948〉(내일을 여는 책, 2020) 28~51쪽 참조.

기 위한 새로운 전략적 과업으로 건당, 건국, 건군의 3대 과제를 제시하였습니다."[23]

24장의 마지막 절 '개선'에서는 건당, 건국, 건군은 물론, 민족경제와 민족교육, 민족문화를 건설하고 과학과 기술의 발전을 포함하는 모든 분야를 인민 자신의 힘으로 개척해 나가는 게 당면한 문제였다고 회고하고 있다.

김 주석이 원산항에 상륙한 것은 1945년 9월 19일이었고 평양에 도착한 것은 9월 22일 오전이었다고 한다. '김일성 장군 환영 군중대회'는 그해 10월 14일 정오에 열렸다. 민족주의자 조만식 선생 등이 발언을 했는데 김 주석이 한 연설의 핵심은 민족대단결이었다. 그는 "힘 있는 사람은 힘으로, 지식 있는 사람은 지식으로, 돈 있는 사람은 돈으로 건국사업에 적극 이바지하여야 하며 참으로 나라를 사랑하고 민족을 사랑하고 민주를 사랑하는 전민족이 굳게 단결하여 민주주의 자주독립국가를 건설해나가야 하겠습니다"라고 호소하였다.[24]

> "평양의 력사가 깊어 4천 년, 인구가 적지 않아 40만이라 하나니 일찌기 이와 같이도 많은 사람이 모인 일이 있었던가? 이와 같이도 뜻깊은 모임을 가져본 일이 있었던가?… 특히 대회를 력사적으로 뜻깊게 하고 회중을 감동케 한 것은 조선의 위대한 애국자, 평양이 낳은 영웅 김일성 장군이 여기에 참석하여 민중에게 반갑고도 열렬한 인사와 격려를 보낸 것이다.… 군중에게 준 감동은 강철과 같은 것이어서 산야가 떠나갈 듯한 환호성 가운데 '이 사람과 같이 싸우고 같이 죽으리라'는 사람들의 결의는 눈에 보일듯이 고조되었다."[25]

---

23 김일성, 위의 책, 264쪽.
24 김일성, 위의 책, 272쪽.
25 '금수강산을 진동시키는 40만의 환호성' 〈《평양민보》 1945년 10월 15일자〉

하지만 해방은 곧 분단으로 이어졌다. 회고록은 25장 마지막 절 마지막 문장에 그로 인한 민족사의 고난을 이렇게 예고하며 끝맺었다. "세계대전이 끝나고 조국이 광복된 지도 만 두 달, 그러나 3천만 조선민족은 그때까지도 해방의 열광 속에 그냥 깊이 잠겨있었습니다. 하지만 그 3천만 가운데 조국해방이 곧 국토분단과 민족분렬을 낳고 그 분단과 분렬이 근 반세기의 대국난으로 이어지게 되리라는 것을 예측한 사람은 아무도 없었습니다."[26]

북에선 〈세기와 더불어〉를 사상서이고 통일전선과 당건설에 대한 이론서이자 혁명의 전략전술론, 민족해방운동론이라고 치켜세운다. 그래서 〈세기와 더불어〉를 "귀중한 혁명의 교과서"라고 부른다.[27]

---

[26] 김일성, 앞의 책, 277쪽.

[27] "회고록〈세기와 더불어〉는 위대한 수령님의 영광 찬란한 혁명활동 력사가 전면적으로 체계화되고 집대성되여 있는 우리 혁명의 만년재보이며 더없이 귀중한 혁명의 교과서이다."(조선로동당 당력사연구소,〈조선로동당력사 2〉(조선로동당출판사, 2018) 184쪽)

7 "조선이 없는 지구는 있을 수 없다"
1994년 전쟁위기와 북미 제네바합의

1980년대 말에서 1990년대 초 동유럽 사회주의 중단과 소련 해체 등 세계사적 격랑에 앞서 남측의 노태우 정권은 이들 국가와 수교를 맺는 이른바 '북방외교'를 추진하였다. 그 결과 소련 해체(1991년 12월 26일) 1년여 전인 1990년 9월 30일 소련과 수교합의 의정서에 서명한 데 이어 1992년 8월 24일엔 중국과 외교관계 수립에 관한 공동성명을 발표했다.

이런 정세 속에서 북은 미국이 이른바 '사회주의의 종말'을 크게 선전하면서 자기네를 고립·압살하려는 정책을 펴나간다고 보았다.[1] 미국의 새로운 세계패권전략은 막강한 군사력과 미국식 '자유민주주의'와 '자본주의 시장경제'를 전파해 세계지배를 실현하려 한다는 것이다. 미국의 새로운 세계패권전략은 냉전체제가 무너지고 미국이 '유일 초강대국'으로 자처하는 새로운 국제환경에서 출현하였다.

> "이것은 역사적 순간입니다. 우리는 지난해 냉전대결의 긴 시간을 끝내는 중대한 진전을 가졌습니다. 우리는 우리 자신과 미래 세대를 위하여 '신세계질서', 즉 정글의 법칙이 아닌 법치주의가 국가의 행동을 지배하는 세계를 구축할 기회를 가졌습니다.
> (This is an historic moment. We have in this past year made great progress in ending the long era of conflict and cold war. We have before us the opportunity to forge for ourselves and for future generations a new world

---

1 사회과학원 력사연구소, 〈조선통사(하)〉(개정판)(사회과학출판사, 2016)

order—a world where the rule of law, not the law of the jungle, governs the conduct of nations.)"[2]

미국 대통령 조지 H. W. 부시(George H. W. Bush, 아버지 부시)는 1990년 9월 11일 국회 연설에서 이른바 '신세계질서(New World Order)'를 제창하였다. 부시가 주장한 '신세계질서'는 냉전구도가 종식되고 미국을 중심으로 이른바 미국식 '자유민주주의'와 '자본주의 시장경제'가 지배하는 세계체제를 뜻한다.[3] 미국은 이를 통해 전세계를 자기 영향권 아래 두려 하였다.[4] 이는 정치적으로는 로널드 레이건(Ronald Reagan) 정부 시기였던 1983년 미중앙정보국(CIA) 주도로 설립된 민주주의발전기금(NED)[5]의 반제국주의·반미 국가 대상 색깔혁명(Colored Revolution)[6] 공작으로 추진

---

[2] George H. W. Bush, "Speech: Address to the Nation on the Invasion of Iraq"(1991년 1월 16일)

[3] George H. W. Bush, "Speech: Address Before a Joint Session of Congress"(1990년 9월 11일) 참조.

[4] 4.27시대연구원 편, 〈진보 길라잡이〉(4.27시대, 2020) 101쪽.

[5] 민주주의발전기금(National Endowment for Democracy, NED) : 1983년 '세계의 민주주의를 진흥한다'는 명목으로 CIA가 주도해 설립한 미국무부 산하 기관. NED는 1983년 설립 이래 러시아, 중국, 동유럽국가 등 구사회주의권 국가와 북한(조선), 쿠바 등 현존 사회주의국가, 이란, 시리아, 베네수엘라 등 반제·반미 국가들에 대해 '민주주의'와 '인권'을 명목으로 개입을 시도했다. NED의 정치공작 대표 사례로는 '색깔혁명' 공작을 통한 정권 전복과 내전 조장을 들 수 있다(Holly Sklar, 〈신세계질서와 미국〉, 서재정·정용욱 편, 〈탈냉전과 미국의 신세계질서〉(역사비평사, 1996) 262~265쪽).

[6] 색깔혁명(Colored Revolution) : 1990년대 말 이후 미국이 구사회주의권 국가 및 반제·반미국가들에서 벌이는 정치공작. '민주주의'와 '인권'을 명분으로 해당 국가 내부에 반정부 시위를 선동하고, 정권 전복과 내전으로 발전시킨다. 여기서 '색깔'이란 해당 국가의 국화나 색을 차용한 것이다. 색깔혁명의 대표 사례는 우크라이나의 극우화와 동·서부간 갈등 심화로 이어진 2004년의 이른바 '오렌지 혁명', 중국에서 티베트·위구르 등 소수민족의 분리독립 조장, 2010년대 이집트·리비아·시리아 등 서남아시아 내전과 이슬람국가(ISIL) 등 무슬림 극단주의 준동으로 이어진 이른바 '아랍의 봄', 2019년 홍콩 반중시위, 2020년 베네수엘라에 대한 친미쿠데타 시도 실패 등을 들 수 있다.(4·27시대연구원 편, 〈진보 길라잡이〉(4.27시대, 2020); 미셸 초서도브스키 저, 진병춘 역, 김장호 편, 〈전쟁의 세계화〉(민플러스, 2018)(원제 Michel Chossudovsky, The Globalization of War: America's "Long War" against Humanity, Global Research, Quebec, Canada, 2015) 등 참조.

되었다. 경제적으로는 국제통화기금(IMF), 세계은행(IBRD)과 같은 국제 기구와 '관세와 무역에 관한 협정'(GATT)-우루과이 라운드(UR)-세계무역기구(WTO) 등의 경제협정을 통해 세계경제를 신자유주의 경제체제로 재편(일명 '세계화')하려는 움직임으로 이어졌다.[7]

그런 한편 '신세계질서'에 대항하는 세력은 '지역 내 정세를 안정시키고 분쟁을 억제한다'는 명목으로 무력을 통해 강제로 굴복시키려 하였다. 소련이라는 강력한 경쟁상대가 사라진 상황에서 강력한 군사력과 압도적인 경제력을 바탕으로 미국이 전세계의 군사적 요충지와 주요 자원지대를 전부 장악하고 영향력을 행사하겠다는 속셈에 따른 것이다. 실제 미국은 1991년 1~2월 이라크의 쿠웨이트 침공을 퇴치한다는 명분으로 이라크를 침략, 무력으로 굴복시키면서(걸프 전쟁) 이른바 '신세계질서'를 서남아시아에 대입하였다.

미국의 다음 목표는 사회주의권 해체 속에서 동북아시아에서 유일하게 사회주의를 고수하고 있던 국가, 북한(조선)이었다. 미국의 눈엔 동북아의 작은 반도, 거기서도 절반뿐인 국가였던 북은 독일 흡수통일, 소련 해체로 이어지는 사회주의 중단과 중국, 신생 러시아 등의 서방과 관계 확대 상황에서 고립무원의 처지였다. 그 역시 얼마 못 가 무너지거나 흡수통일 당할 국가였을 뿐이었다.[8]

> "나는 악마들을 쫓아내고 악당 또한 쫓아 버렸다. 내가 상대할 자는 이제 피델 카스트로나 김일성밖에 남지 않았다.
> (I'm running out of demons. I'm running out of villains. I'm down to (Fidel) Castro and Kim Il Sung.)"(콜린 파월, 1991년 미국무장관)[9]

---

7 탈냉전기 신세계질서에 따른 미국의 세계전략에 대해선 〈탈냉전과 미국의 신세계질서〉(서재정·정용욱 편, 역사비평사, 1996); 〈아메리카 제국의 몰락〉 상·하(황성환, 민플러스, 2018) 등 참조.
8 최한욱, 〈핵과 한반도〉(도서출판 6.15, 2006) 117쪽.

얼마 지나지 않아 미국은 '신세계질서'를 북에도 적용하려 시도했다. 이 슈는 이른바 '핵문제'였다. 미국은 1990년대 초에 1차 핵문제를 일으키고 '북의 핵개발 저지', 북에 대한 '특별사찰'을 주장하였다. 북에 대한 핵사찰 주장의 명분으로 미국은 〈워싱턴포스트〉가 북의 '핵무기 개발 시설'이라며 보도한 평안북도 녕변군 일대의 군사위성 사진을 들고 나왔다.

"핵사찰 문제를 들고나와 우리에게 부당한 압력을 가하는 것은 용납할 수 없는 일입니다. 조선반도를 비핵지대, 평화지대로 만들려는 것은 우리의 일관한 입장입니다. 우리는 핵무기를 개발할 의사도 능력도 없으며, 공정성이 보장되는 조선에서는 핵사찰을 받아들일 용의가 있다는 것을 한두 번만 천명하지 않습니다. 우리는 한다면 한다는 것이고, 안 한다면 안 하는 것이지, 결코 빈말을 하지 않습니다."[10]

북은 미국의 핵사찰 강요에 이렇게 대응했다.[11] 팀스피리트 훈련 중단과 남북미 3자회담 개최, 남측에서 미군 핵 철수, 주한미군 철수, 핵 불사용, 북-미 동시 핵사찰 등을 요구조건으로 국제원자력기구(IAEA)의 핵사찰 허용을 제안한 것이다. 북의 역제안에 당황한 부시 행정부는 북과 협상 끝에 역제안을 받아들일 수밖에 없었다. 1991년 9월 27일 미국은 남측에 뒀던 전술핵을 철수하고 1992년 1월 6일엔 팀스피리트 훈련을 중단했다. 북도 1992년 1월 IAEA와 협정을 체결하는 한편, 1월 31일 남측 노태우 정권과 '한반도 비핵화 공동선언'을 채택하였다. 이에 따라 IAEA는 92년 5~12월 총 5차례에 걸쳐 평안북도 녕변군에 있다는 북의 '핵시설'을 사찰

---

9 Fred Kaplan, "Powell: The U.S. Is 'Running Out Of Demons'"(The Seattle Times, 1991년 4월 9일자)
10 김일성, 〈1992년 신년사〉(1992년 1월 1일)
11 일찍이 북은 한반도의 비핵화를 이루고 이른바 '핵우산'이라 불리는 미국의 핵위협을 제거할 목적으로 1974년에는 IAEA에 가입했으며 1985년 12월엔 핵확산금지조약(NPT)에 가입했다 (사회과학원 력사연구소, 앞의 책, 478쪽).

하였다. 그 결과, 미국이 '핵무기 개발 시설'이라 주장했던 곳엔 전력생산을 위한 흑연감속로 5Mw 시험로와 건설 중이던 5만kw, 20만kw 규모의 원자력 발전시설들이 있었다. 북이 핵무기를 개발한다는 어떤 증거도 발견하지 못했다.

그러나 후임인 클린턴 정권은 이런 핵사찰 결과를 부정하며 북을 다시 위협했다. 1993년 2월부터 IAEA와 유엔안전보장이사회를 앞세워 북의 주요 군사기지들에 대한 '특별사찰'을 강요하고, 거부하면 경제제재를 가하겠다고 압박했다. 1993년 3월 미국 주도로 IAEA가 요청한 대북 특별사찰 결의안이 채택됐다. 미국은 이에 앞서 1993년 1월 팀스피리트 연습을 재개하겠다 공표하고, 두 달 뒤인 3월 항모 USS 인디펜던스(CVA-62)를 위시한 항모기동함대와 B-1B 전략폭격기, F-117 전폭기, 패트리어트 미사일 등 가공할 전쟁무기와 20만 병력을 동원해 '팀스피리트 93' 합동군사연습을 강행하였다. 긴장은 극으로 치달아 한반도 정세를 전쟁 직전까지 악화시켰다. 클린턴 정부가 녕변 '핵시설'에 대한 폭격을 준비했기 때문이다.

이전 북미대결에서 그러했듯 북은 미국의 위협에 강하게 대처하였다. 김정일 비서는 미국의 '팀스피리트 93' 연습이 본격 단계에 들어서고 한반도 정세가 전쟁 직전 상황에 이르렀던 1993년 3월 8일 조선인민군 최고사령관 명령 제0034호 '전국, 전민, 전군에 준전시상태를 선포함에 대하여'를 공표하였다.

> "나는 미제와 남조선 괴뢰도당의 새 전쟁도발 책동으로 우리나라에 조성되고 있는 엄중한 정세에 대처하여 우리 공화국과 인민의 안전을 수호하기 위한 자위적 조치로서 다음과 같이 명령한다.
>
> 1. 전국, 전민, 전군이 1993년 3월 9일부터 준전시상태로 넘어갈 것.

2. 조선인민군 륙해공군 부대들과 조선인민경비대, 로농적위대, 붉은청년근위대 전체 대원들은 높은 혁명적 경각성을 가지고 적들의 일거일동을 예리하게 주시하며 원쑤들이 언제 어느 때 덤벼들어도 일격에 소멸할 수 있게 만단의 전투동원태세를 갖출 것.

3. 전체 인민들은 우리 당의 주체적인 전쟁 관점으로 튼튼히 무장하며 한 손에는 마치와 낫, 다른 손에는 총을 들고 사회주의 경제건설에서 일대 앙양을 일으킬 것."[12]

"우리 인민군대는 현대적인 공격수단과 방어수단을 다 갖춘 백전백승의 혁명무력으로 자라났으며 전민이 무장하고 전국이 요새화됨으로써 그 어떤 침략자도 일격에 소탕할 만단의 준비가 되여있다. 민족의 자주성과 나라의 평화를 귀중히 여기는 우리 인민은 전쟁을 바라지 않지만 자기의 존엄을 유린당하면서까지 평화를 구걸하지 않을 것이다. 만약 미제와 남조선 괴뢰들이 새 전쟁을 도발한다면, 우리 인민과 인민군대는 당과 수령을 위하여, 피로써 쟁취한 인민대중 중심의 우리식 사회주의를 위하여 끝까지 싸워 침략자들에게 섬멸적인 타격을 주고 영웅조선의 존엄과 영예를 다시 한번 떨칠 것이다."[13]

평양 김일성광장에서 군중대회와 시위가 열렸고, 북의 모든 공장·기업소, 협동농장, 대학들에서도 궐기모임이 진행되고 전투준비태세를 갖추었다. 〈조선로동당력사〉에 따르면, 명령이 공표된 뒤 열흘 남짓한 기간에만 150만여 청년학생들이 인민군대 입대를 탄원하였고, 수많은 제대군인들도 재입대를 탄원했다고 한다.[14]

---

12 김정일, 〈전국, 전민, 전군에 준전시상태를 선포함에 대하여〉(조선인민군 최고사령관 명령 제0034호)(1993년 3월 8일)

13 위의 인용문은 김정일 비서가 최고사령관 명령문을 공표하면서 밝힌 내용이다(탁진·박홍제·김강일, 〈김정일지도자 4〉(평양출판사, 1999) 155쪽 재인용).

> "우리는 미국과 국제원자력기구의 부당한 처사와 압력에 대처하여 민족의 존엄과 나라의 자주권을 지키기 위한 자위적 조치로서 전국에 준전시상태를 선포하고 핵무기전파방지조약(NPT)에서의 탈퇴를 선포하였습니다."[15]

1993년 3월 12일엔 북이 정부 성명을 발표해 "나라의 최고 리익을 수호하기 위하여" 핵확산금지조약(NPT)에서 탈퇴를 천명하였다. 성명에선 자기네 NPT 탈퇴가 미국의 핵전쟁 책동과 IAEA의 부당한 처사에 대한 응당한 자위적 조치이며, 미국이 핵위협을 중지하고 IAEA가 독자성과 공정성의 원칙으로 돌아설 때까지 달라지지 않을 것이라고 밝혔다.[16]

사태의 흐름은 당시 상황이 전쟁 접경에 이르렀음을 보여준다. 1993년 당시 북미대결의 극한 양상과 한반도 전쟁위기 고조, 북의 대미항전 분위기는 아래 인용문에서 잘 드러난다.[17]

> 수령님의 안광에 준엄한 빛이 어리시였다. "적들은 간악무도하다는 걸 알아야 해. 그래 적들이 핵전쟁을 일으키면 어떻게 하겠는가, 그래 여러 차수들과 대장들, 대답해보오. 적들이 미친듯 핵무기를 퍼부어 우리 조국 땅을 불모지로 만들려 하면 어떻게 하겠는가?" "…?" 고막이 쩡- 울렸다. 다시 광실(넓은 방)은 숨소리조차 없는 정적 속에 묻혀 버렸다. 침묵, 또 침묵…. 모

---

14 "당의 부름을 높이 받들고 인민들과 인민군 장병들은 조국보위 성전에 한사람같이 떨쳐나섰다.… 최고사령관 명령이 하달된 후 10일 남짓한 기간에만도 150여만 명의 청년들이 인민군대 입대를, 수많은 제대군인들과 전쟁로병들이 복대를 탄원하여 나섰다. 우리 인민의 이 전민항전의 기세는 적들을 전률케 하였다."(조선로동당 당력사연구소, 〈조선로동당력사 2〉(조선로동당출판사, 2018) 195~196쪽.

15 김일성, 〈김일성전집〉 93권(조선로동당출판사, 2011) 213쪽; 사회과학원 력사연구소, 위의 책, 479쪽 재인용.

16 '조선민주주의인민공화국 정부 성명'(1993년 3월 12일) 참조.

17 당시 김정일 비서가 '조선이 없는 지구는 있을 수 없다'며 미국이 핵무기로 공격해 오면 미국 본토가 불바다가 될 것이라고 한 발언은 1993년 5월 말 세 차례의 화성 5호 미사일 시험에 성공하면서(한 발은 일본 노도반도 인근 공해상에, 두 발은 3,000km 이상을 날아가 하와이, 괌 앞바다에 탄착했다고 알려졌다.) 빈말이 아님을 보여줬다고 한다(최한욱, 위의 책, 128~129쪽).

진 압박감에 심장이 터질 듯했다.

바로 그 순간, 최고사령관 김정일 동지께서 한 걸음 앞으로 나서시였다. 그이께서는 숨 막히는 침묵을 깨뜨리며 불을 토하듯 말씀하시였다.

"수령님! 만약 적들이 핵무기를 퍼부어 이 땅을 불모지로 만들려 든다면 미국도 결코 무사치 못할 것입니다. 조선이 없는 지구는 있을 수 없습니다!… 히로시마와 나가사끼에 원자탄을 떨구어 수십만의 무고한 생명을 앗아간 미국이 오늘까지 50여 년간이나 포탄 한 발 맞지 않고 살아오다 보니 오만해질 대로 오만해졌지만, 안 될 것입니다. 이 땅에 단 한 알갱이의 핵먼지라도 떨구는 날엔 미국은 불바다가 되고 말 것입니다!"

… 수령님의 만면에도 환한 미소가 어리시였다. 천천히 두 손을 허리에 짚으신 수령님께서는 우렁우렁하신 음성으로 과연 장군 중의 장군이라고, 백두산의 기상을 지닌 김정일 장군이 있어 마음이 놓인다고 하시며 만족해하시였다.[18]

예상치 못한 북의 강경한 대미항전 태세와 NPT 탈퇴 선언에 미국은 당황했다. 결국 미국은 '팀스피리트 93' 연습 기간을 줄여 끝내고, IAEA는 북에 대한 특별사찰을 포기하였다. 극에 달했던 한반도 전쟁위기는 순식간에 진정되었다. 미국의 후퇴였다. 김정일 비서는 3월 24일 북 전역에 준전시상태 해제 명령을 내리고 '조·미간의 정치군사적 대결의 승리'를 선포하였다고 한다.[19] 이어 1993년 4월 5일엔 북 외교부(현 외무성)이 "조선에서 핵문제를 실제적으로 해결할 수 있는 최선의 방도는 조미협상이며, 우리에 대한 그 어떤 '제재'도 '선전포고'로 간주하고 강한 자위적 조치를 취하겠다"는 경고 성명을 발표하였다.[20]

---

18 정기종, 〈불멸의 향도 총서: 력사의 대하〉(문학예술출판사, 2005) 330쪽.
19 탁진·박홍제·김강일, 위의 책, 158쪽.
20 '조선민주주의인민공화국 외교부 성명'(1993년 4월 5일) 참조.

북미간 1차 회담이 1993년 6월 미국 뉴욕에서 진행되었다. 북에선 외교부 강석주 제1부부장이, 미국에선 로버트 갈루치(Robert L. Gallucci) 북핵특사가 나왔다. 1차 회담에서 북은 미국에게 적대정책 포기를 요구하였고, 미국은 북을 NPT에 복귀시키려 했다. 북미는 협상 끝에 역사상 첫 북미공동성명을 발표하였다.

> "조선민주주의인민공화국과 미합중국은 다음과 같은 원칙들에 합의하였다. 핵무기를 포함한 무력을 사용하지 않으며, 이러한 무력으로 위협도 하지 않는다는 것을 담보한다.
>
> 전면적인 담보 적용의 공정성 보장을 포함하여, 조선반도의 비핵화, 평화와 안전을 보장하며 상대방의 자주권을 호상 존중하고 내정에 간섭하지 않는다.
>
> 조선의 평화적 통일을 지지한다.
>
> 이러한 원칙들에 준하여 조미 쌍방 정부들은 평등하고 공정한 기초 우에서 대화를 계속하기로 합의하였다. 이와 관련하여 조선민주주의인민공화국 정부는 핵무기전파방지조약으로부터의 탈퇴효력을 필요하다고 인정하는 만큼 일방적으로 림시 정지시키기로 하였다."[21]

성명에선 핵무기를 포함한 무력을 사용하지 않고 위협도 않는다는 것, 한반도의 비핵화, 평화와 안전을 보장하며 상대방의 자주권을 존중하고 내정에 간섭하지 않는다는 것, 한반도의 평화적 통일을 지지한다는 원칙을 천명했다. 또 북은 NPT 탈퇴를 잠정 중단했다.

한 달 뒤 열린 2차 북미회담에서 북은 미국이 지목한 7개 핵시설에 대한 IAEA 사찰을 수용하고 미국은 '팀스피리트' 연습 중단을 선언했다. 그러

---

21 '조선민주주의인민공화국-미합중국 공동성명'(1993년 6월 11일)

나 3차 회담이 약속된 기일에 열리지 못하고 북미회담은 교착상태에 빠졌다. 미국에서 다시 강경론이 득세하면서 '북이 IAEA 재사찰을 받아들여야 3차 회담을 할 수 있다' 등의 주장이 나왔고, UN 안보리를 통해 북에 다시 제재를 압박했다. 더욱이 1994년 3월 중지했던 '팀스피리트' 훈련을 재개해 한반도에 또 전쟁위기를 고조시켰다.

북은 다시 대미항전 의지를 천명했다. 1993년 11월 "대화에는 대화로, 전쟁에는 전쟁으로 대답할 것"이라는 인민무력부 부부장 담화를 발표하고 1994년 1월 말 외교부 대변인이 같은 취지의 성명을 발표하였다.[22] 북도 강경조치를 연이어 취했다. 1994년 5월 녕변군 소재 원자로의 노심연료봉 교체작업을 진행한 이후 IAEA가 6월 10일 '대북 제재결의안'을 채택하자 사흘 뒤 전격적으로 NPT 탈퇴를 선언했다. 앞서 그해 3월 판문점에서 열린 남북특사 교환을 위한 실무회담에서 북측 박영수 대표의 '서울 불바다' 발언이 거두절미한 채 언론에 보도돼 파문을 일으키기도 했다.[23]

> "그쪽(미국과 남측)에서 전쟁을 강요한다면 피할 생각은 없다. 서울은 여기서 멀지 않다. 전쟁이 일어나면 서울은 불바다가 된다. 우리는 대화에는 대화로 응하고 전쟁에는 전쟁으로 응한다."(판문점 실무회담에서 북측 박영수 대표 발언 내용)[24]

1994년 전쟁위기 상황에서 미국은 연일 '대북 선제타격'을 운운하며 당장이라도 북을 폭격할 것처럼 선전했지만 결국은 북의 강경조치에 또 물러설 수밖에 없었다.[25] 미국은 1994년 6월 지미 카터(Jimmy Carter) 전 대통

---

22 사회과학원 력사연구소, 위의 책, 480쪽.
23 최한욱, 위의 책, 133~134쪽.
24 발언의 요지는 미국의 전쟁위협에 굴하지 않겠다는 것이었는데 거두절미된 채 "서울은 여기서 멀지 않다. 전쟁이 일어나면 서울은 불바다가 된다"는 대목만 언론에 공개돼 당시 반북여론 조성에 악용됐다(최한욱, 위의 책, 135쪽).

령의 방북을 허용했다. 김일성 주석은 평양에서 카터 부부를 만났고 회담에서 교착상태에 빠진 북미회담을 다시 열 계기를 마련하였다.26

당시 김일성-카터 회담을 주선한 재미동포 학자 박한식 조지아대 명예교수는 회담 주선 과정을 이렇게 회고한 바 있다.

대동강 유람선에서
함께 한 김일성 주석과
카터 전 대통령 부부
〈조선중앙통신〉

25 1994년 전쟁위기 당시 미국이 전쟁모의훈련(워게임)한 결과, 전면전 개시 후 24시간 동안 군인 20만 명을 포함해 수도권에서만 150만이 사망할 것으로 나왔다. 또 개전 1주일 안에 미군과 남측 현역·예비병력 100만가량이 사망하고, 민간인 피해는 500만에 달할 것으로 추산되었다. 승패 상관없이 참혹한 모의훈련 결과에 미국은 충격에 빠졌고, 결국 북폭 계획은 중단했단다(정희상, '한반도전쟁 시뮬레이션 해봤더니… 하루 만에 240만 명 사상'〈시사인〉124호, 2010년 11월 29일자).

26 당시 카터 전 대통령과의 회담을 김일성 주석은 이렇게 회고한 바 있다. "내 이번에 카터하고 회담할 때 '지금 UN에서 뭐 제재하겠다고 하던데 하려면 하라, 이때까지 우리는 제재받고 살았지 제재 안 받고 산 적이 없다, 다 제재한다. 일본놈도 제재하지, 당신네들(미국)도 다 제재하지, 우리 제재받고 살았다. 제재받고도 이 만큼 살아나가는데 제재하려면 더 똑똑히 하라, 우리 못살까 보냐.' 그랬더니 (카터가)제재 취소하겠다고 그래. '제재 취소를 해도 좋고, 안 해도 좋고 나도 마찬가지다. 못 사는가 봐라, 우리 더 잘산다'라고 말했습니다."(〈위대한 생애의 1994년〉 (조선기록영화촬영소, 1994) 중에서)

북미 제네바 합의
(1994.10.21)

"그 뒤 카터가 나에게 전화를 했다. 클린턴이 방북을 허락했으니 수속을 좀 도와달라는 것이었다. 그래서 카터를 만나서 얘기를 들어보니, 클린턴의 '최후통첩'(ultimatum)을 김일성에게 전달하는 것이 방북 목적이라고 했다. 상황이 급하게 돌아갔다. 또한 카터는 북한의 공식 초청장이 필요하다고 그랬다. 나는 영문 초청장 초안을 작성해서 북한에 전달했다. 북한에서는 24시간 내에 내가 잡아준 초안에 따라 초청장을 완성해서 나에게 팩스로 보내주었다. 한밤중이었다. 나는 비밀을 유지하기 위해서 학교 연구실 팩스가 아니라 우리집 지하실에 있는 팩스로 받았다. 나는 곧바로 카터에게 전달했고, 날이 밝기를 기다려서 카터에게 전화해서 초청장 수령을 확인했다."[27]

북미회담이 재개된 결과, 1994년 10월 21일 조선민주주의인민공화국 수석대표 강석주 외교부 제1부부장과 미합중국 수석대표 로버트 갈루치 북핵특사가 서명한 합의문이 채택되었다(정식 명칭 '조선민주주의인민공화국-미국 간의 핵무기 개발에 관한 특별 계약', 일명 '제네바합의'). 합의문엔 미국이 책임지고 북 함경남도 신포시 일대에 총 200만Kw 발전 능력의 경수로를 2003년까지 건설할 것과 흑연감속로 동결 대가로 북에 매년 50만 톤의

---

27 박한식, "'클린턴 카터 평양행' 돌연 승낙하자 김영삼도 급선회했다"(〈한겨레〉 2019년 3월 18일자)

중유를 제공할 것이 반영되었다. 또 북에 대한 일련의 경제제재 조치의 완화와 북미간 연락사무소 설치, 수교 등이 담겼다.[28]

"조선민주주의인민공화국 최고지도자 김정일 각하(Excellency),

나는 나의 모든 직권을 행사하여 조선민주주의인민공화국에 제공될 경수로발전소 대상의 자금보장과 건설을 위한 조치들을 추진시키며 1호 경수로발전소가 완공될 때까지 조선민주주의인민공화국에 제공될 대용 에너지 보장에 필요한 자금조성과 그 이행을 위한 조치들을 추진시키겠다는 것을 당신께 확언하는 바입니다. 이와 함께 나는 이 원자로 대상이 조선민주주의인민공화국의 책임이 아닌 다른 이유 때문에 완공되지 못하게 되는 경우, 나의 모든 직권을 행사하여 미합중국 국회의 승인하에 미합중국이 직접 맡아 완공하도록 할 것입니다. 동시에 나는 대용 에너지가 조선민주주의인민공화국의 책임이 아닌 다른 이유 때문에 제공되지 못하게 되는 경우, 나의 모든 직권을 행사하여 미합중국 국회의 승인하에 미합중국이 직접 맡아 제공하도록 할 것입니다. 나는 조선민주주의인민공화국이 미합중국과 조선민주주의인민공화국 사이의 기본합의문에 지적된 정책들을 계속 이행해나가는 한, 이 행동 방향을 견지할 것입니다. 경의를 표합니다."[29]

제네바합의로 1년 반에 걸쳐 공방을 벌이던 북미간 회담 의제가 결정되었다. 1994년 10월 20일 클린턴 대통령은 김정일 비서에게 '조선민주주의인민공화국 최고지도자 각하'라고 칭하며 경수로 제공과 중유 공급 보장을 약속한 편지를 보냈다.

---

28 '조선민주주의인민공화국-미국 간의 핵무기 개발에 관한 특별 계약'(1994년 10월 21일)
29 Bill Clinton, "US PRESIDENT BILL CLINTON'S LETTER OF ASSURANCES IN CONNECTION WITH THE AGREED FRAMEWORK BETWEEN THE UNITED STATES OF AMERICA AND THE DEMOCRATIC PEOPLE'S REPUBLIC OF KOREA"(Washington D.C., 1994.10.20.)

북은 1990년대 전반기 핵문제를 둘러싼 미국과의 대치와 협상 결과에 대해 "조미대결에서 이룩한 우리의 자주외교의 위대한 승리였으며, 미제의 반공화국 대결책동을 여지없이 짓부셔버린 력사적 승리"라고 자평한다.[30] 그러나 제네바합의는 북이 고난의 행군을 하는 동안 사실상 '북 붕괴'를 기대했던 미국의 미온적 대처와 시간 끌기로 제대로 이행되지 않다가 2002년 12월 부시(George W. Bush, 아들 부시) 정부가 중유 공급을 중단함으로써 사실상 파기했다.[31]

---

30 사회과학원 력사연구소, 위의 책, 480쪽.
31 "한반도에너지개발기구(KEDO)가 12월분부터 대북 중유 제공을 중단하기로 결정한 것은 사실상 제네바 북미 기본합의문의 파기를 고한 것과 같다고 〈조선신보〉가 20일 보도했다.… 〈조선신보〉는 이날 인터넷에 올린 일련의 기사에서, 제네바 합의문의 마지막 존재 이유가 경수로 건설 추진과 그와 표리일체인 중유 제공에 있었다며 이같이 주장했다."('"중유 중단은 합의문 파기 선언"〈조선신보〉' 〈연합뉴스〉 2002년 11월 20일자)

8

백두에서 한라까지 조선은 하나다
통일운동의 발전과 전민족대단결 10대 강령

1990년대 전반기는 북미대결로 전쟁위기가 고조되던 때였지만 그런 한편에선 통일을 위한 다양한 노력이 펼쳐진 시기이기도 하다.

앞서 1980년대 전반기 북의 남측 수해복구 지원[1](1984년 9월) 이후 적십자 회담을 통해 남북 문화예술단 교환공연 및 이산가족 고향방문(1985년 9월) 등 민간차원의 교류가 부분적으로 이뤄지기도 했으나 1980년대 중반까지 남북관계는 미국의 '두 개의 한국' 정책과 전두환 군사정권의 '금강산 댐 소동'[2] 등 반북 행태로 진척이 없었다.

80년대 말에 이르러 남측 통일운동이 활성화된다. 1987년 6월 민주항쟁을 체험하며 국민의식이 고양되고 학생운동이 활성화된 가운데 이듬해인 1988년 2월 한국기독교교회협의회(KNCC)가 '민족의 통일과 평화에 대한 한국기독교회 선언'을 발표하고, 그해 4월 전국대학생대표자협의회

---

[1] 1984년 9월 남측 홍수로 전국에서 190여 명이 사망하고 1,300억 원이 넘는 재산피해가 발생하자 북은 남측의 요청이 없었는데도 적십자를 통해 쌀 7,200톤, 직물 50만m, 시멘트 10만 톤, 의약품을 보내왔다('북한, 대남 수해지원 소개…지원 기대?' 〈연합뉴스〉 2012년 8월 31일자 참조).

[2] 1986년 가을 전두환 정권은 북이 짓는 임남댐(금강산댐) 저수량이 200억 톤으로 한꺼번에 방류하면 63빌딩 40층까지 물에 잠긴다는 충격적인 발표를 했다. 서울시민 대부분이 수장된다는 것이다. 그래서 이를 막을 '평화의 댐' 건설 모금운동과 북을 규탄하는 관제데모가 이어졌다. 그러나 1993년 임남대 저수량이 최대 50억 톤에 그친다는 사실이 밝혀졌다. 개헌 문제로 정권 위기에 몰린 전두환 군사독재가 여론의 관심을 돌리려 대국민 사기극을 벌인 것이었다(〈한겨레신문〉 2010년 5월 12일자 '[세상읽기] 9.11, 금강산댐, 천안함' 칼럼 참조).

처음 만나 웃으며 포옹하는 김일성 주석과 문익환 목사 〈통일맞이〉

(전대협)가 8.15남북학생회담을 추진하겠다고 밝혔다. 또 민중운동진영이 서울올림픽의 남북공동개최 성사투쟁과 '북 바로알기운동'을 전개하였고, 8월엔 전국민족민주운동연합(전민련)이 '한반도 평화와 통일을 위한 세계대회 및 범민족대회'를 추진하기도 했다.

그랬다. 두 사람은 친형제처럼 다정했다. 문익환이 구룡연 폭포 그림 앞에서 김일성과 나란히 사진을 찍고 회담장에 들어갔을 때, 처음에는 꽤 멀리 떨어진 자리에 앉았는데 곧 김일성이 문익환을 옆으로 불렀다. "이거 너무 멀어서 안 되겠으니 이리 가까이 오십시오." 일체의 외교 사례가 필요 없었다. 문익환도, 옆으로 불러 주어서 고맙다는 말을 할 것도 없이 앉자마자 이야기보따리를 풀었다. "분단 50년을 넘기지 맙시다. 분단 50년을 넘기는 것은 민족의 수치입니다." 김일성도 문익환의 손을 덥석 잡으며 대답했다. "좋습니다. 해봅시다. 잘하면 될지도 모르지요." 이것으로 45년 동안 갈라놓았던 분단의 장벽이 적어도 그 두 사람 사이에서는 일순에 무너져버렸다. "목사님의 통일론은 민주이자 통일이요, 통일이자 민주라지요?" "그것은 70년대의 통일론입니다. 80년대의 통일론은 민주·자주·통일을 하나로 보는 것입니다." "나와 같구먼."[3]

---

3 김형수, 〈문익환 평전〉(실천문학사, 2010) 718~719쪽.

그러시면서 위대한 수령님께서는 나는 나라의 통일을 위해서 필요한 것이라면 무엇이나 다 찬성이다, 나라의 통일을 위한 일을 까다롭게 대할 생각은 조금도 없다, 문제는 우리가 한자리에 모여 앉아 허심탄회하게 토론하여야 풀릴 수 있다, 문 선생(문익환)과 이렇게 두 번 만나니까 벌써 동지가 되고 서로 걸리는 문제가 없는 것처럼 모여앉아 토론하는 것이 중요하다고 말씀하시였다.… "나는 조국을 통일하는 일이라면 무조건 복종합니다." 이것이 조국통일을 바라시는 위대한 수령님의 변함없는 일가견이였다.[4]

1989년 들어 남측 통일운동은 더 활발해졌다. 3월 25일 문익환 목사가 방북하여 김일성 주석과 역사적인 만남을 가졌다. 김 주석과 문 목사는 두 차례에 걸쳐 통일방안과 관련 문제들(유엔 가입, 주한미군, 남북 교류협력 문제 등)에 대해 허심탄회하게 논의하였다. 4월 2일엔 문 목사와 조국평화통일위원회(조평통)가 공동으로 자주·평화·민족대단결 원칙에 기초한 통일문제 해결, 연방제 통일, 남북간 교류협력 활성화, 팀스피리트 군사연습 반대 등이 담긴 '자주적 평화통일과 관련된 원칙적 문제 9개항' 성명을 발표하였다.[5]

또 그해 6월 30일엔 임수경 전대협 대표가 방북해 평양에서 열린 제13차 세계청년학생축전(1989년 7월1~8일)에 참가했다. 문 목사와 임 대표는 귀환하자마자 국가보안법 위반혐의로 구속됐지만 이들의 방북은 남북교류와 통일운동사에 한 획을 그었다고 하겠다.[6]

이런 남측 통일운동 열기에 북도 호응했다. 1988년 남측 민중진영의 범민족대회 개최 제안에 북 조국평화통일위원회가 12월 9일 참가 의사를 천명했고, 이듬해인 1989년 3월엔 유럽, 북미, 일본 등지의 해외동포들이

---

4 리경철·안원혁, 〈김일성 주석 통일일화〉(평양출판사, 2008) 70~71쪽.
5 강만길, 〈고쳐 쓴 한국현대사〉(창작과 비평사) 1994, 290쪽.
6 김성보·기광서·이신철, 위의 책, 238쪽.

세계청년학생축전에 참가한 임수경 대표

범민족대회 추진본부를 결성하였다. 또 범민족대회 준비에 맞춰 남측 민중진영은 노동자·농민·청년학생 등이 통일선봉대[7]를 조직하고 남측 전역을 순례하며 조국통일과 민족자주를 외쳤다.

노태우 정권의 불허와 방해로 남(연세대)과 북(판문점)이 분산 개최해야 했으나 1990년 8.15를 맞아 남과 북, 해외동포가 처음으로 합의해 개최한 범민족대회는 그해 11월 독일 베를린에서 남·북·해외동포를 하나로 묶는 3자연대 통일운동단체인 조국통일범민족연합(범민련)[8] 발족이란 결실을 맺었다. 두 해 뒤인 1992년 8월엔 남·북·해외동포 청년학생연대체인 조국통일범민족청년학생연합(범청학련)[9]이 출범하였다.

---

[7] 통일선봉대 : 8.15통일대회에 맞춰 노동자, 농민, 청년학생 등이 만든 실천단. 전국을 돌며 통일운동과 반미자주화투쟁, 민중연대활동 등을 벌였다. 1988년 전대협 국토순례단을 시작으로 이후 8.15대회의 연례행사가 됐다(전상봉, 〈통일, 우리민족의 마지막 블루오션〉(시대의 창, 2007) 90쪽 참조).

[8] 조국통일범민족연합 : 최고의결기구인 범민족회의 아래 공동사무국과 남측본부(초대 추진위원장 문익환)·북측본부(초대의장 윤기복)·해외본부(초대의장 윤이상)를 뒀으며, 자주·평화·민족대단결 3대 원칙을 공식노선으로 천명한다.

[9] 조국통일범민족청년학생연합 : 1992년 8월 15일 남측 전대협과 북의 조선학생위원회, 해외동포 청년학생단체들이 결성했다.

남북 정부당국간 대화도 물꼬를 터 1990년 9월부터 5차례에 걸쳐 고위급 회담이 서울에서 진행되었다. 그런 결과 1991년 12월 13일 '남북 사이의 화해와 불가침 및 교류협력에 관한 합의서(남북기본합의서)'를 채택하고 같은 달 31일엔 '한반도 비핵화 공동선언'을 합의, 발표했다. 남북기본합의서와 비핵화 공동선언은 1992년 2월 19일 평양에서 열린 6차 고위급회담에서 발효되었다. 그에 앞서 1991년 9월 18일엔 남북이 유엔에 함께 가입했다. 이는 유엔 동시 가입을 두고 미국의 '두 개의 한국' 정책에 따른 영구분단책의 일환이라 규정했던 북이 입장에 변화를 보인 것이다. 유엔에서 교차승인 문제를 '통일을 위한 과도기'의 과정으로 유연하게 보기로 한 것 같다.[10] 물론 북에선 이 과도기를 남북 화해와 협력을 통해 빠르게 극복하고 최종적으로는 '통일된 연방국가'를 세계에 선포하는 것을 목표로 내세운다.[11]

그러나 남북관계는 1993년에 이르러 다시 급냉각됐다. 핵문제를 앞세운 미국의 대북 압박이 한반도에 전쟁의 먹구름을 몰고 왔다. 북은 당시 정세를 두고 민족이 대단결해 통일의 길을 여느냐, 아니면 동족끼리 대결해 핵전쟁의 희생물로 되느냐는 갈림길에 놓였다고 봤다.[12]

"민족의 운명을 우려하는 사람이라면 북에 있건 남에 있건 해외에 있건, 공산주의자이건 민족주의자이건, 무산자이건 유산자이건, 무신론자이건 유신론자이건 모든 차이를 초월하여 우선 하나의 민족으로 단결하여야 하며

---

10 〈문익환 평전〉에선 남북 유엔가입에 대한 북의 입장 변화를 문 목사의 단계별 통일방안에 김주석이 영향받은 결과로 설명하고 있다(김형수, 위의 책, 719~720쪽).
11 "련방정부가 외교권을 가지고 유엔을 비롯한 국제기구들에 하나의 대표로 나가면 련방공화국은 명실공히 통일을 위한 련방으로 될 수 있다. 그러나 북과 남이 유엔을 비롯한 국제기구들에 각각 별개의 대표로 나가면 련방국가는 분렬을 합법화해주는 련방으로 될 것이다."(심병철, 〈조국통일문제 100문 100답〉(평양출판사, 2003) 28~29쪽)
12 사회과학원 력사연구소, 〈조선통사(하편)〉(개정판)(사회과학출판사, 2016) 465쪽.

조국통일의 길을 함께 열어나가야 한다."[13]

김일성 주석은 1993년 4월 6일 북의 최고인민회의 제9기 5차 회의에서 〈조국통일을 위한 전민족대단결 10대 강령〉을 발표하였다. 전민족대단결 10대 강령은 김 주석이 오랜 기간 민족 문제를 대해온 경험과 견해를 명제화한 것이라 하겠다. 특히 사상, 제도의 차이에서 비롯된 이질성을 통일 과정에서 어떤 원칙에 따라 해소할지 숙고한 결과를 기본원칙으로 제시했다고 볼 수 있다. 김정일 위원장은 전민족대단결 10대 강령과 7.4 공동성명, 고려민주련방공화국 통일방안을 '조국통일 3대 헌장'이라 정식화한 바 있다. 10대 강령의 기본내용은 아래와 같다.

1. 전민족의 대단결로 자주적이고 평화적이며 중립적인 통일국가를 창립하여야 한다.
2. 민족애와 민족자주정신에 기초하여 단결하여야 한다.
3. 공존, 공영, 공리를 도모하고 조국통일위업에 모든 것을 복종시키는 원칙에서 단결하여야 한다.
4. 동족 사이에 분렬과 대결을 조장시키는 일체 정쟁을 중지하고 단결하여야 한다.
5. 북침과 남침, 승공과 적화의 위구를 다 같이 가시고 서로 신뢰하고 단합하여야 한다.
6. 민주주의를 귀중히 여기며, 주의·주장이 다르다고 하여 배척하지 말고 조국통일의 길에서 함께 손잡고 나가야 한다.
7. 개인과 단체가 소유한 물질적, 정신적 재부를 보호하여야 하며 그것을 민족대단결을 도모하는데 리롭게 리용하는 것을 장려하여야 한다.
8. 접촉, 래왕, 대화를 통하여 전민족이 서로 리해하고 신뢰하며 단합하여야 한다.

---

13 김일성, 〈김일성전집〉 93권(조선로동당출판사, 2011) 226쪽; 사회과학원 력사연구소, 〈조선통사(하)〉(개정판)(사회과학출판사, 2016) 465쪽 재인용.

9. 조국통일을 위한 길에서 북과 남, 해외의 전민족이 서로 련대성을 강화하여야 한다.

10. 민족대단결과 조국통일위업에 공헌한 사람들을 높이 평가하여야 한다.[14]

10대 강령은 중립적이고 자주적인 범민족통일국가의 건설을 민족대단결의 총목표로 제시하고, 민족대단결에서는 이념과 사상, 제도 등 제반의 차이를 초월하여 민족애와 민족자주정신으로 결합할 것을 강조하였다. 또 통일을 위해 남북간의 일체 적대행위와 체제경쟁·흡수통일 시도를 배격하고 서로를 존중하며 단합할 것을 당부했으며, 민주주의 원칙에 따라 통일문제를 논의할 것을 제안했다. 더불어 개인과 단체가 소유한 각종 재산과 이권을 보호를 강조했는데 이는 사회주의사회인 북과 주민들에 대한 오해를 불식하려는 뜻이 반영된 것으로도 읽힌다. 상호 신뢰를 위한 기본 전제의 하나를 강조한 셈이다.

이런 10대 강령에 대해 북은 항일무장투쟁 시기 김 주석이 발표한 '조국광복회 10대 강령'(1936년 5월)의 통일전선 원칙을 계승·발전시킨 것으로 전민족의 단합을 이룩해 조국통일 역량을 강화하려는 통일강령이자 정치강령이라고 높게 평가한다.[15]

---

14 김일성, 〈조국통일을 위한 전민족대단결 10대 강령〉(1993년 4월 6일)
15 사회과학원 력사연구소, 위의 책, 465~466쪽.

4

김정일시대와 선군정치

1994~2011

김동원

1 '평양선언'에서 〈사회주의는 과학이다〉까지

북녘 소식 대부분이 그렇지만 특히 대외관계는 아프리카의 외딴 나라 이야기처럼 남측에 거의 알려진 게 없다. 1990년대엔 외교관 추방이나 밀수 등 부정적 사례들만 보도되기 일쑤였다. 체제대결이 한창이었고 국제뉴스가 미국과 서유럽 일변도인데다 국가보안법 문제도 있으니 '자체 검열'이 일상이던 때였다.

이런 실정이고 보면 소련이 해체[1]된 이듬해인 1992년 북이 세계사회주의 재건운동에 주도적으로 나선 사실이 남측에 알려지긴 더더욱 어려웠을

1991년 12월 소련이 해체되어 소련기 대신 러시아공화국기를 게양하는 모습

---

1 소비에트사회주의공화국연방(소련)은 산하의 11개 공화국이 1991년 12월 '독립국가연합(CIS)'을 창설함에 따라 해체됐다. 소련공산당은 앞서 그해 8월 해산되었다(존 톰슨 저, 김남섭 역, 〈20세기 러시아 현대사〉(사회평론, 2004), 665~668쪽 참조).

것이다. 김일성 주석 탄생 80주년인 그해 4월 20일 평양에서 아시아와 아프리카, 라틴아메리카와 유럽의 70개 사회주의 정당 대표들이 모여 '평양선언(사회주의 위업을 옹호하고 전진시키자)'을 연서명해 발표한 일 얘기다. 남측 언론을 포함한 당시 자본주의 주류언론들은 사회주의 종주국이라 불리던 소련마저 해체된 터에 동방의 소국인 조선민주주의인민공화국의 이른바 '개혁·개방'은 시간문제로 봤다. 사회주의는 결국 '종말'을 고하리란 인식이 팽배하던 때였다.

그러나 조선로동당을 필두로 이들 사회주의 정당 대표들은 선언에서 "최근 년간 일부 나라들에서 사회주의가 좌절된 사태를 놓고 제국주의자들과 반동들은 마치도 사회주의가 '종말'을 고한듯이 떠들고 있다. 이것은 자본주의를 미화 분식하고 낡은 질서를 비호하려는 궤변에 지나지 않는다"고 일축하곤 "우리는 사회주의를 고수하고 자본주의와 제국주의를 반대하여 싸우는 세계 모든 진보적 정당, 단체, 인민들과 굳게 단결하여 사회주의 기치를 높이 들고 전진할 것이다. … 종국적 승리는 사회주의를 위하여 단결하여 투쟁하는 인민들에게 있다"[2]고 천명했다.

북은 자칭타칭 '제2의 공산당선언', '사회주의 재건의 대헌장'이라 의미를 부여하는 이 선언에 큰 비중을 두고 있다. 그도 그럴 게 발표 당시 70개였던 참가 정당수가 1년 뒤엔 170여 개, 그리고 25주년을 맞는 2017년 4월 현재 300개를 넘겼다고 한다. 또 이들 선언 참가 정당은 자기 강령과 규약 등에 선언의 내용을 반영하거나 결의를 채택하는 등 후속 조치를 취한 것으로 알려졌다.[3] 세계사회주의운동진영에선 상당한 권위와 영향력을 인정받고 있다는 것이다.

---

2   리종렬, 〈총서 불멸의 역사: 평양은 선언한다〉(문학예술종합출판사, 2000)
3   '평양선언 25년… 최후승리는 주체의 사회주의〈북 통신〉'(〈통일뉴스〉 2017년 4월 20일자)

조선인민군 건립 60주년 열병식에서 "영웅적 조선인민군 장병들에게 영광이 있으라!"고 연설하는 김정일 최고사령관. 〈조선중앙통신〉(1992년 4월 25일)

북은 선언의 내용을 특히 강조한다.

> "오늘의 시대는 자주성의 시대이며 사회주의 위업은 인민대중의 자주성을 실현하기 위한 성스러운 위업이다." "사회주의는 본질에 있어서 인민대중이 모든 것의 주인으로 되고 모든 것이 인민대중을 위하여 복무하는 진정한 인민의 사회이다." "사회주의는 나라와 민족, 국가 단위로 개척되고 건설된다. 매개 나라에서의 사회주의 위업은 그 나라 당과 인민이 책임지고 수행하여야 한다. 매개 당은 자기 나라의 실정과 자기 인민의 요구에 맞는 로선과 정책을 세우고 그것을 인민대중에 의거하여 관철해나가야 한다."

'자주성', '인민대중이 모든 것의 주인', '자기 나라의 실정과 자기 인민의 요구에 맞는 로선과 정책', '인민대중에 의거하여 관철' 등 모두 북의 지도사상인 주체사상의 원리와 개념들이다.

그래서 북에선 선언 발표를 두고 "세계사회주의운동사에 대한 총화였으며 주체사상에 기초한 사회주의운동의 새 출발을 알린 력사적 사변"[4]이었다고 방점을 찍는다. '총화'란 총평가를 의미하는데 선언에선 "일부 나라들에서 사회주의 건설이 잘되지 않은 것은 그 나라들에서 인민대중의 근본요구에 맞게 사회구조를 수립하지 못하고 과학적 사회주의리론의 요구에 맞게 사회주의를 건설하지 못한데 그 원인의 하나가 있다"고 개괄했다. 중단된 사회주의국가들의 경우 정치, 경제 등을 인민대중의 자주적 요구를 중심으로 구성, 운영하지 않았을 뿐더러 인민대중에게 사회의 주인으로서 지위와 역할을 보장하는 사회주의사회를 만들지 못한 점을 대표적인 문제로 꼽은 것이다.

이런 선언의 준비 과정에서 흥미로운 점은, 일부 참가 정당 대표들이 사전 토론 중 1920~30년대의 코민테른(공산주의인터내셔널) 같은 상설적인 '국제당' 결성 제안을 내놓은 것이다. 이를 보고받은 김일성 주석과 김정일 비서는 과거 1~3차 인터내셔널 활동역사, 특히 잇단 분열과 중국 혁명 과정에서 보인 코민테른 서기국의 일방적 명령행태 등 오류를 심중히 검토한 끝에 공동의 투쟁강령을 담은 선언문을 만들 것을 제안, 설득작업을 벌인 것으로 알려졌다. 그래서 조선로동당이 작성한 선언문 초안을 놓고 참가 정당 대표들이 양자 또는 다자간 협의를 거친 끝에 '평양선언'을 완성할 수 있었다고 한다.[5]

이렇게 세상에 나온 평양선언은 그해 초 김정일 비서가 발표한 〈사회주의 건설의 력사적 교훈과 우리 당의 총로선〉이란 저작이 사실상의 발단이었다고 한다. 평양선언 발표 당시는 소련이 해체된 직후로, 전세계의 진보학계조차 충격에 휩싸여 이렇다 할 원인 규명 시도가 거의 전무했는데 김 비서가 심층 분석과 대안을 제시한 것이다. 1992년 1월 3일 발표된

---

4 '주체의 사회주의 승리는 력사의 진리이다'(〈로동신문〉 2017년 4월 21일자)
5 리종렬, 위의 책.

저작을 여러 나라 언어로 번역해 각국 사회주의 정당들에 보냈더니 반향이 컸다고 한다.[6] 특히 주목받은 것은 소련 해체 등 사회주의 중단사태[7]의 근본원인에 대한 분석이었다. 김 비서는 크게 세 가지를 꼽았다. 첫째, 역사의 주체인 인민대중을 중심으로 사회주의의 본질을 이해하지 못한 결과, 사회주의 건설에서 주체를 강화하고 주체의 역할을 높이는 문제를 기본으로 삼지 못해서이고, 둘째는 사회주의와 자본주의의 질적 차이를 가려보지 못하고 사회주의의 근본원칙을 일관성 있게 견지하지 못한 것이다. 셋째는 사회주의국가 정당들이 서로 자주성에 기초한 국제적 연대를 강화하지 못한 점이다. 이는 평양선언에 언급된 "세계사회주의운동사에 대한 총화"를 구체화한 것이라 하겠다.

설명하면, 첫째는 인민대중이 사회주의 건설의 주체인 만큼 그들을 계속 교양하고 당의 주위에 튼튼히 결속시켜 그들 스스로 혁명적 열의와 창조력을 최대한 발휘토록 하는 게 사회주의 건설의 근본방도인데 그렇게 하지 않았다는 얘기다. 더 압축하면 인민대중을 사회주의 사상으로 무장하는데 소홀했다는 것이다. 둘째는 인민대중이 착취와 압박 없이 자주적 요구를 실현하게끔 당의 지도를 중심으로 사회주의적 소유를 고수하고 제국주의 반대투쟁을 계속해야 하는데 일시적인 경제침체를 이유로 당의 지도를 약화시켜 자본주의적 소유관계와 경영방법을 수용하고 제국주의와 무원칙하게 타협했다는 것이다. 한마디로 사회주의의 '혁명적 원칙'을 포기했단 얘기다. 셋째는 사회주의국가의 크기와 역사에 따라 큰 당과 작은 당, 경험이 오랜 당과 그렇지 못한 당이 있을 수 있어도 높은 당과 낮은 당, 지도하는 당과 지도받는 당이 따로 있을 순 없다. 그러나 현실은 큰 나

---

6 위의 책.

7 자본주의 국가들에선 사회주의 '몰락' 내지 '붕괴'란 표현이 일반적이고 북에선 평양선언에 나오듯 '좌절'이라고 한다. 여기선 3자적 입장에서 '중단사태'라고 표현하겠다.

라 당이 대국주의를 했고 작은 당들이 굴복한 결과, 큰 당이 수정주의를 하자 그대로 받아들여 문제를 낳았다는 것이다.

김정일 비서는 저작에서 "일부 나라들에서 사회주의가 좌절되고 자본주의가 복귀된 것은 역사발전의 기본 흐름에서 볼 때에는 부분적이며 일시적인 현상"이라면서도 "우리는 이것을 결코 우연한 현상이라고 볼 수 없으며 또한 이것이 단순히 외적 요인에 의하여 초래된 것이라고만 볼 수도 없습니다.… 사회주의가 좌절되게 된 원인을 옳게 밝히고 거기에서 교훈을 찾아야 사회주의 위업을 고수하고 전진시켜나갈 수 있습니다"라고 강조했다.[8]

김 비서는 〈사회주의 건설의 력사적 교훈…〉 이전에도 사회주의 중단사태 관련 저작들을 발표했다. 그들 중 북에서 강조하는 하나가 1990년 5월 발표한 〈사회주의의 사상적 기초에 관한 몇 가지 문제에 대하여〉[9]란 저작인데 여기선 특히 주체사상과 맑스-레닌주의의 관계문제, 맑스-레닌주의의 '제한성' 문제를 강조했다. 먼저 주체사상과 맑스-레닌주의의 관계에 대해 김 비서는 "독창성을 기본으로 하면서 계승성을 결합시켜 보아야 한다"고 주문했다. 양자의 관계를 계승성보다는 독창성을 위주로 봐야한다는 것이다. 그렇다고 양자를 대치시켜선 안 되며 맑스-레닌주의의 역사적 공적을 인정해야 한다고 했다. 맑스-레닌주의의 '제한성' 문제에 관해선 "우리는 지금까지 맑스-레닌주의의 제한성에 대하여 많이 이야기하지 않았습니다. 그러나 맑스-레닌주의의 제한성이 더욱 드러난 오늘 우리 일군들에게 그것을 똑똑히 인식시키는 것이 필요합니다"라며 '선행이론(맑스-레닌주의)'의 사회역사관 문제를 이렇게 제기했다.

---

8 〈조선의 오늘〉 참조.
9 김정일, 〈김정일저작집〉 10권(조선로동당출판사, 인터넷 자료)

"맑스주의는 사회력사를 객관적인 물질경제적 조건을 위주로 하여 고찰하였던 관계로 사회의 발전을 생산력 성격에의 생산관계의 적응의 법칙에 의하여 일어나는 생산방식의 교체의 력사로 보았습니다. 이러한 견해에 의하면 사회주의적 생산방식을 확립하면 혁명이 기본적으로 수행된 것으로 볼 수 있으므로 사회주의적 생산방식을 공고 발전시키기 위한 사업만 하면 된다는 결론이 나옵니다.… 맑스주의 유물사관의 원리로써는 사회주의제도가 선 다음의 혁명문제에 대하여 올바른 해답을 줄 수 없습니다. 사회주의 건설의 실천은 사회주의제도가 선 다음 사상, 문화분야에서 혁명을 계속하지 않으면 사회주의의 우월성을 옳게 발양시킬 수 없고 인민대중의 자주위업을 끝까지 완성할 수 없다는 것을 보여주고 있습니다."

이런 사상, 문화분야의 혁명, 즉 사회주의사회에서 계속혁명 문제는 주체사상에 의해 해명됐다는 것이다.

1990년대 전반기 사회주의 사상이론 문제에 관한 김정일 비서의 저술활동의 강조점은 '평양선언' 전후로 나뉜다고 볼 수 있다. '평양선언' 이전에는 앞서 본 〈사회주의의 사상적 기초…〉과 〈사회주의 건설의 력사적 교훈…〉처럼 '선행이론'의 제한성과 사회주의 중단사태의 원인분석에 초점이 맞춰져 있고 선언 이후엔 주로 주체사상에 근거한 대안을 제출한다.

후자에서 대표적인 게 '평양선언' 6개월 뒤 조선로동당 창당 47주년에 발표한 〈혁명적 당건설의 근본문제에 대하여〉[10]이다. 이 논문에선 "사회주의를 위한 투쟁의 력사는, 노동계급과 근로인민대중이 피 흘리며 투쟁해 온 전 로정은 승리의 열쇠도 당건설과 활동에 있고 실패의 원인도 당건설과 활동에 있다는 것을 보여주고 있다"며 당을 어떻게 만들고 강화할지에 집중했다. 논문의 구성이 〈사회주의 건설의 력사적 교훈…〉과 유

---

10 김정일, 〈김정일저작집〉 13권(조선로동당출판사, 인터넷 자료)

〈사회주의는 과학이다〉 논문 표지와 '사회주의 승리를 향하여!' 열병식 사진 〈조선의 오늘〉,〈로동신문〉

사[11]해 먼저 맑스-레닌주의에 근거한 과거 활동에서 교훈을 찾았지만 분량이나 내용 서술에선 모두 대안에 큰 비중을 두고 있다. 대안의 핵심 내용은 ▲당 건설과 활동에서 나서는 모든 문제는 언제나 주체적 입장에서 자체로 풀어야 하고 ▲당은 자기 지도사상을 가지고 자주적으로 활동하며 지도사상을 창조적으로 발전시켜 나가야 하며 ▲당 건설과 활동에서 혁명적 원칙을 저버려서는 안 된다는 것이다. 또 ▲사회주의사회에선 노동계급의 당을 대중적 당으로 건설해야 하고 ▲당 안에서 사상과 영도의 유일성을 확고히 보장해야 하며 ▲당의 통일단결을 생명처럼 지키고 ▲국제주의적 단결과 연대는 자주성에 기초해 이뤄져야 한다 등으로 요약할 수 있다.

뒤이어 김 비서는 〈사회주의는 우리 인민의 생명이다〉(1992년 11월 14일), 〈사회주의에 대한 훼방은 허용될 수 없다〉(1993년 3월 1일) 등을 발표했

---

11 〈사회주의 건설의 력사적 교훈…〉의 목차는 '1. 사회주의 건설의 력사적 교훈'과 '2. 사회주의, 공산주의 건설에 대한 우리 당의 총로선의 정당성'이고, 〈혁명적 당건설의 근본문제…〉는 '1. 사회주의 집권당 건설의 력사적 교훈'과 '2. 주체의 혁명적 당 건설의 기본원칙', '3. 혁명적 당들의 국제주의적 단결과 련대성'으로 구성돼 있다.

는데 이 가운데 북에서 사회주의 재건운동을 위한 사상이론 관련 저작의 '완결판'[12]으로 꼽는 것은 김일성 주석이 서거한 해인 1994년에 김정일 비서가 〈로동신문〉에 기고한 논문 〈사회주의는 과학이다〉(1994년 11월 1일)이다.[13]

'과학'이 자연과 사회의 사물현상과 운동의 필연성과 합법칙성을 규명한 인간 이성의 산물인 만큼 논문의 제목은 사회주의를 지향하고 실현하는 인간 활동의 필연성과 법칙성을 강조한다고 보겠다. 김 비서가 논문 서두에서 "여러 나라에서 사회주의가 무너진 것은 과학으로서의 사회주의의 실패가 아니라 사회주의를 변질시킨 기회주의의 파산을 의미한다. 사회주의는 기회주의에 의하여 일시 가슴 아픈 곡절을 겪고 있지만 그 과학성, 진리성으로 하여 반드시 재생되고 종국적 승리를 이룩하게 될 것"이라고 자신한 것도 같은 맥락이다. 여기서 기회주의란 '개혁·개방'을 주장하는, 북에선 통상 '사회주의 배신자'라 부르는 수정주의를 말한다. 수정주의가 사회주의 집권당과 국가를 변질시켜 '사회주의 중단사태'가 빚어졌지만 인민대중 중심의 사회주의는 본래 과학이고 진리인 만큼 반드시 승리한다는 주장이다.

논문은 모두 3개의 장으로 구성돼 있다. 1장은 '사회주의는 자주성을 위하여 투쟁하는 인민대중의 이념이며 혁명적 기치이다'는 명제 아래 주체의 사회주의이론의 핵심과 진리성을 주장하는데 요지는 이렇다. 현시대는

---

12 "로작(〈사회주의는 과학이다〉)은 사회주의 위업을 사소한 편향과 우여곡절도 없이 가장 곧바른 지름길로 이끌어나갈 수 있는 강령적 지침으로 되었으며 자주성을 위한 세계 혁명적 인민들의 투쟁, 사회주의를 위한 혁명적 당들과 인민들의 투쟁을 힘있게 고무추동한 불멸의 전투적 기치로 되었다."(조선로동당출판사, 〈조선로동당력사 2〉(2018), 272쪽)

13 이후 김 비서는 1995년 6월 〈사상사업을 앞세우는 것은 사회주의 위업 수행의 필수적 요구이다〉란 논문도 발표했지만 이는 사회주의 사상교양분야만을 강조한 것이다.

인민대중이 세계를 지배하고 자기운명의 주인이 된 자주성의 시대이고, 인민대중의 자주적 요구는 집단주의 원칙이 작용하는 사회주의사회에서 실현된다. 사회집단의 자주적 요구를 실현해야만 개인의 자주적 요구도 실현되기 때문이다. 이런 사회주의를 처음 과학적 방법으로 실현하려 한 게 맑스주의인데, 현시대에 보면 거기엔 역사적 제한성이 있다. 물질경제적 요인에 치중해, 혁명의 주체를 강화하고 역할을 높이는 방안을 내놓지 못했다. 이 문제는 사회주의 건설기에 두드러져 경제건설에만 치중하고 인민대중의 사상개조사업을 부차시한 결과, 경제건설 자체도 침체됐다.

이런 역사적 제한성은 주체사상과 그에 입각한 사회주의이론으로 극복할 수 있게 됐다. 사회주의사회는 높은 사상의식을 갖고 단결한 인민대중의 창조력으로 발전하는 사회인만큼 인민대중의 사상을 개조하는 사업을 앞세워 혁명의 주체를 강화하고 역할을 높여야 사회주의를 성과적으로 건설할 수 있다. 즉 사회주의를 건설하려면 사상적 요새와 물질적 요새를 모두 점령해야 하는데 앞세울 것은 사상적 요새를 점령하는 투쟁이라고 한다.

2장은 '우리의 사회주의는 사람에 대한 주체적 관점과 입장에 기초하고 있다'는 명제 아래 북의 사회주의가 주체사상의 철학적 원리에 근거하고 있음을 이렇게 밝히고 있다. 사람은 자주성, 창조성, 의식성을 가진 사회적 존재이다. 자주성, 창조성, 의식성은 사람이 사회관계를 맺고 활동하는 사회역사적 과정에 형성 발전되는 사회적 속성이다. 사람은 자주성, 창조성, 의식성을 가짐으로써 자기운명을 자기 힘으로 개척해나가는 세계의 주인, 세계의 개조자이다.

이런 사람 위주의 사회주의는 모든 것을 사람에게 복무토록 하고 모든 문제를 사람의 창조적 역할을 높여 풀어가는 가장 과학적인 사회주의이다.

북의 사회주의는 사람의 자주성을 철저히 옹호 보장하며 사람의 사상의식과 창조적 능력을 높이고 적극 발양시켜 세계의 주인, 세계의 개조자로서 사람의 지위와 역할을 강화하고 혁명과 건설을 힘있게 벌여나갈 수 있게 한다.

사회적 존재인 사람은 육체적 생명만 아니라 사회정치적 생명을 갖는다. 사람에겐 사회정치적 생명이 더 귀중하다. 사람이 사회정치적 생명을 빛내고 육체적 생명도 원만히 유지하는 참다운 인간생활은 집단주의에 기초한 사회주의사회에서만 가능하다. 착취와 압박, 지배와 예속에서 해방돼 사회생활의 모든 분야에서 자주적이며 창조적인 생활을 누리게 되기 때문이란다.

3장은 '우리의 사회주의는 인민대중에 대한 주체적 관점과 입장에 기초하고 있다'는 명제 아래 북의 사회주의가 주체사상의 사회역사원리와 사회주의 건설이론에 근거해 있음을 강조한다. 즉 인민대중은 역사의 주체이다. 인민대중이란 근로하는 사람들을 기본으로 자주적 요구와 창조적 활동의 공통성으로 결합된 사회적 집단이다. 사회주의사회에선 모든 사람이 사회주의적 근로자가 돼 각계각층이 다 인민대중의 성원이 된다.

인민대중은 사회의 주인이다. 모든 것이 인민대중에 의해 창조된다. 인민대중은 자연과 사회를 개조하는 가장 힘 있는 창조적 능력의 소유자이다. 그런데 인민대중이 사회의 참된 주인이 되려면 자기가 국가주권과 생산수단을 장악한 사회주의사회를 세워야 한다. 또 인민대중이 사회의 주인으로서 책임과 역할을 다하려면 사상개조사업, 정치사업을 앞세워 주인된 자각을 높여야 한다. 사상개조사업, 정치사업을 앞세우는 외에 인민대중의 역할을 높이는 묘수란 없다. 인민대중이 사회의 주인으로서 역할을 다하려면 자신의 창조적 힘을 키워야 한다.

그리고 사회주의사회에선 사랑과 믿음이 사회적 집단과 성원간, 사회의 개별 성원간 깊어지는데 수령과 전사들 사이에서 가장 숭고하게 발현된다. 사랑과 믿음은 정치의 대상이던 인민대중이 정치의 주인이 된 사회주의사회에서 정치의 본질이 된다. 사랑과 믿음의 정치가 인덕정치이다. 그러니 사회주의사회에서 사랑과 믿음의 정치를 실현하려면 집권당을 '어머니 당'으로 만들어야 한다고 주장한다.

논문은 발표 직후 여러 나라에서 출판물로 소개되고 연구토론회와 강연회, 해설모임 등을 통해 보급됐다고 한다. 이듬해인 1995년 2월 덴마크 코펜하겐에서 열린 '세계의 자주화에 관한 주체사상 국제토론회'의 연구주제로 다뤄졌고 이듬해인 1996년 2월 러시아 모스크바에서 열린 '자주, 평화, 친선에 관한 주체사상 국제학술토론회'와 같은 해 4월 에콰도르 쿠엔카에서 진행된 '라틴아메리카의 자주적 발전을 위한 주체사상 국제토론회' 등에서도 다뤄졌다고 전한다.[14]

---

14 조선로동당출판사, 〈조선로동당력사 2〉(2018) 272~273쪽.

2 김일성 주석 서거와 수령영생위업

김일성 주석은 1994년 7월 8일 새벽 운명했지만 그런 사실이 세상에 공개된 것은 이튿날인 9일 정오 북의 '중대방송'을 통해서였다. 조선로동당 중앙위원회와 중앙군사위원회, 조선민주주의인민공화국 국방위원회와 중앙인민위원회, 정무원은 '위대한 수령 김일성 동지의 서거에 즈음하여 전체 당원들과 인민들에게 고함'이란 공동명의 방송에서 이렇게 알렸다.

"우리의 전체 로동계급과 협동농민들, 인민군 장병들, 지식인들과 청년학생들.

조선로동당 중앙위원회와 조선로동당 중앙군사위원회, 조선민주주의인민공화국 국방위원회와 중앙인민위원회, 정무원은 조선로동당 중앙위원회 총비서이시며 조선민주주의인민공화국 주석이신 위대한 수령 김일성 동지께서 1994년 7월 8일 2시 급병으로 서거하시였다는 것을 가장 비통한 심정으로 온 나라 전체 인민들에게 알린다.

인민대중의 자주위업을 위하여 한평생을 바쳐오시였으며 생의 마지막 순간까지 조국의 륭성 번영과 인민의 행복을 위하여, 나라의 통일과 세계의 자주화를 위하여 쉬임 없이 정력적으로 활동하시던 우리의 경애하는 어버이 수령님께서 너무도 애석하게 우리 곁을 떠나시였다.

우리의 사회주의 위업이 중첩되는 난관과 시련을 뚫고 승승장구하고 있으며 우리 혁명과 조국통일의 앞길에 새로운 국면이 열려지고 있는 력사적인 이 시각에 우리 당과 우리 인민의 위대한 수령이시며 자애로운 어버이이신

조선혁명박물관 전시 '위대한 생애의 1994년' 〈우리민족끼리〉

김일성 동지께서 뜻하지 않게 서거하신 것은 우리 당과 혁명의 최대의 손실이며 온 민족의 가장 큰 슬픔이다…"

김 주석의 사인은 "겹쌓이는 정신적인 과로로 하여 1994년 7월 7일 심한 심근경색이 발생되고 심장쇼크가 합병되였다"고 의학적 결론서에서 밝혔다.[1]

50년 가까이 북의 유일 최고지도자였던 김 주석의 갑작스런 서거 소식은 북의 인민들에겐 청천벽력과도 같아 모두가 큰 충격에 휩싸였다. 당시 김 주석을 인터뷰하러 북에 머물던 재미언론인 문명자 〈US아시안뉴스〉 주필(2008년 별세)은 북녘 인민들의 모습을 이렇게 전했다.

"우선 만수대의사당 앞으로 갔습니다. 의사당 앞 광장은 거기 서있는 김 주석 동상에 헌화하려는 사람들로 꽉 차있었습니다. 차로는 아예 접근할 수 없어 내려서 걸었습니다. 발 디딜 틈도 없는 인산인해라 동상 앞까지 가는 것은 아예 포기해야 했습니다. 여자들은 물론이고 청년, 장년을 불구하고 남자들까지 가슴을 쾅쾅 치면서 울부짖고 있었습니다. '위대한 수령님께서 심장마비라니, 이게 웬 말입니까. 제 심장이 무슨 필요가 있습니까. 왜 위대

---

1 '위대한 수령 김일성 동지의 서거에 즈음하여'(〈로동신문〉 1994년 7월 9일자 2~3면)

한 수령님께서 돌아가셔야 합니까.' 사람들은 전국 각지에서 온 것 같았습니다. 한 아파트 단지에 들어가 보니 주민들이 모여서 서로 부둥켜안고 울고 있었습니다.… 나는 특히 김 주석의 죽음의 시점 때문에 그들의 슬픔이 더욱 극에 달했을 것이라 생각합니다."[2]

여기서 문명자 주필이 말한 '시점'이란 분단 49년 만에 처음 열릴 남북정상회담을 불과 보름여 앞둔 때였음을 가리키는 것이었다. 남북은 그해 6월 15~18일 방북해 김 주석을 만난 지미 카터 전 미국 대통령의 중재로 7월 25~27일 평양에서 당시 김영삼 대통령과 김 주석의 첫 정상회담을 갖기로 전격 합의한 터였다. 게다가 김 주석이 생의 마지막 날이 된 7월 7일 밤 친필 서명을 남긴 최종 문서가 '북남최고위급(정상)회담 준비안'이었다고 한다.[3]

그렇다고 남북정상회담의 '불씨'가 아예 꺼진 것은 아니었다. 북이 7월 11일 최고인민회의 김용순 통일정책위원장 명의의 편지에서 회담 연기를 요청했지만 곧이어 장례식을 마치면 회담을 개최하겠다는 의사를 거듭 밝혔다. 조문 차 방북했던 박보희 당시 〈세계일보〉 사장(2019년 별세)은 7월 23일 중국 베이징에서 기자회견을 열어 "지난 20일 김정일 당비서와 단독 면담했을 때 김 당비서는 '남북정상회담은 이미 정해진 원칙대로 변함없이 추진하고 싶다'는 뜻을 표시했다"고 알렸다. 10여일 뒤인 8월 9일 〈연합통신〉은 홍콩발 기사에서 대북 소식통을 인용, "북한의 김정일 당비서는 남북한 정상회담을 평양과 서울에서 번갈아 개최하는 방안을 직접 지시했다"며 "북한은 이 때문에 한국의 김영삼 대통령이 8.15담화 등을 통해 정상회담을 새롭게 제의하는지 예의주시하고 있다"고 보도했다. 당

---

2 〈월간 말〉 1994년 9월호 '재미언론인 문명자의 김 주석 장례식 참관기'(임영태, 〈북한 50년사 ②〉(들녘, 1999) 286~287쪽에서 재인용)
3 백보흠·송상원, 〈총서 불멸의 역사, 장편소설 영생〉(문학예술종합출판사, 1997) 북에선 이를 김 주석의 '조국통일 유훈'이라고 부른다.

시 남측에선 '조문파동'[4]이 벌어져 북측 입장에선 못마땅했을 법했으나 김정일 비서는 거듭 추진 의사를 밝힌 것이다. 특히 그는 처음 회담 준비협상 때 남측 정부가 주장한 '평양-서울 교환방문'[5]을 전격 수용함으로써 회담 개최에 강한 의지를 드러내면서 남측 정부의 호응을 기대한 것으로 보인다.

그러나 남측 정부의 반응은 180도 달랐다. 7월 말 만해도 정상회담을 열겠다던 김영삼 대통령[6]이 8.15경축사에서 관련 언급은 고사하고 "우리는 점진적이고 단계적인 통일을 희망하지만 통일은 예기치 않은 순간에 갑자기 닥쳐올 수도 있다"며 "자유민주주의 체제에 대한 도전은 결코 용납될 수 없다는 것을 다시 한 번 분명하게 밝혀둔다"고 했다. 되레 '북 붕괴' 가능성과 흡수통일론을 강조하고 나섰다. 8월 16일엔 민주자유당(당시 여당) 의원들과 만나 '북한에서 김정일 체제의 출범이 늦어지는 것은 김정일 비서의 건강에 이상이 있기 때문으로 보인다'고 건강 이상설까지 제기했다.[7] 사실상 정상회담을 할 의사가 없음을 드러낸 것이다.

북은 8.15경축사에 강하게 반발했다. 〈로동신문〉은 8월 18일자 논평에서 "극히 철면피하고 오만불손하고 악질적인 것"이라며 "온 겨레가 90년대 통일을 주장하고 있는 때에 점진이요, 단계요 하면서 통일을 늦잡는 것 자체가 겨레의 통일 지향에 대한 도전"이라고 맹비난했다.

이렇게 1994년의 남북정상회담은 무산되고 말았다. 분단 49년 만에 개최

---

4 김 주석 서거 직후인 7월 11일 당시 민주당(야당) 이부영 의원 등이 국회에서 정부에 조문단 파견 의사를 묻자 〈조선일보〉와 민자당 등 수구보수세력이 대대적인 반북 색깔론 공세를 펴고 이영덕 국무총리는 분향소 설치 등 학생·사회단체들의 추모행위를 엄단하겠다고 밝혀 정국이 급경색됐다.
5 '남북정상회담 내달 25일 평양서'(〈경향신문〉 1994년 6월 29일자)
6 '남북정상회담 새 국면/ 김 대통령·김정일 비서 일단 재추진 희망'(〈한겨레신문〉 1994년 7월 25일자)
7 '김 대통령 "김정일 건강 이상 있는 듯"'(〈한겨레신문〉 1994년 8월 17일자)

가 합의돼 국내외에서 쏠린 기대와 관심은 결국 물거품이 되어 버렸다. 역사적인 남북정상회담은 남측에서 대통령이 바뀌고 6년이 흐른 뒤에야 열렸다.

북은 애초 김 주석 장례식을 7월 17일 개최할 예정이었다. 외국의 조문단은 사양한 가운데 11일부터 16일까지 인민들의 조문을 받겠다고 했다. 국가장의위원장은 김정일 비서가 맡았다. 하지만 추도대회(장례식)는 이틀 늦춰져 19일 금수산의사당에서 열렸다. 끊이지 않는 조문객들에 대한 배려였다. 이튿날인 7월 20일 평양 김일성광장에서 중앙추도대회가 열렸다.[8]

이런 추모행사도 그렇지만 북이 김 주석 서거를 계기로 특히 심혈을 쏟은 건 '수령영생위업'이었다. 남측엔 생소한 표현인데 북에서도 이때 처음 개념화됐다. 김정일 비서의 전기인 〈김정일지도자〉 4권(탁진·김강일·박홍제, 평양출판사, 1998)과 〈선군태양 김정일장군〉 3권(평양출판사, 2006)의 설명에 따르면, 수령영생위업이란 "혁명의 길을 처음으로 개척한 로동계급의 위대한 수령을 그의 사후에도 영원히 혁명의 수령으로 높이 우러러 모시며 수령이 이루어놓은 혁명전통을 계승발전시키고 수령의 사상대로 혁명을 발전완성시켜 혁명의 종국적 승리를 이루어낼 수 있게 하는 더없이 중대하고 성스러운 위업"[9]을 의미한다. 또한 "수령의 위업은 후대에 의해 계승완성되며, 수령의 사상과 업적을 옹호고수하고 빛내어 나갈 때 수령의 위업은 계승되고 그 역사 역시 더불어 영생한다"[10]고 한다. 이를 처음 제

---

8 "7월 20일까지 10여 일에 걸친 애도기간에만 하여도 연 2억1,200여만명의 각계층 인민들과 인민군 장병들이 위대한 수령님을 추모하여 조의를 표시하였다.… 애도기간 세계 166개 나라 국가 및 정부 수반들과 정당 지도자들, 그리고 각계 인사들과 여러 조직들에서 조전을 보내여오고 화환을 진정하였으며 160여개 나라에서 추모행사가 진행되였다."(사회과학원 력사연구소, 〈조선통사(하)〉(개정판)(사회과학출판사, 2016) 439~440쪽)
9 탁진·김강일·박홍제, 〈김정일지도자〉 4(평양출판사, 1999) 238~239쪽.

김일성 주석 서거
〈조선중앙통신〉,
조선기록영화
〈**위대한 생애의 1994년**〉(조선기록영화촬영소, 1994) 캡쳐

시한 김정일 비서는 "위대한 수령님의 사상과 업적을 영원불멸하게 하며 수령님께서 인민의 마음속에 영생하시게 하는 것"이라고 정의하였다.[11]

즉 최고지도자(수령)가 숨졌어도 생시처럼 인민들이 그를 계속 추앙하고 그의 사상과 노선을 고수하며 그가 실현하려던 사회주의 건설을 완수토

---

10 "수령의 혁명위업은 대를 이어 계승완성된다. 혁명을 처음으로 개척한 수령의 사상과 업적을 혁명의 만년재보로 삼고 그것을 옹호고수하고 빛내여나갈 때 수령의 위업은 계승되고 수령의 력사는 계속 흐르며 수령은 그 위업과 더불어 영생한다. 이것은 혁명의 발전과 승리의 철리이다." (평양출판사 편, 〈선군태양 김정일장군〉 3(평양출판사, 2006) 참조).

11 유정철 부교수(김일성종합대학 력사학부) 논문 '위대한 령도자 김정일 동지께서 수령영생위업을 빛나게 실현하신 불멸의 업적'(2018, 김일성방송대학 홈페이지 '우리민족강당' 참조)

록 해나가는 사업을 뜻한다. 이런 수령영생위업을 잘 해야 최고지도자 추모는 물론, 사회주의 건설도 최고지도자의 사상과 노선에 따라 잘해나갈 수 있다는 것이다. 김정일 비서는 김 주석 서거 100일째인 1994년 10월 16일 담화〈위대한 수령님을 영원히 높이 모시고 수령님의 위업을 끝까지 완성하자〉에서 "수령님께서는 수령, 당, 대중의 혼연일체의 최고뇌수로서, 민족의 태양으로서 영생하고 계십니다. 수령님의 유훈의 뜻이 꽃펴나는 우리 조국의 부강번영 속에 수령님의 력사는 계속 흐르고 있다고 말할 수 있습니다"라며 "우리는 인민들이 수령님을 영원히 높이 모시고 수령님의 생전의 뜻을 변함없이 충직하게 받들어나가도록 하여야 합니다"[12]라고 거듭 수령영생위업을 강조했다.

그래서 북에선 김정일 비서가 만든 '위대한 수령 김일성 동지는 영원히 우리와 함께 계신다', '위대한 수령 김일성 동지의 혁명사상으로 더욱 철저히 무장하자!'는 구호를 시작으로 수령영생위업에 착수했다. 이듬해인 1995년 6월 12일엔 당중앙위원회와 중앙군사위원회, 공화국 국방위원회와 중앙인민위원회, 정무원이 공동결정서 '위대한 수령 김일성 동지를 영생의 모습으로 길이 모실 데 대하여'를 채택해 김 주석의 시신을 영구 보존키로 하고 생전 집무실이던 금수산의사당을 시신을 안치할 금수산기념궁전으로 바꾸기로 했다. 또 3대혁명전시관 안에 주체사상노작전시관을 새로 만들기로 했다.

이에 따라 금수산기념궁전은 내·외부 공사와 조경 등을 거쳐 서거 1주기인 1995년 7월 8일 개관했으며〈위대한 생애의 1994년〉(조선기록영화촬영소, 1994) 등의 기록영화들을 만들어 상영하고 '김일성대원수님은 우리와 함께 계신다', '수령님은 영원히 우리와 함께 계시네' 등의 노래를 작곡

---

12 〈김정일저작집〉 13권.

금수산태양궁전 전경: Mark Scott Johnson, 〈Kumsusan Memorial Palace〉, 2008. 9. 7.

해 보급했다. '위대한 수령 김일성 동지는 영원히 우리와 함께 계신다'는 구호를 새긴 영생탑[13]이 전국 곳곳에 세워졌으며 1995년 8월 판문점(북측) 통일각 앞엔 김 주석의 마지막 서명('김일성, 1994. 7. 7.')을 비석으로 세웠다. 또 〈김일성전집〉과 김 주석 회고록 〈세기와 더불어〉(계승본) 7, 8권 등 도서들을 발행하고, 1996년 1월 조선사회주의로동청년동맹의 이름을 김일성사회주의청년동맹이라 바꿨으며 그해 2월엔 김 주석의 서거일인 7월 8일을 '민족 최대의 추모의 날'로 지정했다.

3주기를 맞는 1997년 7월 8일엔 결정서 '위대한 수령 김일성 동지의 혁명생애와 불멸의 업적을 길이 빛내일데 대하여'를 채택해 김 주석이 태어난 1912년을 원년으로 한 '주체' 연호를 사용키로 하고 생일인 4월 15일을 '태양절'로 정했다. 그리고 1998년 9월 5일 최고인민회의 제10기 1차 회

---

13 영생탑은 김 주석 생전에는 '만수무강축원탑'으로서 김 주석의 만수무강을 축원하는 문구('수령이시여 만수무강하시라!')가 새겨져 있었다고 한다. 탁진·김강일·박홍제, 위의 책, 240쪽.

의를 열어 사회주의헌법을 '김일성헌법'이라 이름 붙이고 내용을 개정해 김 주석을 '영원한 주석'으로 규정했다.[14] 그해 12월엔 평양 소재 3대혁명전시관 내부에 주체사상로작전시관을 개관하였다.

이렇게 수령영생위업을 진행한 결과를 두고 북에선 "위대한 수령님께서 인민의 마음속에 영생하시고 수령님의 사상과 업적이 영원불멸하게 되었으며 우리 혁명은 앞으로도 영원히 수령님께서 바라시고 의도하시던 대로 힘차게 전진해나갈 수 있게 되었다"면서 "또한 기회주의자들, 혁명의 배신자들에 의하여 도덕의리가 심히 어지럽혀졌던 세계사회주의운동 력사에서 수령을 진심으로 받들어 모시는 숭고한 산 모범이 창조되게 되였다"고 자평했다.[15]

---

14 수령영생위업에 집중한 결과, 김정일 비서의 당과 국가 최고위직 승계가 늦어져 당 총비서로는 1997년 10월 8일 추대됐고, 국방위원장 추대는 1998년 9월 5일 최고인민회의에서 이뤄졌다.
15 사회과학원 력사연구소, 위의 책 441~443쪽.

3 고난의 행군과 강계정신

"이번에는 또 수백년래에 처음 보는 무서운 자연재해가 련이어 들씌워졌다. 처음에는 대홍수가 모든 것을 휩쓸어간데 이어 그 다음에는 왕가물이 모든 것을 말리워버렸다. 한 국가, 한 민족이 완전히 괴멸해버릴 수 있는 이런 최악의 형편에서 우리가 피할 수도 없고 피해서도 안 되였던 조국수호전은 얼마나 준엄했던가. 그것은 말 그대로 선전포고 없는 전쟁, 총포성이 울리지 않는 세계적인 대전이였다."

지난 2000년 10월 3일자 〈로동신문〉 정론에 실린 '고난의 행군' 당시 심각했던 재해상과 위기의식을 함축한 대목이다.[1]

한 소설가는 당시 수해상을 작품에서 이렇게 묘사하기도 했다.

"비는 보름이 넘도록 쏟아졌다. 늙은이들도 난생처음 본다는 장마비가 어제 저녁부터는 폭우로 변하여 바께쯔(양동이)로 쏟아붓듯 퍼부어댔다.… 제방을 넘어선 황토색 강물이 농장 밭들을 삼켜버리고 영배네 터밭으로 밀려들고 있었다. 탁아소 소장을 하는 어머니가 물참봉이 되어(흠뻑 젖어) 뛰여들었다.… 그들 모자는 다급히 밖으로 나와 허리를 치는 물결을 헤치며 산쪽으로 향했다."[2]

---

[1] '우리는 영원히 잊지 않으리라: 백두의 령장 김정일 장군의 '고난의 행군' 혁명실록을 펼치며'(〈로동신문〉 2000년10월 3일자)
[2] 김순철, 〈관측원들은 보고한다〉(〈조선문학〉2008년 7호), 58쪽.

또 고난의 행군 시기 19개의 중소형발전소를 세운 자강도 인민들을 형상화한 영화 〈자강도 사람들〉에선 발전소 건설돌격대 려단장이 인명사고와 식량난 등을 토로하며 이렇게 결의를 강조했다.

> "우린 방금 희생된 동지의 시신을 언 땅에 묻었습니다. 내일은 또 누가 우리 곁을 떠나게 될지 그것도 아직 모릅니다. 피눈물을 뿌리며 시작한 이 고난의 행군이 이처럼 가슴 아픈 희생을 가져오리라고 생각해본 사람도 없었고, 음식이라고 말할 수 없는 풀뿌리와 나무껍질, 니탄 덩어리(찰흙 모양의 불완전 탄화 석탄)를 먹으리라고 상상해본 사람도 없었습니다. 하지만 왜 우리가 그 어느 사전에도 없는 '대용식품'이란 말을 웃음 속에 불러야 하는지, 가슴속에 흐르는 피눈물을 삼키며 준엄한 이 길을 걸어야 하는지 그것만은 잘 알고 있습니다."[3]

원래 '고난의 행군'이란 김일성 주석이 이끌던 조선인민혁명군이 1938년 12월초 중국 길림성 몽강현(蒙江縣, 현 길림성 백산시 정우현) 남패자를 출발해 이듬해 3월 말 같은 성 장백현 북대정자까지를 110여 일에 걸쳐 일제 관동군과 전투를 벌이며 이동한 것을 가리킨다. 걸어도 엿새면 도착하는 거리였는데, 관동군 및 만주군 토벌대와 전투하며 진군하다보니 그렇게 긴 시간이 걸렸다고 전한다. 당시를 김 주석은 이렇게 회고했다.

> "고생이 너무도 막심했기 때문에 그 행군을 가리켜 '고난의 행군'이라고 명명했습니다.… 고난의 행군 내용을 한마디로 요약하면 엄혹한 자연과의 투쟁, 극심한 식량난과 피로와의 투쟁, 무서운 병마와의 투쟁, 간악한 적들과의 투쟁이 하나로 엉켜진 것이었다고 할 수 있습니다. 여기에 또 하나의 심각한 투쟁이 동반되었습니다. 그것은 고난을 이겨내기 위한 자기 자신과의 투쟁이였습니다."[4]

---

3 조선영화 〈자강도 사람들〉 제1부 (조선예술영화촬영소, 2000)

항일무장투쟁 당시 고난의 행군 상상화 〈조선의 오늘〉

북이 1990년대 중후반기를 항일무장투쟁 때 고생이 막심했던 전투 행군에 비유한 것은 그만큼 간고했기 때문인데 난관은 "수백년래에 처음 보는 무서운 자연재해"만이 아니었다. 김 주석 서거 이후 확산된 이른바 '북 조기붕괴설'[5]을 현실화하려 미국은 대북 봉쇄와 군사적 압박을 강화했다. 이는 소련 해체와 사회주의시장 붕괴 이후 자본주의 나라들과의 주요 원료 및 물자 교역마저 가로막아 북의 경제난을 심화시켰다.[6] 그런 결과로

---

[4] 김일성, 〈세기와 더불어〉 7권(계승본), 147~149쪽. "영하 40도 안팎의 혹한과 굶주림에 시달리며 토벌대와 쫓고 쫓기는 긴장된 숨바꼭질의 연속이었답니다. 밤낮이 따로 없었고 시시각각 목숨을 위협하는 긴박한 상황이 이어졌는데 전투를 많게는 하루에 20여 차례 치르기도 했다는군요."(4.27시대연구원 공저, 〈북 바로알기 100문100답〉, 393~394쪽)

[5] 당시 김영삼 대통령이 1994년 8.15경축사에서 "통일은 예치치 않은 순간에 갑자기 닥쳐올 수도 있다"고 '북 조기붕괴설'을 처음 공론화했다.

[6] "일체 물자가 우리나라에 들어오지도 나가지도 못하게 하고 국제적인 금융거래의 길을 완전히 끊어버림으로써 우리 공화국을 경제적으로 질식시키고 말라워버리려는 것이 제국주의련합세력의 기도였다. … 이것은 우리의 경제건설 전반에 커다란 후과를 미쳤다. 나라의 중요 경제부문들 사이의 생산적 련계가 많이 끊어지고 적지 않은 공장, 기업소들이 긴요한 원료, 자재의 부족으로 생산을 멈추거나 조절하지 않으면 안 되었다."(조선로동당출판사, 〈조선로동당력사 2〉(2018), 233쪽)

고난의 행군을 하게 됐다는 게 북의 설명이다.[7]

이때 특히 북에 식량난과 경제난이 심화되자 자본주의 주류언론들에선 '300만 아사설'[8] 등 억측이 난무하고 'O월 위기설' 등 '북 조기붕괴' 주장이 반복됐다. 고난의 행군 시기 피해자수에 관한 북의 공식 통계 발표는 아직 없다. 다만 1999년 5월 10일자 홍콩 신문들에 따르면, 북의 식량피해복구위원회 전인천 대외사무국장대행이 방북한 유엔 세계식량계획(WFP) 관계자들에게 1995년부터 98년까지 4년간 북의 사망률이 인구 1,000명당 9.3명으로 늘었다고 밝혔다. 북의 당시 총인구 2,200만명 대비 종전 사망률(1,000당 6.8명)에 견주면 사망자가 매년 5만5,000명씩 늘어 4년간 모두 22만 명이 더 사망한 게 된다.[9] 또 20여 년이 지난 2021년 현재 북이 건재한 것을 보면 '조기붕괴'는 그들의 섣부른 희망사항이었음을 확인하게 된다.

경제난은 컸던 것으로 확인된다. 1995~97년 3년간 국가예산수입을 발표하지 않던 북은 '강행군'의 해인 1998년의 국가예산수입 총액을 197억 9,080만 원이라고 발표했는데 이는 1994년의 수입 총액 416억20만 원의 47.6%에 그친 수치다. 4년 뒤 예산이 되레 절반 이상 줄어든 것이다. 그런데 98년도 예산수입 총액이 전년도인 97년에 비하면 무려 100.4% 증가한 것이라고 한다.[10] 97년도 예산수입이 98억9,000억여 원에 불과했다는

---

7 북이 고난의 행군을 공식화한 것은 1996년 1월 1일 〈로동신문〉 등의 신년공동사설에서 "백두밀림에서 창조된 고난의 행군 정신으로 살며 싸워나가야 한다"고 밝히면서였다.
8 1972~73년 일본공산당 기관지 〈아까하타(赤旗)〉 평양특파원을 지내다 추방당한 하기와라 료(萩原遼)가 2004년 펴낸 〈김정일의 숨겨진 전쟁〉(萩原遼 저, 양창식 편, 자유미디어, 2011)에서 주장했다고 하지만, 실증적 근거는 없다.
9 '북 식량난 4년간 22만명 사망 추정'(〈한겨레신문〉 1999년 5월 11일자) 남측 통계청은 2010년 11월 22일 1996~2000년(고난의 행군 시기) 북에서 33만여 명이 추가 사망했다고 밝힌 바 있다.
10 조선중앙통신사, 〈조선중앙년감 1999〉(2000), 182~183쪽.

영화〈자강도 사람들〉에서 묘사되는 고난의 행군 시기의 어려운 생활상 〈자강도 사람들〉(조선예술영화촬영소, 2000) 캡처

얘긴데 이는 94년 수입 총액의 4분의 1도 안 되는 액수였다. 96~97년도 국가 재정상태가 최악이었음을 짐작케 한다.

이렇다 보니 북에선 "고난의 행군은 경제건설과 인민생활 분야에 조성된 난관을 뚫고 나가기 위한 투쟁이였다"며 "경제건설과 인민생활 문제를 푸는가, 못 푸는가 하는데 고난의 행군의 승패가 달려"[11] 있다는 판단에 따라 세 가지 처방을 내놓게 된다. 첫째는 정무원이 경제사업에서 실제 권한을 갖고 통일적으로 지휘하는 체계를 세운 것이고, 둘째는 인민군대를 농촌은 물론 주요 사회주의 건설현장에 적극 투입한 것이며, 셋째는 지역과 부문에서 고난의 행군을 극복하는 모범을 창조해 전 지역과 산업분야로 확산시키는 것이었다.

11 조선로동당출판사, 〈조선로동당력사 2〉(2018), 255쪽.

먼저 정무원[12]의 권한 보장과 통일적 경제지휘와 관련해선 모든 것이 부족한 고난의 행군 시기라는 현실을 감안해 정무원이 주요 원료와 전력, 자재 등의 배분 기준과 우선순위를 정하도록 했다. 이에 따라 정무원이 "돌려야 할 공장, 기업소들은 자재와 전력을 집중하여 적극적으로 돌리고, 다른 공장, 기업소들은 보장조건에 맞게 돌리며 보장 가능성이 없는 공장, 기업소나 직장들은 일시 세우는 조치를" 취했다. 더불어 식량문제 해결을 위해 농업근로자들이 감자농사혁명과 종자혁명에 집중하면서 풀먹는 집짐승 기르기운동과 양어장 건설 등을 적극 장려했다고 한다.[13]

이어 선군정치를 시작해 인민군대를 농촌지역 수해복구와 식량 생산에 적극 동원하는 것은 물론, 안변청년발전소 등 주요 난공사들을 인민군대에 맡겨 고난의 행군 시기 사회주의 건설에서 돌파구를 열도록 했다. 이에 관한 자세한 설명은 다음 '선군정치의 시작'편에서 하겠다.

그리고 지역과 공장·기업소의 모범 창조와 확산에선 자강도와 성진제강련합기업소를 각각의 본보기로 삼았다.

앞서 영화 장면으로 잠깐 소개했지만, 산간지대인 자강도에서는 고난의 행군 시기 강계시 인근 장자강 지류인 남천과 북천 등을 활용해 19개의 중소형 수력발전소를 건설했다.[14] 그를 통해 자체로 전력문제를 풀어 공장·기업소들을 가동하고 대용식품 등으로 식량문제도 해결해 고난의 행군 시기 '자력갱생'의 도 단위 모범으로 꼽혔다. 당시를 상징하는 구호의

---

12 1998년 헌법을 개정해 내각으로 바꿨다. 이후 경제건설은 내각책임제, 내각중심제로 운영된다.
13 위의 책, 256쪽.
14 강계(江界)란 장자강 북천, 남천 등 하천 어귀에 있다고 해서 유래된 지명이다. 자강도엔 현재 80여 개의 중소형발전소(총생산전력량 200만kw 추정)가 건설돼 있다고 한다.(유튜브 〈왈가왈북〉 2020년 10월 11일자 '고난의 행군의 상징, 자강도의 강계정신'편)

'자강도는 고난의 행군 시기 나에게 정든 고장입니다' 〈통일의 메아리〉

하나인 '가는 길 험난해도 웃으며 가자!'도 여기서 나왔다고 한다. 그래서 김정일 국방위원장은 1998년 1월 자강도를 현지지도하면서 자강도 인민의 노고를 높이 평가해 '강계정신'이라 이름 붙이며 다른 지역들이 따라 배우도록 지도했다고 한다. 이에 따라 중앙기관은 물론, 각 시·도와 군의 당 책임일꾼들, 공장·기업소 간부들이 자강도 주요 단위를 탐방토록 하고 신문·방송 등을 통해 자강도 인민의 일본새, 경험과 성과를 소개하고 전국 규모의 회의들을 열어 공유토록 했다고 한다. 강계정신에 대해 북에선 "위대한 장군님만 계시면 우리는 반드시 승리한다는 필승의 혁명정신이며 당의 의도와 구상을 실현하기 위해서는 물불을 가리지 않고 투쟁하는 결사관철의 정신, 무에서 유를 창조하는 자력갱생, 간고분투의 정신이며 어려운 때일수록 웃으며 싸워나가는 혁명적 락관주의정신이다. 강계정신은 우리 당이 가장 어려운 시련을 겪을 때 창조된 사회주의수호정신이며 새로운 천리마대고조의 불길이 타오르게 한 투쟁정신"이라고 의미를 부여했다.[15]

---

15 위의 책 256~257쪽.

지역의 본보기가 자강도였다면 공장·기업소의 본보기는 함북 김책시에 있는 성진제강련합기업소였다. 성강련합기업소는 특수강철 재료와 합금강, 압연제품 등을 생산하는 철강기지이다. '고난의 행군'을 서둘러 마무리한다는 취지에서 북이 '강행군의 해'로 선포한 1998년 3월 김정일 국방위원장은 성강련합기업소를 찾아 기업소 일꾼들에게 "성진제강련합기업소 전체 로동계급이 당의 호소에 호응하여 다시 한번 천리마를 타고 새로운 혁명적 대고조의 봉화를 앞장에서 들고 나가는 것이 좋을 것 같다"고 제안했다고 한다. 그러자 성강련합기업소 노동자들은 '종업원 궐기모임'을 열어 "성강의 봉화를 높이 추켜들고 다시 한 번 천리마를 탄 기세로 사회주의 경제건설에서 혁명적 대고조를 일으킬 것을 전국의 모든 로동계급과 근로자들에게 호소"하는 한편 자체로도 "치렬한 증산투쟁을 벌려 강철생산에서 련일 놀라운 기적을 창조"했다고 한다. 이런 '성강의 봉화'를 따라 "많은 공장, 기업소들에서 생산적 혁신이 일어나기 시작하였으며 금속공장과 기계공업을 비롯한 인민경제 기간공업부문들을 활성화할 수 있는 토대가 닦아졌다. 대규모 수력발전소 건설이 추진되고 중소형발전소들이 새로 건설되였다"고 한다.[16] 나라에 큰일이 생겼을 때 신호로 알리던 '봉화(烽火)'란 표현이 이때부터 북에서 유행했는데 '성강의 봉화'를 시작으로 '락원의 봉화'. '라남의 봉화' 등이 뒤를 이었다.

북은 2년여 뒤인 2000년 10월 10일 조선로동당 창당 55주년 기념행사에서 고난의 행군(강행군)이 사실상 끝났음을 천명했다. 당시 김영춘 조선인민군 총참모장은 열병식 연설에서 "우리 군대와 인민이 자주, 독립, 사회주의를 위한 투쟁에서 이룩한 모든 승리와 최근 년간 고난의 행군, 강행군의 어려운 시련을 이겨내고 강성대국 건설과 조국의 자주적 평화통

---

16 위의 책 259쪽.

일을 위한 투쟁에서 결정적 국면을 열어놓은 세기적인 기적은 대를 이어 걸출한 수령을 모시고 있는 조선로동당의 로숙하고 세련된 영도의 빛나는 결실"이라고 밝혔다.[17]

---

17 '북, 당창건 55돌 기념 김영춘 총참모장 연설'(《통일뉴스》 2000년 10월 11일자)

4　선군정치의 시작

김정일 국방위원장이 90년대 후반 고난의 행군을 이겨내고 새로운 100년인 21세기를 맞이하려 선택한 지도노선이 바로 '선군정치'이다. 북에선 선군정치, 선군영도, 선군혁명 등 수식어에 따라 여러 범주로 쓰이는데 대표 개념은 선군정치이다. 김정일 위원장도 1999년 2월 조선인민군 지휘관들에게 "선군정치는 나의 기본 정치방식이며, 우리 혁명을 승리에로 이끌어나가기 위한 만능의 보검"이라고 강조한 바 있다.[1]

선군(先軍)은 '군사를 앞세운다'는 말인데 혁명과 건설에서 군사를 다른 모든 사업에 앞세운다는 것이다. 즉 군사를 첫 자리에 놓고 거기에 최대한 힘을 집중해 문제들을 풀어나간다는 얘기다.[2] 이를 북에선 '선군후로(先軍後勞)'란 사자성어로 표현하기도 하는데 직역하면 군을 노동계급에 앞세운다이고, 의역하면 인민군대가 혁명의 주력군이란 뜻이다. 이에 대해 북에서는 "인민군대는 우리 사회에서 가장 혁명적이고 전투적이며 가장 위력한 혁명집단으로서 혁명성과 조직성, 전투력에 있어서 인민군대보다 더 강한 집단은 없다.… 수령결사옹위정신, 사회주의수호정신이 가장 투철한 것도 인민군대이며 조국과 인민에 대한 헌신적 복무정신과 제국주의와 계급적 원쑤들에 대한 비타협적인 투쟁정신이 가장 강한 것도

1　사회과학원 력사연구소, 〈조선통사(하)〉(개정판)(사회과학출판사, 2016) 445쪽.
2　조선로동당출판사, 〈조선로동당력사 2〉(2018) 283쪽.

인민군대"[3]라 설명한다.

이는 노동계급을 사회주의 혁명과 건설의 지도계급(세력)으로 규정한 기존 맑스-레닌주의 이론과는 분명한 차이를 보인다. 레닌은 "모든 사회주의 사회에서의, 따라서 1917년 10월 25일(구력)에 우리가 시작한 러시아 사회주의 혁명에서의 프롤레타리아트와 이에 지도된 빈농민의 주요 임무는,… 혁명은 대다수 주민, 가정 대다수를 차지하는 근로자가 먼저 자

열병식 선군정치 〈로동신문〉

주적이며 역사적인 창조활동을 전개함으로써 비로소 훌륭하게 수행될 수 있다"[4]고 밝힌 바 있다.

사회주의이론에서 혁명의 주력군 문제는 핵심 내용의 하나인데 맑스-레닌주의와는 다른, 새로운 견해를 내놓은 것이다. 이에 관해선 뒤에서 더 설명하겠다.

선군정치는 김일성 주석 서거 이듬해인 1995년 1월 1일 김정일 위원장이

3 위의 책 236쪽.
4 〈레닌전집〉 27권 242~243쪽.(극동문제연구소, 〈원전 공산주의대계〉 276쪽에서 재인용)

'다박솔초소'라 불리는 군부대(중대)를 현지지도한 것으로 시작됐다고 한다. 즉 "새해를 맞는 군인들을 축하해주시고 그들의 훈련을 보아주시였으며 싸움준비 완성을 위한 귀중한 가르치심을 주시였다"는데 "다박솔중대에 대한 력사적인 현지지도는 선군의 기치를 더 높이 추켜들고 총대에 의거하여 주체의 사회주의위업을 끝까지 완성하려는 위대한 장군님의 확고부동한 의지의 표시였으며 바로 이때부터 우리 당의 선군정치가 보다 높은 단계에서 전면적으로 실현되게 되였다"고 알렸다. 김 위원장은 이렇게 다박솔중대를 시작으로 "인민군부대들의 지휘부 및 전방지휘소들, 군사교육기관들, 최전연 초소와 외진 섬 초소들까지" 현지지도하면서 군사분야에 힘을 집중했다.[5] 북측 통계에 따르면 김 위원장은 1995년부터 2001년까지 7년 동안 모두 1,300개 단위를 현지지도했는데, 이들 가운데 무력(군사)부문이 841개 단위로 65%에 달했다고 한다.[6] 현지지도 대상 3곳 가운데 2곳은 군사분야였다는 것이다.

김 위원장은 또 군부대 강화를 위해 1996년 1월 1일 조선인민군 지휘관들에게 '전군이 혁명의 수뇌부를 결사옹위하는 오늘의 7련대가 되자!'는 구호를 제시하고 이를 관철하는 대중운동인 '오중흡 7련대 칭호 쟁취운동'을 발기했다고 한다. 오중흡은 일제강점기 조선인민혁명군 지휘관으로, 그가 이끈 7연대는 1930년대 후반 일본군을 유인해 김일성 사령부를 보호하고 주력부대가 압록강 연안까지 무사히 진출토록 엄호했다고 한다. 이를 계기로 오중흡은 북에서 수령결사옹위정신의 대표 인물로 꼽히는데 김정일 위원장은 앞서 1979년 12월 오중흡 40주기를 맞아 '오중흡 동지를 따라배우는 운동'을 전군에 지시한 적이 있다고 한다.[7] '오중흡 7련

---

5 조선로동당출판사, 위의 책 236~237쪽.
6 조선중앙통신사, 〈조선중앙년감 2002〉 84쪽.
7 통일부 북한정보포털 '북한 지식사전'

대 칭호 쟁취운동'은 이를 더 확대발전시킨 것인데 북에선 "항일혁명투쟁 시기 혁명의 사령부를 한목숨 바쳐 보위한 7련대의 모범을 따라배워 혁명의 수령을 견결히 옹호보위하기 위한 새로운 높은 형태의 혁명적인 대중운동"이자 "전군 김일성주의화의 요구에 맞게 모든 인민군 장병들을 수령결사옹위의 총폭탄으로 튼튼히 준비시켜 인민군대를 최고사령관의 친위대, 결사대로 만들기 위한 집단적 혁신운동"이라고 강조한다.[8]

김정일 위원장은 이어 강원도 안변군의 유역변경식 발전소인 안변청년 발전소 등 주요 난공사들을 인민군대에 맡겨 사회주의 건설에서 모범을 만들도록 했다. 안변청년발전소는 1996년 9월 1단계 공사를 마무리하고 같은 해 12월 2단계 공사에 착수, 3년 10개월만인 2000년 10월 준공했다고 한다. 1996년 6월 김정일 위원장이 발전소 건설현장을 찾아 군인들의 물길 굴(터널) 공사결과를 호평한 것을 보면 그해 상반기에 투입한 인민군대가 2단계 공사까지 4년여 동안 발전소 건설을 맡았던 것으로 보인다. 이를 통해 3개(임남·신명·전곡)의 대규모 댐과 여러 개의 발전소를 세웠다고 한다.[9] 인민군대는 '조국 보위도 사회주의 건설도 우리가 다 맡자!'는 구호 아래 평양시의 청류다리 2단계 공사와 금릉2동굴, 그리고 평양-향산 관광도로 등 난공사들을 잇달아 맡아 완공해냈다고 한다.

김 위원장은 완공이라는 눈에 보이는 결과만 아니라 무형의 정신적 자산도 중시했는데 이른바 '혁명적 군인정신'이 그렇다. 김 위원장은 1996년 6월 안변청년발전소를 현지지도하면서 "얼마 전까지만 하여도 개울물 소리만 들리던 한적한 심심산골에 대기념비적 언제가 하늘 높이 솟아올랐다"고 호평하면서 인민군 군인들이 공사 중에 발휘한 수령결사옹위정신

---

[8] 조선로동당출판사, 위의 책, 237쪽.
[9] 통일부 북한정보포털

과 육탄정신, 자폭정신을 혁명적 군인정신이라고 이름 붙이곤 모든 일꾼과 당원, 근로자들이 따라배우도록 했다고 한다. 일꾼들의 발전소 건설현장 참관·견학이 시작됐고 출판보도물 제작도 이어졌다. 이후 북에선 혁명적 군인정신에 대해 "위대한 장군님을 수반으로 하는 당중앙위원회를 목숨으로 사수하는 수령결사옹위정신, 그 어떤 조건에서도 당이 맡겨준 전투적 과업을 어김없이 무조건 수행하는 결사관철의 정신, 당과 혁명, 조국과 인민을 위하여서는 자기의 한 몸을 서슴없이 바치는 영웅적 희생정신을 기본으로 하는 인민군대의 고결한 혁명정신"이라고 정의하곤 "혁명적 군인정신의 창조와 그 일반화는 선군정치 방식을 전면적으로 확립하는 데서 전환적 국면을 열어놓았다"고 의미를 부여했다.[10] 김정일 위원장은 이듬해인 1997년 3월 당중앙위원회 책임일꾼들과 한 〈혁명적 군인정신을 따라배울 데 대하여〉란 담화를 통해 혁명적 군인정신의 일반화를 거듭 강조하기도 했다.

그런데 흥미로운 사실은 이때까지도 '선군정치'란 개념이 북에서 통용되지는 않고 있었다는 것이다. 김 위원장의 담화 〈혁명적 군인정신을 따라배울데 대하여〉에도 선군정치는 안 나온다. 선군정치가 북녘 언론매체에 처음 등장하기는 1997년 12월 〈로동신문〉에서인데 그 의미와 중요성 등을 구체적으로 알리기는 1년 6개월이 더 지난 1999년 6월 16일자 〈로동신문〉과 〈근로자〉(당 이론지)의 공동논설 '우리 당의 선군정치는 필승불패이다'를 통해서였다고 한다.[11] 김정일 위원장의 선군정치 관련 대표 저작인 〈우리 당의 선군정치는 위력한 사회주의 정치방식이다〉(2000년 7월 5일)와 〈선군혁명로선은 우리 시대의 위대한 혁명로선이며 우리 혁명의

---

10 조선로동당출판사, 위의 책, 239쪽.

11 진희관, '북한에서 '선군'의 등장과 선군사상이 갖는 함의에 관한 연구'〈국제정치논총〉제48집 1호, 2008, 378쪽)

'선군정치의 위대한 승리 만세!' 포스터: Christoper Green, "Songun Corea del Nord Kim Jong Il", 〈Sino-NK〉 2013. 3.25

백전백승의 기치이다〉(2003년 1월 29일) 등도 모두 그 이후에 나왔다.

선군정치의 공론화, 이론화가 더뎠던 것으로 비칠 수도 있는데 이는 기존에 없던 새로운 정치방식(선군정치) 도입의 필요성을 말이나 글로 설명하기보다 실제 모습과 위력을 인민에게 먼저 보여주는 게 더 효과적이라고 판단한 결과로 보인다. 즉 1995년 1월 다박솔초소를 시작으로 군사분야 현지지도에 초집중하는 한편, '오중흡 7련대 칭호 쟁취운동'을 통해 군부대 강화를 본격화한다. 이어 안변청년발전소 등 난공사들에 인민군대 투입과 완공, 그리고 무형 자산인 혁명적 군인정신의 일반화 등을 차례로 실현함으로써 선군정치의 모습과 위력을 인민이 직접 체감토록 한 것이다. 선군정치가 구현되고 있고 인민들도 이에 발걸음을 맞추고 나섰다면 이론화, 정식화는 서둘 일이 아니라고 봤을 수도 있다. 〈로동신문〉이 선군정치란 표현을 처음 쓴 1997년 12월 12일자 정론 '우리는 백배로 강해졌다'에서 "우리 장군님의 그 실력 중의 특출한 실력은 선군정치의 실력, 군대를 혁명의 기둥으로 만들어 적들에게 련속 '통장훈'을 부르며 주체위업을 견

결히 수호해나가시는 실력"이라고 주장한 것도 같은 맥락이라 하겠다.[12]

사실 김정일 위원장의 선군정치 구상은 김 주석 서거 직후 본격화된 것 같다. 김 위원장은 1994년 7월 13일 인민무력부 책임일꾼들에게 "인민군대는 혁명의 주력군이며 나라의 기둥"이라고 강조했다고 한다.[13] '선군후로' 사상을 이때부터 군 간부들과 소통한 것이다.

앞에서 잠시 언급했듯 '선군후로' 사상은 사회주의이론상 혁명의 주력군 문제를 새로 제기한 것이지만 그와 동시에 사회주의국가 군대의 역할에 관한 새 견해도 담고 있다. 기존 사회주의이론에선 군대를 주로 노동계급의 혁명과 건설을 보위하는 물리력, 군사적 수단으로 보는데 비해 북의 선군정치론에선 군대를 중요 정치역량이라 규정한다. 이는 북의 지도이념인 사람중심의 주체사상에 입각한 견해로 보이는데 인민군대의 역할을 이렇게 정의한다. "인민군대는 우리 혁명의 제일 생명선을 지켜선 혁명대오로서 제국주의자들과 직접 맞서 당과 혁명, 조국과 인민을 목숨으로 수호하고 있다. 인민군대의 이 숭고한 사명과 임무는 로동계급도, 다른 어느 사회집단도 대신할 수 없다."[14] 북녘 사회의 그 어떤 집단이나 세력도 맡지 못할 혁명의 핵심적 역할을 하고 있다는 것이다.

이런 '선군후로' 사상에 근거한 선군정치에 대해 김정일 위원장은 "인민군대를 무적필승의 강군으로 만들어 조국을 보위하며 인민군대를 핵심으로, 본보기로 하여 혁명의 주체를 튼튼히 꾸리고 인민군대를 혁명의 기둥으로 하여 전반적 사회주의 건설을 힘있게 다그쳐나가는 정치방식"이라고 정식화했다.[15] 인민군대 강화를 중심고리로 세 가지 과제, 즉 조국을 지

---

12 정성장, '김정일 시대의 정치체제 특징 연구'(통일부 2003년 정책연구과제), 18쪽.
13 조선로동당출판사, 위의 책, 234쪽.
14 위의 책 235쪽.

키고, 혁명의 주체를 강화하며 사회주의 건설을 실현한다는 것이다.

그렇다면 선군정치의 중심고리이자 출발점인 인민군대 강화는 어떻게 이룰 것인가? 북에선 수령(최고지도자)와 당의 명령·지시만을 믿고 따르는 군대를 강군이라고 본다. 그래서 수령과 당에만 충실한 군대를 만들려 한다. 수령결사옹위정신를 강조하는 이유이다. 이어 군대를 정치사상적, 군사기술적으로 튼튼히 준비하는 것이다. 관병일치와 군정(군사와 정치) 배합을 실현하고 전군 간부화 및 현대화를 견지한다. 다음은 사회에 군사중시 기풍을 확산시킨다. 여기서 기본은 군대 지원사업이다. 그리고 현대적이고 강력한 국방공업을 건설한다. 군수생산을 정상화하고 군수품의 질을 높인다는 것이다.[16] 이런 선군정치론은 김정일 위원장이 사회주의 역사상 처음 정립했다.

이렇게 1995년 벽두부터 집중적인 지도사업으로 선군정치의 기반을 다진 김 위원장은 3년여 뒤인 1998년 9월 8일 최고인민회의 제10기 1차 회의에서 헌법 개정으로 북의 정치, 경제, 군사 등 모든 분야를 통솔하는 국가중추기관으로 격상된 국방위원회의 위원장으로 추대된다. 국가 최고 직책에 오른 것이다. 조선로동당 총비서로 추대된 지 근 1년 만이다.

---

15 위의 책 283쪽.
16 김일성방송대학, 〈상식수첩, 선군정치 문답집(1)〉(2007), 14~15쪽.

5 광명성 1호 발사와 '첨단을 돌파하라'

1998년 8월 31일 정오께 북이 미상의 비행체를 발사하자 미국과 일본은 일제히 '대포동 1호' 미사일을 시험발사했다며 발끈했다. 미국은 "이번 발사를 심각한 사태발전으로 본다"(국방부 대변인)고 했고, 일본은 "매우 중대한 사태이고 유감스러운 일"(관방 부장관)이라고 볼멘소리를 하며 한반도에너지개발기구(KEDO)의 대북경수로 재원분담 결의안 서명을 유보했다.[1] 그러자 북의 아시아·태평양평화위원회는 9월 2일 담화를 내 "최근 며칠째 일본에서는 우리가 장거리미사일을 시험발사하였다 하여 마치 제집 기둥이라도 무너져나간 것처럼 소란스럽게 떠들고 있다"며 "이것은 우리의 자주권에 속하는 문제로서 우리가 알아서 처리할 문제"라고 일축했다.[2] 미사일 발사를 인정하는 듯한 뉘앙스였는데 극적인 '반전'은 이틀 뒤 일어났다.

9월 4일 북의 〈중앙방송〉은 "우리 과학자들이 다기관 운반로케트로 첫 인공지구위성을 궤도에 진입시키는데 성공했다"며 "운반로케트는 8월 31일 12시 7분에 함북 화대군 무수단리의 발사장에서 86도 방향으로 발사돼 4분 53초만인 12시 11분 53초에 위성을 정확히 진입시켰다"고 발표했

---

1 '美 '심각한 사태' 규정/ 日 KEDO 분담금 유보'(〈경향신문〉 1998년 9월 1일자)
2 '北 "미사일 발사는 자주권"'(〈경향신문〉 1998월 9월 3일자)
3 '북 "인공위성 발사 성공"/ 외교부 "대포동 미사일 아닌 위성" 공식발표'(〈한겨레신문〉 1998년 9월 5일자)

북이 공개한 '백두산 1호' 로켓 발사 모습과 인공위성 '광명성 1호'의 모형 〈자주시보〉, 〈통일뉴스〉

다.³ 미사일이 아닌 인공위성이란 얘기다. 위성 이름은 '광명성 1호', 로켓은 '백두산 1호.'

남측 언론에선 "충격적"이란 반응이 나왔다. 〈중앙일보〉는 9월 5일자 사설에서 "'북한 인공위성'은 그 존재가 사실이라면 동북아시아에 또 다른 충격적인 변수로 등장하게 된다. 제한된 분야이기는 하나 북한이 이 정도의 기술 수준에 도달해 있다면 쇼크가 아닐 수 없다"며 "인공위성을 쏠 정도라면 대륙간 탄도탄도 멀지 않았다는 뜻 아닌가"고 놀라워했다. 그도 그럴 게 당시 세계에서 자체 제작한 로켓으로 인공위성 발사에 성공한 국가는 6곳뿐이었다. 북이 7번째 '스페이스 클럽' 가입국이 된 것이다.

더욱이 당시 북은 고난의 행군에 이어 강행군 중이었다. '기아설', '붕괴설' 등이 여전한 때 첨단 과학기술을 동원해 '반전 드라마'를 보여준 것이다. 아흐레 뒤 북의 '공화국 수립' 50주년을 염두에 뒀다고 해도 첨단 과학기술 분야에서 상당한 역량 축적이 필수인 위성 발사이고 보면 이전부터 준

5. 광명성 1호 발사와 '첨단을 돌파하라'

비해왔음이다. 당시 북의 과학기술 개발과정을 살펴야 할 이유이다.

북은 김일성 주석 생존시인 1988년 7월부터 1994년 6월까지 1, 2차 과학기술 발전 3개년 계획을 진행했다. 고난의 행군 동안 중단됐다가 1998년부터는 다시 3년이 아닌 5년 단위로 과학기술 발전 계획에 나섰다. 그런데 고난의 행군 기간에도 첨단 과학기술 분야는 연구 개발을 계속한 것으로 보인다.

우주공학은 물론 기계공업과 전자공업 등 중공업의 핵심인 첨단 CNC[4] 기술개발이 대표적이다. 2011년 3월 북에서 출간된 〈장군님과 CNC〉에 따르면, 북이 CNC 기술개발에 착수한 것은 '광명성 1호'가 발사되기 6년 전인 1992년 7월 당시 김정일 비서가 김책공업종합대학의 연구사와 기술자들로 CNC 개발집단(팀)을 만들면서부터였다. 개발팀원들은 1980년대에 소재운반로봇을 만든 과학기술 인재들이었는데, 3년 뒤인 1995년 초에 4축 CNC 줄방전가공반[5] 시제품 2대를 제작하는 데 성공했다고 보도되었다. 2차 과학기술 발전 3개년 계획 기간 중 연구개발에 착수해 고난의 행군이 한창이던 1995년 초 임무를 완수했다는 것이다.

북은 〈장군님과 CNC〉 책자 발행 이전엔 주로 인공위성을 발사한 뒤 자기네 CNC 기술 수준을 하나씩 공개했다. 광명성 1호 발사 이후인 2001

---

[4] Computer Numerical Control(컴퓨터수치제어)의 약자. 북에선 '콤퓨터수자조종'이라 부른다. 선반 등 공작기계에 부착된 컴퓨터(컨트롤러)에 프로그램을 입력하면 정밀, 고속, 자동생산이 가능한 첨단 공작체계를 가리킨다. CNC 기술에선 정밀도가 핵심인데 북에선 2000년대 이래 0.1㎛ 정도의 초정밀가공이 실현됐다고 한다. 0.1㎛의 정밀도는 눈에 안 보이는 세균을 여러 조각으로 얇게 잘라내는 수준이라 한다.(4.27시대연구원, 〈북 바로알기 100문100답〉(사람과사상, 2019), 314~315쪽.)

[5] 남측에선 '와이어컷방전가공기'라고 부르며 아주 복잡한 모양의 금속도 금방 오려낼 수 있다고 한다.

CNC 공작기계 전경과 노래 〈돌파하라 최첨단을!〉 영상 〈조선의 오늘〉

년 1월엔 CNC '구성-10호'의 존재를 알렸고, 광명성 2호를 쏜 4개월 뒤인 2009년 8월 〈로동신문〉 정론 '첨단을 돌파하라'에서 5축 CNC 개발 사실을 전했다.[6] 특히 2009년 광명성 2호 발사에 성공한 뒤 북에선 "CNC 기술의 패권을 쥐는 것과 같은 경이적인 사변이 일어나 주체조선의 위력을 온 세상에 높이 떨칠 수 있게 되었다"고 높게 평가하기도 했다.[7]

이후 북의 〈조선중앙통신〉은 2010년 9월 11일 련하기계관리국이 9축 선

---

[6] 강호제, 〈과학기술로 북한 읽기1〉(알피사이언스, 2016) 225쪽. CNC는 5축, 7축 등 동시 작동하는 가공축 숫자가 많을수록 고급기술인데 타원은 물론 임의의 복잡 곡면까지 가공할 수 있다.

[7] 조선로동당 당력사연구소, 〈조선로동당력사 2〉(조선로동당출판사, 2018) 311쪽. 'CNC 기술 패권'이란 표현은 〈조선통사(하)〉(개정판) 505쪽에도 나오는데 9축 CNC 제작 성공을 가리키는 것 같다.

삭가공중심반 제작에 성공했다고 보도한 데 이어 2012년 말엔 "구성공작기계공장이 100% 자체의 힘과 기술로 설계·제작된 고성능 CNC 공작기계인 10축 복합가공반을 만들었다"고 알렸다.

광명성 1호를 통해 처음 공개된 북의 로켓 제작기술도 이후 꾸준히 발전해 2016년 광명성 4호 때는 선진국 수준에 이르렀다고 한다. 광명성 1호가 큰 이심률(eccentricity)[8]의 타원궤도(최단거리 218.82㎞, 최장거리 6978.2㎞)를 돌았던 데 비해 광명성 4호는 확연히 원궤도(근지점 494.6km, 원지점 고도 500km)로 바뀌었다. 우주 선진국들도 처음엔 시험위성들을 타원궤도에 올렸다가 점차 원궤도로 올리게 됐다고 한다. 그런데 로켓 제작기술은 사실 국방공업의 장거리미사일 제작기술과 직결된다. 1998년 '백두산 1호' 발사를 접한 중앙일보가 "인공위성을 쏠 정도라면 대륙간 탄도탄도 멀지 않았다는 뜻 아닌가"고 놀라워한 것도 그래서다. 그렇고 보면 2017년 11월 사정거리 1만3,000km 이상인 대륙간탄도미사일(ICBM) '화성-15형' 발사 성공으로 북이 선포한 '핵무력 완성'은 9년 전 이때부터 준비됐다고 보겠다.

위성제작 기술도 마찬가지다. 주목할 것은 궤도 경사각(orbital inclination)이 갈수록 커진 점이다. 애초 광명성 1호와 2호의 궤도 경사각은 각각 40.2도와 40.6도였는데 광명성 3-2호부터 경사각이 97.4도로 2배 이상 커졌다. 궤도 경사각이 97.4도란 것은 적도에서 직각으로 세운 90도에서 오른쪽으로 7.4도 기울어졌다는 뜻인데 우주 선진국들이 쏴올린 관측위성의 궤도 경사각이 95~99도라고 한다.[9] 그 결과 국제사회도 2012년 광

---

8 궤도가 타원으로 찌그러진 정도를 말한다.(네이버 〈천문학 작은사전〉) 이심률이 작을수록, 즉 위성궤도가 원에 가까울수록 위성발사체 로켓의 추진력이 더 강해졌음을 뜻한다고 한다.
9 한호석, '수많은 사연 안고 위성궤도 도는 광명성-4호'〈〈자주시보〉 2016년 2월 15일자 '개벽예감'192)

광명성 3호 발사 〈로동신문〉

명성 3-2호부터는 북의 발사 성공을 인정하고 있다. 미국의 북미항공우주방위사령부(NORAD)도 광명성 3-2호에 고유번호(39026, KMS 3-2)를 부여했다.

CNC와 우주공학 외에 2000년대 들어 북이 대표적인 과학기술의 하나로 꼽는 분야는 핵물리학인데 특히 2006년 10월과 2009년 5월 진행한 지하 핵시험의 성공을 실례로 강조한다.[10]

> "미제를 비롯한 온갖 적대세력들의 로골적인 핵 선제공격 위협과 반공화국 고립압살책동이 극도에 달하던 시기에 100% 우리의 지혜와 기술에 의거한 두 차례의 핵시험에서의 완전한 성공은 강력한 자위적 국방력을 갈망해온 우리 인민에게 무적의 힘과 용기를 안겨주고 주체조선의 존엄과 위력을 온 세상에 남김없이 과시한 민족적 대경사였다.… 우리를 고립압살하려는 미제와 그 추종세력들에게 준엄한 철추를 내리고 세계평화와 인류의 자

---

[10] 북은 2006년 10월 첫 핵시험 당시 외무성 대변인 성명으로 사전 공지해 눈길을 끌었다. 이후 2017년 9월까지 모두 6차례 핵시험을 했는데 특히 6차 시험은 수소탄 시험이라고 했다.

주위업 수행에 떨쳐나선 세계 진보적 인민들에게 신심과 용기를 안겨준 력사적 사변이였다. 핵시험에서의 성공을 통하여 우리 당과 인민은 김일성민족, 김정일조선이 그 어떤 적과도 싸울 수 있는 강력한 자위적 핵억제력을 마련하였다는 것을 온 세상에 소리높이 선포하였다."[11]

그런데 북은 앞서 2005년 2월 외무성 성명을 통해 당시 6자 회담 참가의 무기한 중단과 함께 "우리는 이미 부쉬 행정부의 증대되는 대조선 고립압살정책에 맞서 핵무기전파방지조약에서 단호히 탈퇴하였고 자위를 위해 핵무기를 만들었다"고 핵 보유를 선언한 바 있다. 그러니까 핵 보유 선언이 있은 지 1년8개월만에 첫 핵시험을 단행한 것이다.

핵시험의 성공은 이런 정치군사적 의의뿐 아니라 당시 김정일 위원장이 주창한 선군정치의 장래 목표인 '사회주의강국(초기 표현은 강성대국)' 건설을 위한 3대(사상중시, 총대중시, 과학기술중시) 노선의 하나인 과학기술중시노선의 실현을 뜻하기도 한다. 당시 과학기술중시노선은 "현대적인 과학기술에 의거하여 강력한 군사력과 국가경제력을 훌륭히 마련할 수 있으며 나라의 정치사상적 위력도 더욱 강화할 수 있다"고 강조할 만큼 중시했다. 이는 또 경제건설과 관련해선 "국방공업을 우선적으로 발전시키면서 경공업과 농업을 동시에 발전시킬 데 대한 선군시대 경제건설로선"으로 구현되는데 앞서 본 첨단 CNC를 통한 우주공학과 로켓 기술은 물론, 핵물리학까지 모두 국방공업의 핵심 과학기술분야이다. 북이 이렇게 선군경제노선에서 국방공업을 강조한 이유는 "제국주의자들의 악랄한 고립압살책동에 의하여 전쟁의 위험이 항시적으로 떠도는 우리나라에서 조국과 민족의 자주권과 존엄을 지키자면 국방공업을 우선적으로 발전시키는 길밖에 다른 길이 없다"고 보았기 때문이다.[12]

11　조선로동당출판사, 〈조선로동당력사 2〉(2018) 299쪽.

김정일 국방위원장도 1999년이 시작하는 1월의 첫날 당중앙위원회 책임일꾼들과 담화(《올해를 강성대국 건설의 위대한 전환의 해로 빛내이자》)에서 이렇게 국방공업을 강조한 바 있다.

"군사를 중시하고 국방공업에 계속 큰 힘을 넣어야 합니다. 군사는 국사 중의 제일국사이며 국방공업은 부강조국 건설의 생명선입니다. 군사와 국방공업을 떠나서는 경제강국도 건설할 수 없으며 나라와 인민의 안녕도 생각할 수 없습니다. 우리나라에서는 군사가 첫째이고 국방공업이 선차입니다. 우리가 그동안 고생을 하면서도 국방력을 강화해 왔으니 그렇지, 그렇게 하지 않았더라면 벌써 미제국주의자들에게 먹히운 지 오랬을 것입니다."[13]

---

12 위의 책 279쪽, 297쪽.
13 조선로동당출판사, 〈김정일선집〉(증보판) 19권 448쪽.

6 두 차례 남북정상회담과 6.15·10.4선언

"남과 북은 역사적인 7.4남북공동성명에서 천명된 조국통일 3대 원칙을 재확인하면서 민족의 화해와 단합, 교류와 협력, 평화와 통일을 앞당기기 위하여 다음과 같이 합의하였다.

김정일 국방위원장의 초청에 따라 김대중 대통령이 금년 2000년 6월 12일부터 14일까지[1] 평양을 방문한다. 평양 방문에서는 김대중 대통령과 김정일 국방위원장 사이에 역사적인 상봉이 있게 되며 남북정상회담이 개최된다. 쌍방은 가까운 4월 중에 절차문제 협의를 위한 준비접촉을 갖기로 하였다."[2]

당시 남측의 박지원 문화관광부 장관(현 국가정보원장)과 북측 송호경 조선아시아태평양평화위원회 부위원장이 '특사' 자격으로 몇 차례 사전 접촉 끝에 "상부의 뜻을 받들어" 2000년 4월 8일자로 서명, 발표한 역사적인 첫 남북정상회담 개최 합의문 전문이다. 1994년 7월 한차례 무산됐던 회담이 이렇게 6년여가 흐른 뒤 결실을 보게 된 것이다.

첫 남북정상회담 개최와 관련해 북에선 "남조선 당국자(대통령)가 우리에게 평양방문 의사를 공식 표명하여왔다"고 남측이 먼저 방북 제안을 한 것으로 알렸는데[3] 회담 개최를 준비해온 박지원 장관은 한 강연에서 당시 대

---

1 애초 방북은 6월 12일부터였는데 공항 준비 등으로 북이 하루 연기를 요청해 6월 13일 이뤄졌다.
2 '역사적 합의, 그러나 왜 3일을 못 참은 것일까'(《오마이뉴스》 2000년 4월 10일자)

북사업에 열중이던 현대그룹쪽 제안과 소개가 계기였다고 밝힌 바 있다.[4]

남측에선 또 그해 2월 9일 김대중 대통령이 일본 TBS-TV와 회견에서 김정일 국방위원장을 "지도자로서 판단력과 식견을 갖추고 있는 것으로 안다"고 평가하자 여러 채널을 통해 각종 제의를 해오기 시작했다는 언론보도도 나왔다.[5] 김 대통령이 '북의 붕괴'를 기대하던 전임자와는 다른 대북관을 갖고 있다고 북이 판단했을 수도 있는 대목이다. 실제 김정일 위원장은 김 대통령 집권 초인 1998년 4월 "남조선 당국자들이 정책전환을 하여 반북대결정책을 련북화해정책으로 바꾼다면 북남관계가 신뢰와 화해의 관계로 발전하게 될 것이며 민족적 단합과 조국통일을 실현하는 데서 새로운 국면이 열리게 될 것"이란 입장을 밝힌 바 있다.[6] 앞서 1996년 11

조국통일 3대헌장 기념탑 〈통일뉴스〉

---

3   사회과학출판사, 〈조선통사〉(하)(개정판, 2016) 468쪽.
4   '박지원이 털어놓은 6.15 남북정상회담 막전막후'(〈프레시안〉 2008년 6월 11일자)
5   '남북 정상회담/ 6월 회담 이뤄지기까지'(〈한겨레신문〉 2000년 4월 11일자)
6   〈온 민족이 대단결하여 조국의 자주적 평화통일을 이룩하자〉(1998년 4월 18일 열린 '북남련석회의 50돐 기념 중앙연구토론회'에 보낸 서한)

월 판문점의 '김일성 주석 친필비'를 찾았을 땐 김 주석이 제시한 조국통일 3대 원칙(자주·평화·민족대단결)과 고려민주련방공화국 창립방안, 그리고 전민족대단결 10대 강령을 '조국통일 3대 헌장'이라 명명하는 등 '통일유훈' 관철을 강조하기도 했다.

역사적인 첫 남북정상회담은 김정일 위원장의 예정에 없던 공항영접으로 이뤄진 남북정상의 극적인 첫 상봉, 뜨거운 악수와 포옹을 TV 생중계로 지켜보며 눈시울을 붉힌 남북, 해외 온 겨레의 감격과 박수 속에 시작됐다. 김 위원장은 또 숙소인 백화원 영빈관으로 이동하는 김 대통령을 위해 준비된 리무진 승용차에 동승하는 파격을 보였으며 평양 연도에 나온 수많은 북녘 동포들은 김 대통령과 수행단을 열렬히 환영했다.

절정은 이튿날 오후 단독 정상회담과 뒤이은 만찬이었다. 백화원 영빈관에서 저녁까지 진행돼 도출된 회담 결과는 밤늦게까지 문구 조정을 거쳐 선언문으로 확정됐다.[7] 특히 만찬 도중 문구 조정이 최종 마무리되자 김 대통령은 김 위원장의 손을 잡고 높이 들며 최종 합의 사실을 수행원들에게 알려 큰 박수를 받았다. 그런데 만찬장에 사진기자들이 없던 터라 역사적인 남북정상의 합의 장면을 카메라에 담지 못했다. 그러자 김 위원장이 "그럼 우리 배우 노릇 한 번 더 합시다"는 우스개로 분위기를 이으며 기자들을 불러 두 정상이 손잡은 모습을 영상에 담게 했다고 한다. 이에 앞서 김 위원장은 이희호 여사가 주빈 식탁에서 안 보이자 "김 대통령께서 평양에서 흩어진 가족이 되면 되겠느냐"고 농담하며 자리를 배려해 웃음과 눈길을 끌기도 했다. 두 정상의 6.15공동선언문 최종 서명은 회담 장소인 백화원에서 이뤄졌다.[8]

---

[7] 박지원 장관에 따르면 회담은 14일 밤 열렸지만 북측 제안으로 공식 발표일인 15일을 합의 날짜로 정했다고 한다.

2000년 6.15 공동선언과
시드니 올림픽 남북공동입장
〈통일뉴스〉

이렇게 분단사상 처음 남북정상이 합의한 6.15공동선언은 다른 무엇보다 평화통일 실현에 필수불가결한 요소들을 함축한 역사적인 문서라는 점에서 의의가 남다르다. 1항에서 "나라의 통일문제를 그 주인인 우리 민족끼리 서로 힘을 합쳐 자주적으로 해결"키로 해 통일의 주체가 우리 민족이란 점, 그리고 단결하고 외세의 간섭 없이 자주적으로 통일을 이뤄야 함을 분명히 했다. 또 2항에서 "남측의 연합제 안과 북측의 낮은 단계의 연방제 안이 서로 공통성이 있다고 인정하고 앞으로 이 방향에서 통일을 지향"키로 한 것은 사상 처음으로 단일 통일방안 마련의 물꼬를 튼 의미를 갖는다. 남북이 합의 가능한 통일방안을 찾을 수 있다는 다짐이다. 그렇다고 현안을 가볍게 대하지도 않았다. 3~5항에서 이산가족과 비전

---

8 정창현, 〈CEO of DPRK 김정일〉(중앙북스, 2007) 94~97쪽.

향장기수 송환문제 해결, 민족경제의 균형적 발전을 위한 경제협력, 사회 여러 분야의 교류협력을 통한 신뢰 증진 등을 "조속히 실천에 옮기기 위하여 빠른 시일 안에 당국 사이의 대화를 개최"키로 해 장관급 회담 등을 예고했다.

6.15공동선언의 채택을 두고 북에선 "우리 민족끼리 힘을 합쳐 통일의 문을 열어나가는 것을 기본정신으로 하는 북남공동선언은 조국통일 3대 원칙에 기초한 민족자주선언, 민족대단결선언, 평화통일선언이며 21세기 조국통일의 리정표"라며 "북남공동선언의 발표는 조국통일운동 력사에서 획기적 전환을 가져온 분수령이였으며 민족적 화해와 단합의 새 시대를 열어놓은 경이적인 사변이였다"고 커다란 의의를 부여했다.[9]

정상회담 이후 남북관계는 급활성화됐다. 2000년 7월부터 장관급 회담이 열리고 8월엔 남측 언론사 사장단이 방북해 김정일 위원장을 면담한 데 이어 서울과 평양, 금강산에서 이산가족 상봉행사가 열렸다. 또 9월엔 비전향장기수 63명이 송환되고 10월엔 조선로동당 창당 55주년 경축행사에 참가하기 위해 남측의 민주노동당과 양대노총 등 14개 정당·단체 대표와 개별 인사들이 방북했다.

이 가운데 남북장관급 회담은 2007년 5월 21차 회담에 이르기까지 우여곡절을 겪으면서도 계속됐으며 남북경제협력에 관한 여러 합의를 일궈내기도 했다. 2000년 12월 4차 장관급회담에선 남북경협을 위한 4개 합의서를 채택하고 남북경제협력추진위원회를 구성, 운영하기로 합의했다. 남북경협추진위는 2007년 4월까지 모두 13차례에 걸쳐 회의를 계속했다.

---

9   사회과학원 력사연구소, 〈조선통사(하)〉(개정판)(사회과학출판사, 2016) 468쪽.

6.15선언을 계기로 본격화된 남북 경협의 대표 사업은 역시 개성공단과 금강산관광일 것이다. 2002년 11월 북의 최고인민회의 상임위원회가 개성공업지구법을 발표하자 이듬해 6월 개성공업지구 건설 착공식을 가진 데 이어 2004년 제품 생산을 시작하자 개성공단은 존재 자체가 '평화경제'의 상징이 됐다. 남측의 일부 수구보수세력은 개성공단을 '대북 퍼주기'라 폄훼했지만 실상은 '피오기'[10]임이 실증됐다. 개성공단보다 2년 앞선 1998년 바닷길로 시작된 금강산관광은 이후 군사분계선을 넘는 육로 버스관광으로, 그리고 중단되기 직전인 2008년 3월부터는 승용차 관광이 시범 허용됐다. 금강산관광의 특징은 민족의 명승절경 답사란 목적 아래 방북이 일반인에게 사실상 전면 허용된 첫 사례란 것이다. 금강산관광은 민족동질성 회복과 상호신뢰, 그리고 군사적 긴장 완화에 크게 기여한 것은 물론, 단순교역이나 임가공에 치중했던 남북경협을 서비스업까지 확대하고 본격 투자단계로 발전시킨 계기가 됐다.[11]

남북의 철도와 도로 연결사업도 진행됐다. 2002년 9월 북의 강원도 고성군 금강산청년역과 개성특급시 개성역에서 역사적인 남북철도 연결 착공식이 진행됐고 이듬해 2월엔 북녘 동해안 임시도로가 완공되어 금강산 육로 시험답사와 본 관광이 시작됐다. 또 같은 달 개성-문산 사이 임시도로가 개통돼 개성공업지구 건설을 위한 현지답사가 이뤄졌으며, 6월엔 동해북부선 철도(제진-감호 구간) 연결행사가 진행됐다.

---

10 "첫 생산품이 나온 2004년부터 2016년 폐쇄될 때까지 총생산액은 32억3,000만 달러, 우리 돈으로 3조6,000억 원에 이릅니다. 이를 위해 우리가 투자한 돈은 근로자들 임금과 그들의 간식 등 식자재까지 모두 포함해 총 900억 원이었습니다. 결국 30배가 훨씬 넘는 장사를 한 거지요."(4.27시대연구원, 〈북 바로알기 100문100답〉 302쪽)

11 2008년 박왕자씨 피격 사건으로 중단되기까지 금강산관광엔 193만4000여명이 참여한 것으로 집계됐다.(정영철 '평화경제의 구성, 개성공단과 금강산 관광의 의미', 2019년 10월 7일 개성공단·금강산관광 재개 범국민운동본부 발족식 토론회)

민간통일행사의 경우 주요 기념일을 계기로 방문 행사가 계속됐는데 특히 6.15공동선언 5주년이자 광복 60주년인 2005년엔 남북의 당국과 민간단체들이 평양과 서울을 오가며 통일행사를 크게 치렀다. 평양에서 열린 6.15공동선언 5주년 민족통일대축전엔 남측 정부와 정당·시민사회단체들은 물론, 공안당국과 대법원에 의해 '이적단체'로 낙인찍혀 극심한 탄압을 받아왔던 조국통일범민족연합(범민련) 남측본부와 한국대학총학생회연합(한총련) 의장까지 참가했다. 그리고 김정일 위원장은 남측 대표단 단장이자 대통령 특사였던 정동영 당시 통일부 장관과 고 문익환 목사의 부인 박용길 장로(2011년 별세) 등을 접견하기도 했다. 광복절 60주년을 기념해 8월14~17일 서울에서 열린 8.15민족대축전엔 북측 대표들이 여러 행사와 모임에 참가했으며 통일축구경기 등을 함께했다. 북에선 6.15공동선언 이행 등을 위한 통일행사들에 대해 "온 겨레의 통일 의지와 우리 민족끼리의 리념의 생활력을 온 세상에 힘 있게 과시한 뜻깊은 통일축전으로서 우리 인민의 통일운동사와 6.15통일시대의 한 페지를 빛나게 장식하였다"고 호평했다.[12]

6.15공동선언을 계기로 남북관계가 이렇게 활성화됐지만 후속 정상회담은 감감무소식이었다. 김대중 정부의 '포용정책'을 계승한다는 노무현 정부가 2003년 2월 출범했지만 남북정상회담은 4년여 동안 열리지 않았다. 남측에서의 이른바 '대북송금 특검'[13] 논란과 2006년 북의 미사일 발사와 핵시험에 대한 유엔 안보리의 제재 등으로 지연돼오다가 2007년 8월 초

---

12 위의 책 527~529, 530~531쪽.

13 대북송금 특검 논란: 2000년 남북정상회담을 위해 북에 1억 달러를 지급했다는 의혹 사건으로 노무현 정부가 특검을 실시했다. 이후 정몽헌 현대그룹 회장이 자살하고 박지원 전 장관 등이 구속됐다.('대북송금사건 수사…'죄인' 아니라 통일일꾼이라 생각'〈한겨레신문〉 2016년 10월 5일자) 참조)

2007년 10.4 공동선언
행정안전부 대통령기록관
소장자료

에 전격 합의를 이뤘다. 한해 전 7월 회담 개최를 제안했던 노무현 정부가 1년이 흐른 시점에 다시 북에 고위급접촉을 제안해 결실을 본 것이다. 김만복 당시 국가정보원장은 2007년 8월 8월 기자회견에서 "남북정상의 상봉은 역사적인 6.15남북공동선언과 우리 민족끼리 정신을 바탕으로 남북관계를 보다 높은 단계로 확대 발전시켜 한반도의 평화와 민족 공동의 번영, 조국통일의 새로운 국면을 열어나가는 데서 중대한 의의를 가지게 될 것"이란 정상회담 관련 남북합의서를 공개했다. 그런데 이날 회견에서 2007년 8월 28~30일 평양 개최를 예고했던 정상회담은 북의 수해 탓에 10월 2~4일로 한 달여가 연기됐다.[14]

2007년 10월 정상회담에서도 김정일 위원장의 파격 제안과 행보는 계속 됐다.

회담 준비과정에서 남과 북이 최종 합의한 결과이지만, 10월 2일 노무현

---

14 정창현, 위의 책 20~21, 41~43쪽.

6. 두 차례 남북정상회담과 6.15·10.4선언   159

대통령 부부가 전용차를 타고 분계선을 넘어 육로로 방북한 것과 평양 시민들의 연도 환영 및 영접행사 등에 김 위원장의 아이디어가 담겼다고 한다. 북은 "(김정일 위원장은)수뇌상봉이 철저히 우리 민족끼리 하는 행사로 되게 하여야 한다고 하시면서 남측 일행의 출입 로정으로부터 연도 환영, 영접행사 등에 이르기까지 모든 것을 종래의 틀에서 벗어나 새롭게 우리 식으로 하도록 여러 차례 세심한 가르치심을 주시였다"고 알렸다.[15] 김 위원장은 또 환영행사 장소인 평양 4.25문화회관 앞 광장에서 직접 노무현 대통령 일행을 마중하기도 했다.

노무현 대통령과 김정일 위원장의 정상회담은 백화원 영빈관에서 3일 오전과 오후 두 차례 진행됐으며, 그 결과는 이튿날인 10월 4일 두 정상이 서명한 '남북관계 발전과 평화번영을 위한 선언(10.4선언)'이란 이름으로 발표됐다. 7년 전 사상 첫 남북정상회담의 합의문(6.15공동선언)이 5개 항에 600자를 조금 넘는 분량인 데 비해 두 번째 회담의 합의문(10.4선언)은 8개 항에 2,000자를 넘겼다. 그만큼 여러 분야에 걸쳐 구체적인 내용을 많이 담았다.

먼저 서문에서 "6.15공동선언의 정신을 재확인"한 두 정상은 "우리 민족끼리 뜻과 힘을 합치면 민족번영의 시대, 자주통일의 새 시대를 열어나갈 수 있다는 확신을 표명하면서 6.15공동선언에 기초하여 남북관계를 확대·발전시켜 나가기 위하여" 합의한 세부 사항들을 알렸다. 10.4선언 내용이 6.15공동선언의 구체적인 이행조치들임을 확인했다.

1항에서 거듭 "남과 북은 6.15공동선언을 고수하고 적극 구현해 나간다"고 천명하곤 이행 의지를 표명하는 차원에서 '6.15선언' 기념 방안을 강구

---

15 사회과학출판사, 〈조선통사〉(하)(개정판, 2016) 536쪽.

하기로 했다. 2항은 "사상과 제도의 차이"를 존중하고 "내부문제에 간섭하지" 않아 신뢰를 공고히 하면서 통일지향적 남북관계 발전을 위해 법·제도를 정비하기로 했다. 남측의 국가보안법과 북의 로동당 규약 개폐 문제를 우회해 제기했다고 봄직하다. 3항에선 "군사적 신뢰구축"을 위해 "불가침 의무를 확고히 준수"하고 "서해에서의 우발적 충돌방지를 위해 공동어로수역을 지정하고 이 수역을 평화수역으로 만들기 위한 방안"을 마련키로 했다. 4항은 "3자 또는 4자 정상들이 한(조선)반도지역에서 만나 종전을 선언하는 문제"를 추진키로 했는데 남북의 정상이 한반도 평화 실현에서 미국과 중국의 역할을 처음 명시한 것이어서 주목받았다. 이는 김정일 위원장이 회담 초반에 "조선전쟁에 관련 있는 3자나 4자들이 개성이나 금강산 같은 데서, 분계선 가까운 곳에서 모여 전쟁이 끝나는 것을 공동으로 선포한다면 평화문제를 논의할 수 있는 기초가 마련될 수 있다고 생각한다"고 제안해 의제가 됐다.[16]

5항에선 남북경협의 "민족경제의 균형적 발전과 공동의 번영"이란 목적과 "공리공영과 유무상통"이란 기본원칙을 합의하고 당면 사업과제들을 구체적으로 제시해 눈길을 끌었다. 서해평화협력특별지대 설치, 경제특구 건설과 해주항 활용, 한강하구 공동이용, 개성공단 2단계 착수, 개성-신의주 철도와 개성-평양 고속도로 개보수, 안변과 남포 조선협력단지 건설, 경협을 총괄할 남북경제협력공동위원회 등이 그렇다. 6항은 사회문화 분야의 교류협력을 명기했는데 특히 "백두산 관광" 실시를 위한 "백두산-서울 직항로" 개설을 부각했다. 7항에선 이산가족 상봉과 영상편지 교환, 자연재해 복구 협력 등 "인도주의 협력사업을 적극 추진"키로 했으며 8항에선 국제사회에서 "민족의 이익과 해외동포들의 권리와 이익을 위한

---

16 국가정보원, 〈'2007 남북정상회담' 회의록(10.2~4 평양)〉(2013년 6월 23일)

협력"을 강조했다.

이런 10.4선언에 대해 북은 "온 겨레의 통일 의지를 내외에 힘있게 과시하고 우리 민족끼리 힘을 합쳐 북남관계를 보다 높은 단계로 발전시키며 평화와 민족공동의 번영을 이룩하기 위한 구체적 목표와 과업을 밝힌 실천강령"이라며 "북남수뇌상봉과 10.4선언은 북남관계 발전과 평화번영의 새로운 국면을 열어 놓은 력사적 사변으로 되였으며 북남 사이에는 화해와 협력의 분위기가 더욱 고조되고 조국통일의 앞길에는 밝은 전망이 열리게 되었다"고 의미를 부각했다. 하지만 10.4선언 이듬해 2월 이명박 정부가 들어서 "집권 초기부터 6.15공동선언과 10.4선언을 전면 부정하고 반공화국 대결책동에 광분하면서 북남관계를 최악의 국면에로 몰아갔다"며 두 선언의 이행과 남북관계가 가로막힌 데 대해 아쉬워했다.[17]

---

17 조선로동당 당력사연구소, 〈조선로동당력사 2〉(조선로동당출판사, 2018) 320쪽.

7 강성국가론과 선군경제노선

"내 나라, 내 조국 땅 우에 하루빨리 사회주의 강성대국을 건설하여 그 어떤 적도 건드릴 수 없게 하며 전체 인민이 아무런 걱정 없이 행복하게 잘 살도록 하자는 것이 바로 나의 구상이며 확고한 결심입니다."[1]

'강성대국'[2]은 김정일 국방위원장이 2000년대를 앞두고 제시한 '국가목표'였다.[3] 위의 인용문도 김 위원장이 1999년의 첫날인 1월 1일 당중앙위원회 책임일꾼들과 한 담화 〈올해를 강성대국 건설의 위대한 전환의 해로 빛내이자〉에서 한 말이다. 김 위원장이 담화에서 "나는 오래전부터 위대한 수령 김일성 동지의 뜻을 받들어 강성대국을 건설하기 위한 구상을 해왔으며 그 준비를 갖추어 왔습니다"라고 한 것을 보면, 고난의 행군 이전부터 그려오던 '국가 청사진'임을 알 수 있다. 1998년 시작한 '강행군' 역시 마무리 국면이라고 판단해 이후 목표로 제시했다고 보겠다.

그럼 강성대국(이후 '강성국가'로 표현/ 편집자)은 어떤 나라인가? 김 위원장

---

[1] 김정일, 〈김정일선집〉(증보판) 19권(조선로동당출판사, 2013) 446쪽; 사회과학원 력사연구소, 〈조선통사(하)〉(증보판)(사회과학출판사, 2018) 481쪽 재인용.

[2] '강성대국'이란 표현은 2011년 하반기에 '강성국가'로 바뀐다. '대국'이란 표현이 '큰 나라' 또는 '대국주의'로 오해될 수도 있고, 국가목표가 '강성(强盛)'에 맞춰져 있음을 분명히 하려는 취지로 보인다.

[3] "사회주의강국 건설은 우리 당과 인민의 리상이고 투쟁목표이다."(조선로동당 당력사연구소, 〈조선로동당력사 2〉(조선로동당출판사, 2018) 277쪽)

은 담화에서 "국력이 강하고 모든 것이 흥하며 인민들이 세상에 부럼 없이 사는 나라"라고 정의했는데 북의 구체적인 설명은 이렇다. 먼저 "국력이 강한 나라"라고 한다. 국력이란 "나라의 전반적 위력"으로서 북의 기준에선 정치사상과 군사, 경제분야로 구성된다. 그래서 "우리가 건설하는 강국은… 사상강국, 군사강국, 경제강국"이라고 설명한다. 정치사상강국이자 군사·경제강국이란 얘기다. 이어 "모든 것이 흥하는 나라"인데, 달리 표현하면 "가까운 앞날에 국가와 사회의 모든 분야가 세계적 수준을 따라 앞서며 그것을 토대로 하여 끊임없이 빠른 속도로 륭성번영하는 나라"이다. 먼 미래가 아닌 시점에 모든 분야에서 빠른 속도로 세계를 앞에서 이끌며 발전하는 나라라는 것이다. 끝으로 "인민들이 세상에 부럼 없이 사는 나라"란 "인민들이 행복한 삶을 누리는 나라"인데 단순히 경제적 윤택을 보장하는데 그치지 않는다. 주체사상의 관점에서 "자주적이며 창조적인 생활을 참답게 보장해주는 나라"라는 것이다.[4]

그리고 이런 사회주의 강성국가(강국) 건설에서 지켜야 할 원칙은 ▲인민대중의 자주적 요구와 이익 옹호 ▲혁명과 건설에서 주체성과 민족성 구현 ▲사상·총대·과학기술 중시노선 견지[5], 이렇게 3가지라는데 실질적인 것은 사상·총대·과학기술 중시노선 견지라고 하겠다. 이 원칙은 사회주의강국의 세 가지 측면을 모두 함축하고 있다. 사상중시노선은 정치사상강국의 기본방침이고 총대중시는 군사강국 실현의 전제이다. 그리고 과학기술중시노선는 이른바 '첨단돌파전'이라 표현되는 경제강국 건설의 지름길이다.

그런데 북은 당시 1999년을 기준으로 정치사상강국과 군사강국을 이뤘

---

4 조선로동당 당력사연구소, 위의 책 같은 쪽.
5 위의 책 279쪽.

〈아리랑〉 집단체조 '강성대국의 대문을 열자' 〈유코리아뉴스〉 2011.12.28.

다는 입장이었다. 김정일 위원장도 위에서 인용한 1999년 1월 1일자 담화 〈올해를 강성대국 건설의…〉에서 "세상 사람들도 인정하는 것처럼 지금 우리의 정치사상적 위력과 군사적 위력은 이미 강성대국의 지위에 올라섰다고 볼 수 있습니다"라고 했다. 남은 과제는 경제강국 건설뿐이라는 얘기다. 북이 "경제건설은 사회주의강국 건설의 기본전선"[6]이라고 천명한 이유이다.

그래서 당시 선군정치가 한창이던 북은 그에 부합하는 새로운 경제건설노선, 즉 '선군시대 경제건설노선'을 제시했는데 "국방공업을 우선적으로 발전시키면서 경공업과 농업을 동시에 발전시킬 데 대한 경제건설로선"[7]이라고 한다. '중공업을 우선적으로 발전시키면서 경공업과 농업을 동시에 발전'시키는 북의 자립적 민족경제 건설노선에서, 선군정치를 펼치던 시대적 특성을 반영하여 중공업 대신 국방공업을 강조한 것이라고 볼 수 있다. 그렇다고 중공업의 우선순위가 뒤로 밀린 것은 아니다. 사실 국방공업을 구성하는 중심 분야가 중공업이다. 북이 "국방공업을 우선적으

---

[6] 위의 책 280쪽.
[7] 사회과학원 력사연구소, 〈조선통사(하)〉(증보판)(사회과학출판사, 2018) 494쪽.

로 발전시키면서 거기에 복무하는 중공업을 더욱 강화 발전시키는데 큰 힘을 놓도록 하였다"[8]고 밝힌 것도 그런 연유일 터다. 실질적으로는 중공업 발전을 내용으로 한 국방공업 강화전략이라고 할 수 있다. 북이 이렇게 국방공업을 강조한 것은 앞의 '광명성 1호 발사와…' 절에서 전했듯 "제국주의자들의 악랄한 고립압살책동에 의하여 전쟁의 위험이 항시적으로 떠도는 우리나라에서 조국과 민족의 자주권과 존엄을 지키자면 국방공업을 우선적으로 발전시키는 길밖에 다른 길이 없다"고 봤기 때문이다.[9]

북은 선군경제노선도 선군정치방식으로 구현해갔다. 경제건설에서도 인민군대를 앞세운 것이다. 먼저 김정일 위원장이 사회주의경제강국 건설에서 '주타격 전선'이라고 규정한 농업분야, 특히 식량문제 해결 전략으로 삼은 토지정리와 자연흐름식 물길 건설, 농촌지원사업 등에 힘을 쏟게 지도하였다. 토지정리사업의 경우 지난 1998년 10월 강원도를 시작으로 2002년 4월까지 북의 평야지대인 황해남도와 평안북도 등지에서 모두 18만여 정보를 800평, 1,000평, 1,500평 크기로 규격화했다고 한다.[10]

자연흐름식 물길 〈민족통신〉

자연흐름식 물길이란 저수지나 인공호수 등에 모아뒀던 농업용수를 별도의 동력 없이 농지에 댈 수 있도록 높은 데서 낮은 곳으로 완만한 기울기로 흐르게 만든 물길(수로)을 말하

---

8   조선로동당 당력사연구소, 위의 책 304쪽.
9   위의 책 297쪽.
10 '北 토지정리작업 의미 부각'(《연합뉴스》 2001년 11월 19일자)

희천발전소와 희천속도 〈우리민족끼리〉,〈통일뉴스〉

는데 취수원 이외 지역에선 특별히 전기를 쓸 일이 없는 것으로 알려졌다.[11] 북에선 2000년 4월 개천-태성호 물길공사를 시작(2002년 10월 완공)으로 백마-철산 물길(2003년 3월 착공, 2005년 10월 완공)과 미루벌 물길(2006년 3월 착공, 2009년 9월 완공) 공사에 잇따라 착수했는데 인민군 부대들은 특히 난공사인 물길 굴(터널) 공사를 맡아 큰 힘을 보탰다고 한다. 그런 결과 총연장 1만여km의 대규모 자연흐름식 물길을 만들어 "농촌경리의 수리화를 보다 높은 수준에서 실현하고 알곡 생산을 안전하게 늘일 수 있는 확고한 담보를 마련"했다고 북은 알렸다.[12]

인민군대는 또 전력문제를 풀기 위해 안변청년2호발전소(강원도)와 희천발전소(자강도) 등 대규모 수력발전소 건설에 이어 로현군민발전소와 상원군민발전소 등 중소형 수력발전소 건설에도 힘을 보탰다. 특히 희천발전소의 경우 10년 이상 예상됐던 룡림언제(댐) 공사를 3년 만에 끝냈다는데, 그 기간에 김정일 위원장이 8번이나 찾아가 군인들을 격려했다고 한다.[13]

---

11 4.27시대연구원, 〈북 바로알기 100문 100답(1)〉(사람과사상, 2019) 336쪽.
12 사회과학원 력사연구소, 위의 책 504쪽.
13 위의 책 496쪽.

북은 또 선군경제노선에 따라 국방공업 강화를 위해 우선 기계공업 발전에 집중했다고 한다. 본보기 사례로 꼽는 게 함경북도의 라남탄광기계련합기업소과 평안북도에 있는 구성공작기계공장의 현대화이다. 석탄 채취용 기계설비와 공구들을 제작하던 라남탄광기계련합기업소는 2001년 김정일 위원장의 지침을 받은 뒤 1년여 동안 무려 37차례나 실패를 거듭한 끝에 당시 일부 선진공업국들만 만들던 최신 유압설비(북에선 '선압기(metal-working machine)'라고 부름)를 자체 제작하고 부속 공장 2곳도 신설했다고 한다.[14] 라남탄광기계련합기업소의 모범사례는 조선중앙TV에서 〈열망〉이란 13부작 드라마로도 방송돼 인기를 끌었다고 한다.[15]

구성공작기계공장은 김정일 위원장이 2000년 1월 방문해 CNC 개발을 당부하자 1년 만에 자체의 설계와 기술, 자재로 '구성-10호'를 만들었다고 한다. 구성공작기계공장은 곧이어 다기능 공작기계 '구성185-160형 종합선삭반'과 그것의 개량형인 '구성125-160-3형' 제작에 착수해 짧은 기간에 완성한 것으로 알려졌다. 2001년 2월 공장을 찾은 김정일 위원장은 새로 개발한 선반으로 깎아낸 초정밀 부분품, 1000분의 1미리 수준의 정밀도를 자랑하는 제품을 보면서 "새 세기 첫해의 좋은 징조"라고 호평했다고 한다.[16]

전력공업부문에서 앞서 본 인민군대를 앞세운 대규모 수력발전소 건설과 함께 중소형발전소 건설을 군중적 운동으로 벌여 2001년 한 해 동안에만 림진강발전소, 성천강계단식발전소 등 98개의 중소형발전소를 건설했으며 2010년까지 금진강제6호발전소, 장강5호발전소 등 수백 개의 중

---

14 〈민족21〉 편, 〈실리 사회주의 현장을 가다〉(선인, 2006) 92~95쪽.
15 〈열망〉 전편은 유튜브에서 시청이 가능하다.
16 위의 책 47~48쪽.

소형발전소를 만들었다고 한다.[17]

또 금속공업부문에서 주체철 생산체계를 마련하는데 성진제강련합기업소를 앞세웠다. 그리고 3년여에 걸친 연구와 실험 결과 "산소용융에 의한 주체철 생산방법을 완성한 데 이어 100일도 안 되는 짧은 기간에 산소용융공정과 정련공정이 하나의 흐름으로 완결된 가장 선진적인 주체철의 의한 강철 생산법을 완성"해 "콕스(코크스)에 의한 재래식 제강법에 종지부를 찍고 우리나라에 무진장한 원료와 연료에 100% 의거하여 강철공업의 주체화가 빛나게 실현되게 되였다"고 알렸다. 북은 주체철 양산을 '야금혁명'이라고까지 호평했다.[18]

철도운수부문에선 직류식 전기기관차에 견줘 전동기 구조가 간단하고 제작원가도 싸며 전력 소비도 덜한 최신 교류식 전기기관차를 자체 개발해 가동했다고 한다. 또 객차를 현대화해 2002년 10월 혜산행 열차를 새롭게 단장한 것을 시작으로 평의선(평양-신의주, 평양 이북의 경의선 구간)과 평라선(평양-두만강, 평원선-함경선-청라선)에도 새 객차를 투입했다는 것이다. 더불어 철길 침목 교체작업을 벌여 2006년 한 해 동안에만 평양-신의주, 함흥-여해진 철길의 오래된 목제 침목을 콘크리트로 교체했다고 한다.[19]

농업부문 증산을 위해 주체농법에 따라 '적지적작(適地適作), 적기적작(適期適作)'[20] 원칙을 견지하면서 종자혁명과 감자농사혁명에 집중했다. 적지적작 원칙에 따라 량강도에선 감자를 주작물로 삼았고, 함경북도는 감자와 함께 약초 재배에 힘을 기울였으며 자강도의 경우 감자를 심으면서

---

17 사회과학원 력사연구소, 위의 책 498쪽.
18 위의 책 499쪽.
19 위의 책 500쪽.
20 알맞은 작물을 알맞은 땅에 심고, 적당한 시기를 따져 알맞은 작물을 심어 가꾸는 일.

뽕밭을 대대적으로 조성해 누에고치를 많이 생산했다는 것이다. 서해안 평야지대는 이전처럼 벼를 위주로 재배하되 북부산간지대와 동해안 냉해지대들에선 옥수수 대신 감자 등 생산성 있는 작물들을 재배토록 지도하였다고 한다.[21]

이런 적지적작을 통해 과거 농민들의 의사나 지역 특성에 상관없이 벼와 옥수수만 심던 "주관주의, 관료주의 농사"가 극복됐고, 또 적기적작을 위해 모내기와 김매기, 가을걷이 때엔 전민이 농촌에 총동원돼 일손을 도와 농업생산이 해마다 늘었다고 한다. 더불어 종자혁명으로 '강성1호' 등 비료가 적게 들면서 수확이 많은 품종, 생육기일이 짧고 추위에 잘 견디며 수확이 많은 품종, 가물과 비바람, 냉해와 병충해에 잘 견디는 품종들을 육종했다고 소개한다.[22]

그리고 경공업분야에선 기존 공장들의 개건현대화 작업과 함께 삼일포특산물공장이 식료공업부문의 본보기 공장으로 갖춰지고, 대동강맥주공장, 대흥단감자가공공장, 라선식료공장, 원산구두공장 등에서 자동화가 이뤄졌다고 한다.[23]

그럼 이런 선군경제노선으로 구현하려는 경제강국은 어떤 경제수준을 말하는 것일까? 북 사회과학원의 리기성 교수는 학술지 〈경제연구〉 2009년 1호에 기고한 〈현시기 사회주의 경제강국 건설의 주요 과업〉이란 논문에서 이렇게 밝혔다.

"현시기 경제강국 건설에서 나서는 중요한 과업은… 인민경제 모든 부문에

---

21 적지적작 농업의 대표 사례로는 동요 '대흥단 감자'로도 남측에서 화제가 되었던 량강도 대흥단군의 감자 농업을 들 수 있다.
22 위의 책 502~503쪽.
23 위의 책 501쪽.

서 최고생산 수준을 결정적으로 돌파하는 것이다. 경제강국 건설은 먼저 지난날 도달하였던 최고 생산수준을 돌파하고 다음에 그것을 능가하여 더 높은 고지를 점령하는 순차적 단계를 거치게 된다. 강성대국의 문어구에 이른 오늘 우리가 도달하여야 할 최고 생산수준은 사회주의 완전승리를 위한 물질기술적 토대 축성에서 커다란 진전이 이룩되었던 1980년대 중엽의 생산수준이라고 말할 수 있다. 이 시기에 우리나라는 전력, 금속, 석탄, 세멘트, 양곡 등 모든 중요 생산물에서 해빙후 최고 생산수준에 이르렀다."[24]

이는 1단계 목표가 1980년 중반의 생산수준에 도달하는 것임을 가리킨다.

북은 2000년대 들어 선군경제노선의 목표인 강성국가 건설에 매진했다. 강성국가의 진척 정도에 관해선 언론보도에서 상징적 표현법으로 알리기도 했다. 인공위성 '광명성 2호'를 발사한 직후인 2009년 4월 7일자 〈로동신문〉은 '강성대국 대문을 두드렸다'는 정론기사에서 '광명성 2호' 발사를 두고 "강성대국의 대문을 두드리는 승리의 첫 포성"이라고 의미를 부여했다. 이에 앞서 2007년 11월말 평양에서 열린 '전국지식인대회'에서 당중앙위원회 최태복 비서는 보고에서 "김일성 동지의 탄생 100돌이 되는 해에는 기어이 강성대국의 대문을 열자"고 제안한 바 있다.[25] 2008년 신년공동사설에서도 2012년을 강성대국의 대문을 여는 해로 선포했다. 당시 남측 언론들도 주목한 이른바 '2012년 강성대국 대문론'의 시작이었다. 앞에서 본 2009년 4월 7일자 〈로동신문〉의 '강성대국 대문을 두드렸다'도 그 연장선인 셈이다. 강성국가 진입을 눈앞에 두고 있다는 의미였다.

북의 강성국가 건설은 2020년대에 들어서도 현재진행형이다.

김정은 국무위원장은 집권시대의 문을 연 2012년 4월 15일 김일성 주석

---

24 양문수, '김정은의 강성국가 전략 지식경제강국' 토론문에서 재인용.
25 "'김일성 탄생 100돌 해에 강성대국의 대문을 열자"(〈통일뉴스〉 2007년 12월 1일자)

탄생 100주년 기념 열병식 연설 〈선군의 기치를 더 높이 추켜들고 최후승리를 향하여 힘차게 싸워나가자〉에서 다음과 같이 강조하였다.

> "세상에서 제일 좋은 우리 인민, 만난시련을 이겨내며 당을 충직하게 받들어온 우리 인민이 다시는 허리띠를 조이지 않게 하며 사회주의 부귀영화를 마음껏 누리게 하자는 것이 우리 당의 확고한 결심입니다.… 일심단결과 불패의 군력에 새 세기 산업혁명을 더하면 그것은 곧 사회주의 강성국가입니다. 우리는 새 세기 산업혁명의 불길, 함남의 불길을 더욱 세차게 지펴올려 경제강국을 전면적으로 건설하는 길에 들어서야 할 것입니다."[26]

그리고 김 위원장은 2021년 4월 29일 사회주의애국청년동맹 10차 대회에 보낸 서한 〈혁명의 새 승리를 향한 력사적 진군에서 사회주의애국청년동맹의 위력을 힘있게 떨치라〉에서 이렇게 알려 눈길을 끌었다.

> "우리 당은 앞으로의 5년을 우리식 사회주의 건설에서 획기적 발전을 가져오는 효과적인 5년, 세월을 앞당겨 강산을 또 한 번 크게 변모시키는 대변혁의 5년으로 되게 하려고 작전하고 있습니다. 그리고 다음 단계의 거창한 투쟁을 련속적으로 전개하여 앞으로 15년 안팎에 전체 인민이 행복을 누리는 륭성번영하는 사회주의강국을 일떠세우자고 합니다."[27]

앞으로 15년, "우리식 사회주의의 밝은 미래는 청년들의 것이고, 청년들 자신의 손으로 당겨와야 하는 성스러운 애국위업"인 만큼 사회주의강국 건설에 청년들이 앞장서주길 힘줘 당부한 것이다. 북이 2036년 열리는 11차 당대회에서 사회주의 강성국가의 완성을 선언할 수 있을지 주목된다.

---

26 김정은, 〈선군의 기치를 더 높이 추켜들고 최후승리를 향하여 힘차게 싸워나가자〉, 2012년 4월 15일.

27 김정은, 〈혁명의 새 승리를 향한 력사적 진군에서 사회주의애국청년동맹의 위력을 힘있게 떨치라: 청년동맹 제10차 대회에 보낸 서한〉(《로동신문》 2021년 4월 30일자)

'대지진' 같았던 7.1경제관리개선조치

"우리나라에 대지진이 일어났소."

북의 선군경제노선 가운데 안팎에서 특히 이목을 끈 것은 2002년의 이른바 '7.1경제관리개선조치'이다. 7.1경제관리개선조치(이하 7.1조치)가 단행되던 그해 7월 1일 〈조선신보〉 평양지국의 현지 직원은 출근하자마자 흥분된 어조로 이렇게 소리쳤다고 한다.[28]

'실리 사회주의'란 유행어를 낳기도 한 7.1경제관리개선조치에 대해 북에선 "사회주의 원칙을 확고히 지키면서 가장 큰 실리를 얻을 수 있는 경제관리방법"이라고 일컫는다. 여기서 실리란 "사회의 인적, 물적 자원을 효과적으로 리용하여 나라의 부강발전과 인민들의 복지증진에 실제적인 리득을 주도록 한다는 것"으로, "국가적으로나 개별적 부문, 단위들에서 생산과 건설, 기업 관리운영을 가장 합리적으로, 경제적으로 하여 나라와 인민에게 실제적으로 리익을 주는 것"이라고 한다.[29]

7.1조치의 핵심은 '가격조정'을 통한 사회주의 분배의 현실화라고 할 수 있다. 먼저 가격조정에 대해 보면, 당시 10전이던 버스(전차)요금이 2원으로 20배 오르고, 1kg당 8전 하던 쌀값이 44원으로 무려 550배나 올랐다. 생산직 노동자(탄광 제외) 생활비도 110원에서 2,000원으로 18배 올랐다. 그런데 북에선 이를 '(물가)인상'이라고 하지 않고 '가격조정'이라고 한다. 무슨 뜻이냐면, 북에선 이제껏 국가재정을 동원해 모든 재화를 저렴한 가격에 공급해왔다고 한다. 즉 나랏돈으로 물건을 먼저 구입한 다음 이를 낮은 가격에 다시 인민들에게 공급해왔다는 건데 이제 원래 가격으로 유통시킨다는 뜻이다. 가격 현실화인 셈이다. 북의 인민들은 자기가 구입하는 재화에 이런 국가의 혜택이 개입돼있는 줄 몰랐다고 한다. 사회주의 국가란 응당 그렇게 하는 것으로 알고 있었다고 한다.[30] 그리고 이렇게 오른 가격의 재화를 구입할 수 있도록 인민들의 생활비도 올렸는데 생활비는 또 노동의 특성과 기술 수준, 생산성 등에 따라 차등지급했다.

---

28 〈민족21〉 편, 〈실리 사회주의 현장을 가다〉(선인, 2006) 105쪽.
29 사회과학원 력사연구소, 위의 책 306쪽.
30 〈민족21〉 편, 위의 책 109쪽.

이런 국가 재정을 바탕으로 한 기존 '소비자 위주의 가격'은 공장·기업소들이 실리를 따지는 기초일 순 없다. 돈을 많이 벌지 않아도 공장·기업소가 유지되고 근로자들의 생활도 보장됐기 때문이다. 이런 국가 의존을 최소화해 인민 스스로가 사회주의 경제생활을 피부로 느끼며 직접 운영하는 주인이 되게끔 하는 게 7.1조치의 기본 취지라고 한다. 과거엔 국가가 주는 식권으로 언제든 옥류관에 가서 15원만 내도 냉면을 먹을 수 있었지만 7.1조치 이후론 150원을 내야 냉면을 먹을 수 있게 된 것이다. 옥류관의 봉사원들도 냉면을 더 많이 팔기 위해 서비스 자세가 달라졌다고 한다. 그래서 공장·기업소와 협동농장들에서 독립채산제[31]를 강화했다고 한다. 당연히 수입과 지출을 꼼꼼히 따지게 되니 엄정한 가격 설정이 전제일 수밖에 없다. 그리고 공장, 기업소들에서 독립채산제를 강화하려면 '생산자 위주'로 생산물의 가치에 상응한 가격과 생활비를 정해 그들의 일 욕심을 불러일으킬 필요가 있었다. 그래서 〈조선신보〉는 "7.1조치는 북측 인민들의 경제관념을 근본적으로 전환시키는 조치였다"고 풀이하기도 했다.[32]

가격조정에는 농민들의 호응이 특히 컸다고 한다. 그도 그럴 게 쌀 수매가격이 kg당 80전에서 500배 오른 40원으로 조정 폭이 가장 컸다. 수매를 통해 확보한 자금으로 협동농장이 생산에 필요한 자재, 원료 등을 구입하는 것은 물론, 농장원들에게 더 많이 분배할 수도 있게 된 것이다. 또 수매를 하고 남은 농산물은 이른바 '시장'에서 판매할 수도 있다. 협동농장 관리자들에게 '경영 마인드'가 생겼다고 한다.

이런 가격 현실화 조치는 외려 '(농민)시장'의 역할을 줄이는 계기가 됐다고 한다. 국정가격과 시장가격의 차이가 줄어들었기 때문이다. 시장 상인들은 이중가격에서 취하던 폭리를 더는 기대할 수 없게 된 것이다.[33]

그리고 독립채산제라고 해서 생산품목을 임의로 변경할 수는 없다. 신발을 생산하던 공장이 더 많은 실리는 얻겠다고 갑자기 의류를 만들겠다고 하는 것은 허용되지 않는다. 그보다는 신발의 질을 높이고 품종을 다양화하는 등 경영을 개선하는 게 공장은 물론 국가를 위한 실리를 얻는 방법이라고 본다.

---

31 공장·기업소와 협동농장이 모두 국가 또는 집단소유인 사회주의사회에서 독립채산제는 경영의 상대적 독자성을 뜻한다. 국가의 계획량(할당량)을 내고 남은 생산물에 대한 처분권 등을 공장·기업소와 협동농장 구성원들이 갖는 게 핵심이다(〈경제사전〉 참조).

32 위의 책 152쪽.

33 위의 책 111~112쪽.

김일성종합대학 경제학부 허재영 교수(재정금융학)와 렴병호 교수(경영학)는 2004년 〈조선신보〉 기자와 인터뷰에서 이렇게 말했다.

"리윤이 곧 실리가 아닙니다. 우리가 말하는 실리는 개별적 단위가 아니라 국가적 차원에서 즉 집단주의의 견지에서 추구해야 할 목표입니다." "공장·기업소가 수입을 늘이는 일이 인민대중의 리익에 이바지하도록 국가가 통일적으로 지도를 합니다. 개인 본위주의, 기관 본위주의로 나갈 여지는 없단 말입니다. 누구든 사회와 집단에 보탬을 주는 방향에서 자기의 창발성을 발휘해야 더 많은 분배 몫이 차례지게끔 체계가 꾸려져 있는 것입니다."[34]

7.1조치 이후 남측 언론에선 북 경제의 '인플레'를 기정사실화하는데 북에선 오해란 입장이다. 화폐유통을 조절하기 위해 은행기관이 분기마다 내각의 비준을 받아 현금의 유통과 대부계획을 세운다고 한다. 현금의 출입을 국가가 직접 관리, 조정한다는 것이다.[35] 또 북의 식량배급이 전면 중단됐다는 보도도 있었는데 사실이 아닌 것으로 드러났다. 북은 쌀과 옥수수 등 식량과 된장, 고추장 등 기초식품은 여전히 배급제를 하고 있다.[36]

---

[34] 위의 책 122쪽.
[35] 위의 책 154쪽.
[36] '北 인사 "식량배급 전면 중단 사실 아니다"'(〈연합뉴스〉 2004년 4월 9일자)

선군8경

북이 김정일시대의 대표적인 상징물로 꼽는 것이 '선군 8경'이다. 김정일 국방위원장이 선군정치를 하며 현지지도한 대표적인 장소 8곳을 가리킨다. 북에서는 김정일 위원장의 선군영도를 통해 고난의 행군을 이겨내고 새로운 도약의 발판을 마련한 역사(이른바 '선군시대')를 자부하고 있으며, 이를 대표하는 여덟 곳을 선군 8경이라 이름하여 내세운다.[37]

한편 선군시대를 대표하는 풍경은 나날이 늘어[38] 최근에는 '선군 13경'이 되었다고 한다. 여기서는 처음 선정된 '선군 8경'만을 간략히 소개한다.

1. 백두산의 해돋이

백두산은 한반도에서 가장 높은 산이자 우리 민족의 영산으로 꼽힌다. 북에서는 특히 일제강점기 김일성 주석의 항일무장투쟁의 주무대이자 김정일 위원장이 태어난 밀영이 있다고 알려져 '혁명의 성산'으로 추앙한다.

---

[37] "경애하는 김정일 동지의 선군혁명령도로 력사에 있어 본 적이 없는 세기적 변혁이 이룩되고 산천도 더욱 훌륭히 변모되는 나날에 우리 군대와 인민은 주체조선의 억센 기상과 아름다운 모습이 어려있는 이채로운 풍치들 가운데서 '선군 8경'을 정하고 긍지 높이 자랑하고 있다." '위대한 시대가 낳은 조국의 자랑 '선군 8경''(<조선중앙통신> 2004년 7월 23일자)

[38] 선군 8경 이후 추가된 풍경으로는 류다른 콩 풍경, 미곡협동농장의 벼가을 풍경, 대동과수종합농장의 풍경, 희한한 철갑상어양어 풍경, 철령 아래 사과 바다 등이 있다고 한다. '철령 아래 사과 바다'(<조선의 오늘> 2015년 7월 2일자)

▷ 선군 8경 〈조선의 오늘〉

① 백두산의 해돋이 (량강도 삼지연군 백두산)	② 다박솔초소의 설경
③ 철령의 철쭉 (강원도 고산군-회양군 일대)	④ 장자강의 불야성 (자강도 강계시)
⑤ 한드레벌의 지평선 (평북 태천군 은흥협동농장)	⑥ 대홍단의 감자꽃바다 (량강도 대홍단군)
⑦ 범안리의 선경 (황북 서흥군 범안협동농장)	⑧ 울림폭포의 메아리 (강원도 천내군 동흥리 울림폭포)

2. 다박솔초소의 설경
다박솔초소는 1995년 정초에 김정일 위원장이 현지지도한 군부대이다. 앞의 4장에서 다뤘듯 북에선 김 위원장이 다박솔초소 현지지도로 선군정치를 시작했다고 소개하는데, 당시 설경을 김 위원장의 신념과 불굴의 의지가 어린 장면이라고 의미를 부여한다. 다박솔초소의 공식 부대 이름과 위치는 알리지 않았다.

3. 철령의 철쭉
철령은 북의 강원도 고산군과 회양군 사이에 있는 험준한 고개이다. 봄철 철령에 흐드러지게 핀 철쭉을 선군 8경의 하나로 꼽은 것은 김정일 위원장이 최전방 군부대를 현지지도하고자 수차례 위험한 철령을 넘은 사실을 기리기 위해서라고 한다.

4. 장자강의 불야성
장자강은 압록강 지류로, 자강도 강계시를 관통하여 흐른다. 앞의 3장에서 봤듯 강계시와 자강도는 북에서 고난의 행군 극복의 본보기 지역이다. 자강도 인민들이 불굴의 투쟁정신(강계정신)으로 장자강에 19개의 중소형 발전소를 세워 자력갱생을 이룬 것을 높이 평가하여 선군 8경으로 선정되었다고 한다.

5. 한드레벌의 지평선
한드레벌은 평안북도 태천군 은흥리에 있는 은흥협동농장의 논밭인데 '웅덩이의 감탕(흙탕)물을 한 드레(두레), 두 드레 퍼올리며 고생스럽게 농사를 지었다'는 설화에서 유래한 명칭이다. 그렇듯 수천ha의 토지에 뙈기밭과 실개천, 논두렁 등이 무질서했는데 인민군대를 앞세운 토지정리와 관개사업으로 규격화된 농지로 말끔히 정비되었다고 한다. 북에서는 한드레벌 개간을 '나라의 부강발전을 위한 대자연개조사업이자 만년대계의 애국위업'의 대표사례로 자랑한다.[39]

6. 대홍단의 감자꽃 바다
대홍단군은 량강도 동북단에 있는 고장으로 고산지대인 개마고원의 일부이다. 항일무장투쟁 시기 대홍단 전투(1939년 5월 23일)[40]가 벌어진 곳이기도 한데 김정일 시대의 농업혁명 방침인 '적지적작(適地適作)' 원칙에 따라 감자농사혁명을 대대적으로 벌였다고 한다. 그 결과 대홍단군은 북에서 대표적인 감자 주산지로 거듭났다. 6~7월에 펼쳐지는 '대홍단의 감자꽃 바다'는 감자농사혁명의 성공을 상징하는 풍경이라고 하겠다.[41]

---

39 '력사의 대명사 - '한드레벌''(<우리민족끼리> 2021년 5월11일자) 참조.
40 김일성, <세기와 더불어(계승본)> 7(조선로동당출판사, 1997), 124~137쪽 참조.

7. 범안리의 선경

범안리의 선경은 황해북도 서흥군 범안리 범안협동농장 일대의 풍경을 이르는 말이다. 농촌문화주택과 탁아소, 유치원, 회관, 이발소 등 각종 문화봉사시설뿐 아니라 김정일시대 들어 양어장을 새로 꾸려 칠색송어(무지개송어), 기념어(백련어) 등을 양식하고, 리를 관통하는 서흥강에 수력발전소를 세워 마을과 양어장에 전기와 식수를 공급하고 있다고 한다. 북에선 범안리를 선군시대 사회주의농촌의 모범이자 '로동당시대 무릉도원이고 사회주의 선경'으로 꼽는다.[42]

8. 울림폭포의 메아리

울림폭포는 강원도 천내군에 위치한 75m 높이의 자연폭포이다. 1990년대 후반까지 울창한 수림과 절벽 속에 가려져 있다가 1999년 천내-마전간 도로 건설에 나선 인민군 장병들이 발견해 명승지로 개발되어 북을 대표하는 자연폭포의 하나로 손꼽힌다고 한다.[43]

---

41 '밭곡식 왕의 고장'(<조선의 오늘> 2015년 6월 8일자) 참조.,
42 "선군 8경' 범안리의 선경"(<우리민족끼리> 설명 참조.)
43 '울림폭포에 새겨진 '2001'이라는 수자에는 어떤 사연이 깃들어 있는가요?'(<메아리> 2019년 9월 30일자) 참조.

8 김정은 후계자 확정

2009년 들어 남측에서 '김정운'이네 '청년대장', '김대장'이네 하며 소문이 무성했던 북의 차세대 최고지도자가 외부에 처음 공개된 것은 2010년 9월 28일 평양에서 열린 조선로동당 제3차 대표자회에서였다.[1] 하루 전 김정일 국방위원장에게서 조선인민군 대장의 군사칭호를 받은 김정은의 이날 회의에 참석한 모습이 조선중앙TV를 통해 전 세계에 공개됐다. 김정은 대장은 대표자회에서 당중앙군사위원회 부위원장과 당중앙위원으로 선출되었는데, 특히 당 군사지도기관의 2인자로 이름을 올림으로써 당시 선군정치를 펼치던 김정일 위원장의 후계자임을 안팎에 알렸다.[2]

북에서 후계자는 "수령에 대한 끝없는 충실성, 뛰어난 사상이론적 예지, 탁월한 영도력, 고매한 덕성"이 기본 요건이고 "수령으로서의 자질과 인품이 있느냐에 따라 인민에 의해 '추대'되고 수령에 의해 '낙점'"된다고 한다.[3] 김정은 대장이 당중앙군사위 부위원장에 뽑혀 후계자로 공식화된 것은 이런 자질이 있음을 검증받아 인민에게 추대됐고 수령인 김정일 위원장에게 최종 인정받았다는 뜻이다. 이와 관련해 북의 사회과학출판사

---

[1] 조선로동당 규약에 따르면, 당대표자회는 당중앙위원회가 당대회와 당대회 사이에 소집할 수 있다. 당대표자회에선 당의 노선과 정책, 중요 전략전술 문제를 토의 결정하며 당 중앙지도기관 성원을 소환 또는 보충할 수 있다.(통일부 북한정보포털)

[2] 김정일 국방위원장은 1974년 2월 당중앙위원회 정치위원회 위원으로 뽑히며 후계자가 됐다.

[3] 김광수, 〈세습은 없다 : 주체의 후계자론과의 대화〉(선인, 2008) 195쪽.

가 2016년 펴낸 〈조선통사〉(하) 개정판에선 다음과 같이 알리고 있다.

현지지도에 나선 김정일 국방위원장과 김정은 대장 (2011.12) 〈조선의 오늘〉

"실생활을 통하여 경애하는 김정은 동지의 위인상과 업적의 위대성에 매혹된 전체 당원들과 인민군 장병들, 인민들은 김정은 동지를 위대한 장군님의 후계자로 끝없이 흠모하면서 여러 계기들에 김정은 동지를 높이 모시고 그이의 령도를 받들어 주체혁명위업, 선군혁명위업을 대를 이어 계승 완성해 나갈 불같은 맹세를 담은 편지를 보내여왔다. 특히 조선로동당 제3차 대표자회를 앞두고 김정은 동지를 당과 군대, 국가사업 전반을 맡아보는 공직에 추대할 것을 절절히 요구하는 청원편지를 수많이 보내여왔다."[4]

김정은 대장이 후계자로서 두각을 나타낸 때는 김일성군사종합대학을 졸업한 다음 김정일 위원장의 지시로 인민군대 지도사업을 맡으면서 부터로 보인다. 당시 선군정치에 힘 쏟던 김정일 위원장으로선 후계자의 군사분야 자질을 우선 확인하려 했을 수 있다. 북의 당 역사서인 〈조선로동당력사 2〉를 보면, 2007년부터 그의 활동과 업적을 담았는데 그해에 "인민군대에서 근위부대운동과 오중흡 7련대 칭호 쟁취운동을 밀접히 결합하여 더욱 힘있게 밀고 나가도록" 했다고 한다.[5] '오중흡 7련대 칭호 쟁취

---

4 사회과학원 력사연구소, 〈조선통사(하)〉(개정판)(사회과학출판사, 2016) 508쪽.
5 조선로동당 당력사연구소, 〈조선로동당력사 2〉(조선로동당출판사, 2018) 301쪽.

운동'은 김정일 위원장이 선군정치의 일환으로 1996년 발기한 대중운동이고 보면 '근위부대운동'은 김정은 대장이 새로 강조한 대중운동으로 보인다. 근위부대란 "당의 유일사상체계가 튼튼히 서고 당의 자위적 군사사상과 군사로선을 관철하는 투쟁에서 특출한 위훈을 세운 조선인민군 부대, 련합부대들"에게 수여하는 칭호라고 한다. 1950년 전쟁 때 서울에 제일 먼저 입성했다는 '류경수 제105땅크사단'이 첫 근위부대이다.[6]

2009년에 들어선 활동 폭을 더 넓혔는데 4월 5일 북의 인공위성 '광명성 2호'를 미국이 요격하겠다고 경고하자 김정은 대장이 김정일 위원장의 지시를 받아 '반타격 사령관'으로서 북의 육해공군을 지휘한 것으로 알려졌다.[7] 5월 26일엔 "전법분야에서 혁명을 일으킬 데 대한 새로운 방침"을 내놓고 9월 15일엔 탱크를 만드는 한 군수공장을 찾아 직접 운전도 해보면서 탱크

2.8비날론련합기업소를 현지지도하는 김정일 국방위원장과 김정은 대장(2011.10) 〈우리민족끼리〉

---

6 '김정은 신년사가 강조한 '근위부대'란?'(〈조선펍〉 2015년 1월 2일자)
7 '김정은, 2009년 北 미사일 발사 현장 참관'(〈연합뉴스〉 2012년 1월 8일자)

의 전투성능을 증강할 방침을 제시했다고 한다. 11월 27일엔 한 해군부대를 지도하면서 함선의 기동력을 강화할 방도를 구체적으로 알려줬다고 한다. 이듬해인 2010년 5월엔 김일성군사종합대학 관계자들에게 "인민군대에는 장군님께서 잊지 못해하시는 일군들이 적지 않다. 그들 가운데는 고난의 행군, 강행군 시기 온갖 지혜와 열정을 다 바쳐 맡겨진 직책상 임무를 훌륭히 수행한 실력가, 실천가들도 있다"면서 "인민군대에서 그들이 지녔던 숭고한 정신세계와 투쟁기풍, 일본새를 적극 따라배우도록" 했다고 한다.[8]

그의 활동 영역이 군사분야 만은 아니었다. 김정일 위원장이 뇌혈관계 질환에서 회복한 2008년 하반기부턴 현지지도를 계속 수행했다고 한다. 그해 11월 김 위원장의 자강도 군수공업 부문과 군부대 방문을 수행한 데 이어 12월엔 자강도 희천청년전기련합기업소 자동차 조립장 현지지도와 사리원 미곡협동농장 현지지도에 함께했다. 이는 2010년 12월 공개된 〈조선중앙통신〉 사진에 '존경하는 김정은 대장 동지께서 현지지도하신 차 조립장, 주체97(2008년) 12월 20일'이라 적힌 현판이 노출되며 확인됐다. 이밖에 〈연합뉴스〉 등에 따르면, 김정은 대장은 2009년 4월 97주년을 맞는 태양절(김일성 주석 생일) 경축야회 기획은 물론, 4월 14일 저녁 김정일 위원장이 직접 참석한 전야제 '강성대국의 불보라' 행사를 주도했다고 한다. 또 그해 4월 시작돼 9월 중순에 마친 대중적 증산운동인 '150일 전투'도 지휘한 것으로 알려졌다.[9]

김정은 대장은 전사(병사) 생활도 했다. YTN 베이징특파원 출신인 김승재 기자는 〈인도에 등장한 김정은, 그 후의 북한 풍경〉이란 책에서 다음과 같이 알렸다.

---

8 〈조선로동당 력사 2〉(2018) 301~303쪽.
9 4.27시대연구원, 〈북 바로알기 100문100답(1)〉 37쪽에서 재인용.

"김정은은 젊은 시절 신분을 감춘 채 최전방부대에 신병으로 입소해 6개월 정도 고된 군생활을 체험했다. 지도자 수업 차원이었다. 일반 병사와 똑같이 불침번도 서고 얼차려까지 받았다. 6개월 군생활 동안 호위병 1명이 대동했을 뿐 해당 부대에서는 누구도 김정은의 신분을 몰랐다. 이렇게 군생활을 하다 보니 김정은은 내무반 생활과 초병 생활의 어려움과 열악함을 속속들이 알게 됐다."[10]

김정은 대장은 10대 때 '고난의 행군'을 겪으면서 김정일 위원장을 수행했던 것으로 보인다. 〈로동신문〉 2013년 1월 7일자 '우리가 사는 시대' 정론엔 김 대장의 당시 회고담이 이렇게 실렸다.

"나는 고난의 시기 전선시찰의 강행군 길을 끊임없이 이어가시는 장군님을 수행하면서 장군님의 조국과 인민에 대한 열렬한 사랑과 무한한 헌신성, 숭고한 인민적 풍모를 가슴 뜨겁게 새겨 안게 되었으며 장군님의 그 강행군 길에 나의 발걸음을 맞추어 나갔다. 나는 고난의 행군 시기 풋강냉이 한 이삭으로 끼니를 에울 때도 있었으며 거의 매일과 같이 줴기밥(주먹밥)과 죽으로 끼니를 에웠다. 나는 고난의 행군 전 기간 장군님을 모시고 인민들과 함께 있었고 인민들이 겪는 고생을 함께 겪었다. 만일 후날에 력사가들이 고난의 행군 시기 김정은은 어떻게 지냈는가고 물으면 나는 그들에게 떳떳이 말해줄 수 있다. 고난의 행군 시기 나는 호의호식하지 않았다. 나는 인민들과 같이 어렵게 살았다. 이에 대한 증견자들은 얼마든지 있을 것이다. 나는 앞으로도 고난의 행군 시기를 영원히 잊을 것 같지 못하다."[11]

김정은 대장이 후계자로서 자질을 갖춘 게 10대 때부터 김정일 위원장의 군부대와 인민생활 현장 등에 대한 현지지도를 수행한 것과 무관치 않음을 알 수 있다.

---

10 위의 책 38~39쪽에서 재인용.
11 한호석 통일학연구소 소장 '개벽예감'(45)(〈자주시보〉 2013년 1월 12일자) 재인용.

김정은 대장의 고난의 행군 경험에 관해선 김정일 위원장이 직접 언급한 적도 있다. 김 위원장은 2011년 10월 8일과 급서 직전인 그해 12월 15일 당중앙위원회 책임일꾼들과 한 담화 〈백두에서 개척된 주체혁명위업을 대를 이어 끝까지 계승완성하여야 한다〉에서 이렇게 밝혔다.

> "김정은 동지는 우리 혁명이 가장 어려웠던 고난의 행군 시기에 인민들이 겪는 고생을 함께 겪으며 인생체험도 많이 하였습니다. 그는 인민들과 함께 고난과 시련을 헤쳐나가면서 혁명 동지와 인민에 대한 믿음, 주체혁명위업의 정당성에 대한 믿음을 더 굳게 간직하고 혁명가에게 있어서 사랑보다 더 위대하고 소중하며 힘 있는 것이 믿음이라는 철리를 가슴속 깊이 새겨 안게 되였습니다. 아마 김정은 동지는 고난의 행군 시기를 영원히 잊지 않을 것입니다."[12]

사실 이 담화는 김 위원장이 김정은 대장의 후계 승계가 원만히 이뤄지길 당부하는 게 핵심이다. 그래서 김 위원장은 담화에서 다음과 같이 강조했다.

> "김정은 동지는 문무를 겸비하고 있으며 선군혁명위업을 계승해나갈 수 있는 능력과 자질을 훌륭히 갖춘 다재다능한 실력가형의 지도자입니다.… 전당, 전군, 전민이 김정은 동지의 두리에 굳게 뭉쳐야 합니다.… 령도자를 중심으로 한 일심단결은 우리 혁명의 천하지대본입니다. 일심단결은 대를 이어 계승되여야 합니다. 김정은 동지를 중심으로 하는 당과 혁명대오의 일심단결을 확고히 실현하는 여기에 우리 혁명의 생명이 있고 승리가 있다는 것을 명심하여야 합니다."[13]

이밖에 담화에서 눈길을 끄는 건 김정은 대장의 별세한 어머니(고영희)에 관한 언급이다. 김정일 위원장은 특히 그의 가정교육에 대해 이렇게 말했다.

---

12 김정일, 〈백두에서 개척된 주체혁명위업을 대를 이어 끝까지 계승완성하여야 한다〉(《조선의 오늘》, 2011년 10월 8일·12월 15일)

13 김정일, 위의 글.

"김정은 동지가 출중한 자질과 풍모를 지닌 주체혁명위업의 계승자, 인민의 지도자로 되게 된 데는 그의 어머니의 남다른 노력과 공적이 깃들어있습니다. 그의 어머니는 김정은 동지를 조선혁명을 책임진 주인으로, 우리 조국의 미래를 떠메고 나갈 참다운 혁명가로 키우기 위하여 많은 품을 들였습니다. 그는 김정은 동지에게 어릴 때부터 군복을 해 입히고 총 쏘는 법도 배워주면서 군사적 기질을 키워주었으며 제 손으로 땅을 파고 물을 주며 나무를 정성껏 심게 하여 애국의 넋을 간직하도록 하였습니다. 김정은 동지가 어머니를 잊지 못하면서 가슴 뜨겁게 추억하고 있는 것은 당연한 일입니다."[14]

그런데 남측에선 김정은 대장의 후계자 확정을 두고 이른바 '3대 세습' 논란이 일었다. 김 대장이 김정일 위원장의 아들이었기 때문인데 이에 대해선 앞에서 인용한 김광수의 〈세습은 없다- 주체의 후계자론과의 대화〉를 참고할 필요가 있다. 김광수는 책의 보론 '혈통세습에 대한 북한적 반론'에서 "북한이 사회주의국가의 권력 승계과정을 철저히 분석하면서 그 반면교사로 '승계 순응'의 원칙을 세웠고, 후계자는 혈통에 의해 세습되는 것이 아니라 수령으로서의 자질과 인품이 있으냐에 따라 인민에 의해 '추대'되고 수령에 의해 '낙점'되는 것이라는 원리의 정립"을 이뤘다고 설명한다. 즉 "신망이 높고 뛰어난 인물이라도 선임자와 혈통이 같으면 후계자가 될 수 없다는 법도 성립되지 않고, 똑같은 논리로 제아무리 신망이 없고 무능한 인물이라도 선임자와 혈통이 같다면 무조건 후임자로 될 자격이 있다는 논리도 성립할 수 없다"는 것이다. 결론적으로 "북한에서 말하는 수령의 후계자 승계문제는 '혈통승계와는 아무런 인연이 없다'이다"라고 강조한다.[15] 후계자 선정 기준은 '자질'이지 '혈연'이 아니란 얘기다.

---

14 김정일, 위의 글.
15 김광수, 위의 책 195~197쪽

5

김정은시대와 인민대중제일주의
북미대결을 중심으로

2012~2021

이정훈

1 김정은시대의 출범, 2012년 4.15열병식

2011년 12월 17일 김정일 국방위원장이 급서하였다. 〈조선중앙통신〉은 이틀 뒤인 12월 19일 정오 "김정일 동지께서 주체100(2011)년 12월 17일 8시 30분에 현지지도의 길에서 급병으로 서거하시였음을 가장 비통한 심정으로 알린다"고 발표했다. 한반도와 동북아 정세가 출렁였다.

사회주의사회에서 최고지도자의 정치적 비중과 역할은 자본주의사회의 대통령이나 총리에 비할 바 없이 크다. 중국에서 마오쩌둥 사후나 소련의 스탈린 사후에서 봤듯 사회정치적 변화도 최고지도자의 사망 후 급격히 진행되는 경향이 많았다. 김정일 위원장 급서 이후 북은 과연 어떻게 될 것인가? 그것이 국제사회의 초미의 관심사였다. 북의 권력 승계는 누구에게 될 것이며, 그 과정은 순탄할 것인가? 북미간 핵 대결을 중심으로 한 군사적 긴장이 계속되던 김정일시대 핵 억제력 강화와 선군노선은 계속될 것인가? 이를 두고 세계는 북과 미국을 동시에 주목하고 있었다.

> "우리는 김정은 동지의 령도 따라 슬픔을 힘과 용기로 바꾸어 오늘의 난국을 이겨내 주체혁명의 위대한 새 승리를 위하여 더욱 억세게 투쟁해나가야 한다."[1]

이후 북은 김정은 당시 당중앙군사위원회(당군사위) 부위원장으로의 최

---

[1] '전체 당원들과 인민군 장병들과 인민들에게 고함'(〈조선중앙통신〉 2011년 12월 19일자)

고지도자 승계를 조선중앙통신을 통해 곧바로 공개하였다. 국가장례가 끝나자 북은 슬프지만 차분한 분위기 속에서 단결과 계승을 강조하며 후계절차를 신속히 진행하였다. 4개월 뒤인 이듬해인 2012년 4월 제4차 당대표자회와 뒤이은 최고인민회의 제12기 5차 회의에서 김정은 당군사위 부위원장은 당중앙위원회 제1비서와 국방위원회 제1위원장으로 각각 추대되었다. 당시 상황에서 당과 국가의 최고위직에 올라 권력승계를 마무리한 것이다.

북이 김정은시대의 기본 정책과 총노선을 공식적으로 밝힌 문헌은 이들 행사에 앞서 4월 6일 김정은 부위원장이 당 책임일꾼들과 나눈 담화〈위대한 김정일 동지를 우리 당의 영원한 총비서로 높이 모시고 주체혁명위업을 빛나게 완성해나가자〉와 태양절 100주년에 즈음하여 발표한 논문〈위대한 김일성 동지는 우리 당과 인민의 영원한 수령이시다〉이다. 특히 앞의 문헌에선 '김일성-김정일주의'가 처음 등장한다. 당의 지도사상인 기존 김일성주의를 김일성-김정일주의로 재정립한 것인데 이로써 광의의 주체사상을 일컫는 '주체의 사상과 이론, 방법의 전일적 체계'란 개념을 온전히 함축하는 명칭이 완성됐다고 하겠다. 당연히 당의 최고강령도 '온 사회의 김일성-김정일주의화'가 되었는데 김정은 부위원장은 문헌에서 "온 사회의 김일성주의화의 혁명적 계승이며 새로운 높은 단계에로의 심화발전"이라고 뜻을 풀었다. 그러면서 김 부위원장은 "우리는 김일성-김정일주의를 지도적 지침으로 하여 당건설과 당활동을 진행함으로써 우리 당의 혁명적 성격을 고수하고 혁명과 건설을 수령님과 장군님의 사상과 의도대로 전진시켜나가야 합니다"라고 강조했다.[2]

2012년 4월 11일 열린 조선로동당 제4차 대표자회는 김정일 위원장 급서

---

2 〈조선의 오늘〉 홈페이지 참조.

4.15열병식에서
연설 중인 김정은
제1위원장
〈로동신문〉

후 처음 소집된 대규모 공식 당행사였다. 특히 당규약을 개정해 김정일 위원장을 '조선로동당의 영원한 총비서'로 명문화했는데 이는 혁명노선의 계승 차원을 넘어 북한(조선)식 사회주의 정치방식의 특징을 잘 보여준다. 과거 사회주의국가의 어떤 집권당도 타계한 선대 지도자의 사상과 노선을 계승하는 차원을 넘어 생전처럼 그 직위를 규약에 계속 명시하는 경우는 없었다. 남측의 수구보수언론은 나이가 젊은 김정은 제1위원장이 아버지의 후광을 활용하려는 의도라고 해석했는데 북에 대한 이해 부족에서 비롯된 피상적 속단일 뿐이다. 선대 지도자의 직위를 규약에 명문화한 것은 북의 지도사상인 주체사상의 사회정치적 생명관에서 유래하는데, 지도자가 사망해도 그의 사회정치적 생명은 인민과 함께 영원하다는 관점과 입장을 구현한 북 특유의 정치방식이라고 하겠다. 이어진 최고인민회의에서 헌법을 개정해 서문에 김정일 국방위원장을 '영원한 국방위원장'으로 명문화한 것도 같은 맥락이다.

김정은시대의 총노선을 대외적으로 알린 계기는 김일성 주석 탄생 100주년 기념행사였다. 2012년 4월 15일 평양 김일성광장에서 열린 대규모 군 열병식에선 처음으로 도로이동식 8축16륜 대륙간탄도미사일(ICBM, 화성13호) 6기가 공개되었다.[3] ICBM이 등장하는 열병식을 지켜본 세계는 놀랐으며 미국 언론을 중심으로 북의 ICBM 진위논란이 벌어지기까지 했다. 북의 ICBM이 가짜라는 주장이었다.

국제사회는 김정은 제1위원장의 4.15열병식 연설을 통해 김정은시대의 정책 기조와 방향을 가늠할 수 있었다. 북은 이 연설로 시작되는 김정은시대를 '새로운 주체100년대가 시작되는 역사의 분수령'이라고 표현했다. 연설은 김정은시대 총노선의 기조를 담은 이정표로 기록되었으며 2021년 현재까지도 기조가 유지되고 있다. 연설문의 주요 내용은 다음과 같다.

> "위대한 김일성 동지와 김정일 동지께서 펼쳐주신 자주의 길, 선군의 길, 사회주의 길을 따라 곧바로 나가는 여기에 우리 혁명의 100년 대계의 전략이 있고 종국적 승리가 있습니다.… 위대한 김정일 동지를 우리 혁명의 영원한 수령으로, 조선로동당의 영원한 총비서로, 우리 공화국의 영원한 국방위원회 위원장으로 높이 모시였습니다. 이것은 위대한 김일성-김정일주의 기치를 높이 들고 백두에서 개척된 주체혁명위업을 한치의 드팀도, 한걸음의 양보도 없이 오직 수령님식, 장군님식으로 끝까지 계승 완성해 나가려는 우리 당과 군대와 인민의 확고부동한 의지의 표시입니다."[4]

김정은시대가 김일성-김정일주의 총노선의 '충실한 계승시대'임을 천명한 것이었다. 미국이나 서방이 희망하는 중국식 개방 또는 자본주의 수용

---

[3] 당시 도로이동식 대륙간탄도미사일(Road-mobile ICBM)을 만드는 나라는 북과 러시아, 중국 세 곳뿐이었다. 미국은 수직갱도 발사식이고 영국과 프랑스는 잠수함발사탄도미사일(SLBM)이었다.

[4] 김정은, 〈위대한 수령 김일성 대원수님 탄생 100돐 경축 열병식 축하연설〉(2012년 4월 15일)

등은 전혀 없으리란 선언이었다. 또 김정은시대에도 핵무력과 군사전략적 지위를 계속 강화하는 선군노선이 계승될 것임을 밝힌 것이다.

여기서 밝힌 북의 전략적 총노선은 크게 두 가지이다. 핵무력을 중추로 하는 '군력 강화'와 과학기술혁명을 핵심으로 하는 '새 세기 산업혁명'을 경제발전전략으로 강력히 추진하겠다는 내용이다. '새 세기 산업혁명'이란 북에서 처음 사용한 표현이다.

> "일심단결과 불패의 군력에 새 세기 산업혁명을 더하면 그것은 곧 사회주의 강성국가입니다. 우리는 새 세기 산업혁명의 불길, 함남의 불길을 더욱 세차게 지펴 올려 경제강국을 전면적으로 건설하는 길에 들어서야 할 것입니다."[5]

북이 '새 세기 산업혁명'[6]이란 용어를 사용한 것은 김정일시대부터였다.[7] 이 개념은 클라우스 슈밥(Klaus Schwab)이 2016년 세계경제포럼(World Economic Forum, WEF)에서 4차 산업혁명을 주창하기 몇 해 전부터 북에서 공식 사용한 용어이다. 이 개념은 남한이나 자본주의국가에서 사용하는 '4차 산업혁명'보다 더 포괄적이고 장기적인 전략적 성격의 산업혁명을 의미하는 것으로 보인다. 사회주의제도와 과학기술혁명의 결합을 통해 21세기 지식기반경제를 구축하여 새로운 도약과 경제부흥을 독자적인 힘으로 이뤄낸다는 경제건설전략이다. 새로운 구상이라기보다는 김정일시

---

5 김정은, 위의 글(2012년 4월 15일)
6 "새 세기 산업혁명은 본질에 있어 과학기술혁명이며 오늘의 시대는 노동력이나 자원이 아니라 과학기술지식이 경제발전의 기본 원동력이 되는 지식경제시대로 과학기술과 생산의 일체화, 지식의 산업화수준이 오르면 오를수록 경제발전의 질과 속도는 그만큼 높아지게 된다."(리기성, 〈지식경제시대와 새 세기 산업혁명〉(사회과학출판사, 2019) 참조)
7 〈통일뉴스〉가 2011년 10월 29일자 〈조선중앙통신〉을 인용해 보도한 '김정일 위원장, 자강도 현지지도… 김정은 동행' 기사를 보면 김정일 위원장이 희천련하기계종합공장을 현지지도하면서 '새 세기의 산업혁명'이란 표현을 사용한다.

4.15 열병식 사진들 〈로동신문〉

대에 마련된 경제발전전략과 사업기조를 한층 더 발전시켰다고 보겠다.

다음으로 주목을 끈 것은 평화에 관한 언급이었다. 특히 당시는 북의 인공위성 '광명성 3호' 발사(2012년 4월 13일)를 규탄하는 유엔 안보리 의장 성명이 준비되던 때였다. 이는 북의 대미, 국제 외교노선과 관련하여 의미 있는 시사점을 주었다.

> "강성국가 건설과 인민생활 향상을 총적 목표로 내세우고 있는 우리 당과 공화국 정부에 있어서 평화는 더없이 귀중합니다. 그러나 우리에게는 민족의 존엄과 나라의 자주권이 더 귀중합니다.… 우리 당의 강성국가 건설위업을 총대로 굳건히 담보해 나가야하겠습니다."[8]

북은 자체의 경제건설과 부흥을 위해 대외적으로 '평화적 환경'이 필요하다고 그 뒤에도 계속 주장하고 있다. 동시에 "평화가 귀중하다고 하여 구

---

[8] 김정은, 앞의 글.

걸을 하지는 않는다"면서 "도발자들이 조금이라도 우리를 건드린다면 추호도 용납하지 않고 무자비하게 쓸어버림으로써 공고하고도 영원한 평화를 안아오려는 것이 우리 군대와 인민의 허물 수 없는 철의 신념이며 의지"⁹라고 강조하였다.

북은 군사력 강화와 우주개발을 계속하였다. 경제건설과 평화가 아무리 중요해도 자주성을 유린하는 미국의 핵 위협과 평화적 우주개발 권리 제한, 대북 경제제재를 용인하지 않고 핵억제력과 군력을 계속 강화하는 병진노선을 추진하겠다는 예고였다. 이런 모순적 상황에서 북의 대외정책을 간략히 표현한 것이 위의 연설 내용이라고 하겠다.

북은 김정일 위원장의 급서로 인한 충격 속에서도 인민들의 불안과 정치적 동요는 전혀 없었으며, 빠르게 후계자 김정은 제1위원장을 중심으로 단합해가는 분위기였다. 〈조선로동당력사 2〉에 따르면, 국방위원장 급서를 알리는 중대보도가 발표되고 10여 일의 애도 기간 전국적으로 연인원 2억6,000여만 명이 평양과 전국 각지에서 조문하였다고 한다.¹⁰

4.15연설 이후 북은 충격과 국가적 슬픔을 넘어 젊은 후계자의 등장과 함께 새로운 기대와 희망의 분위기로 점차 변해갔다. 김정은 제1위원장은 연설을 "최후의 승리를 향하여 앞으로!"란 구호로 마무리했다. 김정은시대의 막이 올랐다.

---

9 '자주, 평화, 친선은 당과 정부의 변함없는 대외정책 리념'(〈로동신문〉 2017년 1월 4일자)
10 조선로동당 당력사연구소, 〈조선로동당력사 2〉(조선로동당출판사, 2018) 339쪽.

김정일 국방위원장 '영생'을 위한 추모사업들

북에선 김정일 국방위원장이 열차에서 '순직'했다고 한다.[10] 밤늦도록 일을 하다가 과로로 숨을 거뒀다는 것이다.

영결식은 2011년 12월 28일 평양에서 진행됐는데 영구차가 지나가자 연도에서 슬피 울던 인민들이 털외투를 벗어 도로를 덮는 모습이 TV로 중계되기도 했다. 추도대회는 이튿날인 12월 29일 평양과 각 도의 시·군들에서 엄수됐다.

김정일 위원장의 급서 소식에 세계 190여 개 나라와 유엔 등 국제기

김정일 국방위원장 영결식 장면 〈로동신문〉

구들이 애도의 뜻을 표하고 중국과 러시아, 쿠바, 시리아 등 120여 개 나라 정당 대표들과 국가 및 정부 수반들, 그리고 각계 인사들이 3,000여 건의 조전을 보내오고 북의 재외공관에 세운 김 위원장 초상화에 4,100여 개의 조화가 진정됐다고 한다.[11]

북의 최고인민회의 상임위원회는 2011년 12월 19일 김 위원장에게 조선민주주의인민공화국 영웅칭호를 수여하고 조선로동당 중앙위원회 정치국은 12월 30일 '위대한 령도자 김정일 동지의 유훈을 받들어 강성국가 건설에서 일대 앙양을 일으킬 데 대하여'란 결정서를 채택, 김 위원장의 '영생'을 위한 추모사업들을 결정했다. 2012년 1월 1일 '위대한 령도자 김정일 동지는 영원히 우리와 함께 계십니다!'는 구호를 제시한 데 이어 1월 12일 다시 정치국회의를 열어 김정일 위원장의 시신을 당시 금수산기념궁전에 안치하기로 하고 김 위원장의 생일인 2월 16일을 '광명성절'로 제정했다. 또 김 위원장 초상화와 동상, 그리고 영생탑을 전국 각지에 세우기로

---

10 위의 책 356쪽.
11 위의 책 360쪽.

했으며 금수산기념궁전의 이름을 지금과 같은 금수산태양궁전으로 바꿨다.[12] 금수산태양궁전은 김 위원장 1주기에 즈음해 개관했다고 한다. 그에 앞서 2월 3일 북의 최고훈장과 최고상으로 김정일훈장과 김정일상, 김정일청년영예상, 김정일소년영예상을 제정하고 김정일 위원장의 얼굴을 담은 초상휘장을 제작 보급하며 기념주화도 발행키로 했다. 이어 김 위원장이 당중앙위원회 사업을 시작한 6월 19일과 선군혁명영도를 시작한 8월 25일을 각각 기념일로 제정했다고 한다.[13]

또 김정일 위원장 탄생 70주년을 앞둔 2012년 2월 14일 조선로동당 중앙위원회와 당 중앙군사위원회, 조선민주주의인민공화국 국방위원회와 최고인민회의 상임위원회가 김 위원장에게 조선민주주의인민공화국 대원수 칭호를 수여하고 김일성 주석 탄생 100주년을 앞둔 그해 3월 27일 최고인민회의 상임위원회는 김 위원장에게 김일성훈장과 김일성상을 수여했다.

이어 그해 4월 11일 열린 조선로동당 제4차 대표자회에선 당규약을 개정해 김정일 위원장을 당의 영원한 수령, 영원한 총비서로 명문화하고 당을 '김일성, 김정일 동지의 당'이라 명명할 것을 결정했다. 이틀 뒤인 4월 13일 최고인민회의 제12기 5차 회의에선 사회주의헌법을 개정해 김 위원장을 '조선민주주의인민공화국의 영원한 국방위원장'으로 명시했다고 한다.[14] 4월 15일엔 만수대언덕에 김일성 주석과 함께 세운 김정일 위원장 동상 제막식이 열렸으며 그해 5월엔 교육과 보건, 환경보호 등 사회발전을 위한 사업에 이바지할 목적으로 설립한 국제김일성기금을 김일성김정일기금으로 확대 재편했다.[15]

---

12 사회과학원 력사연구소, 〈조선통사(하)〉(증보판)(사회과학출판사, 2018) 511~512쪽.
13 위의 책 513쪽.
14 위의 책 512쪽.
15 "'김일성김정일기금의 사명은 사회발전 위한 사업하는 것'"〈통일뉴스〉 2013년 9월 17일자)

2. 2013년 핵 전쟁위기와 3월 전원회의 '경·핵 병진노선' 결정

북의 권력승계가 김정은 제1위원장 취임으로 순조롭게 이뤄지던 당시 미국 오바마 정부의 대응책은 세상에 알려진 이른바 '전략적 인내(Strategic Patience)'였다. 일견 인내심을 갖고 상대의 변화를 기다리는 전략 정도로 생각하기 쉬운데 북의 판단은 달랐다. 권력교체기의 불안정성을 파고들어 더 강하게 북을 압박 봉쇄하고, 나아가 정권 전복(regime change)까지 추구하는 강화된 대북 적대정책이라고 본 것이다.[1]

이런 보이지 않는 긴장은 오래지 않아 북이 정전협정 백지화와 전시상황 돌입을 선언하는 지경에 이르러 지난 1994년 이래 최대 위기라 불리는 '2013년 한반도 전쟁위기'로 치달았다. 한반도에서 다시 전쟁이 일어난다면 어떤 수순과 양상으로 전개될지를 당시 상황이 실례로 보여줬다고 할 정도였다.

김정일 위원장 사망 이듬해인 2012년 7월 북은 이른바 '동까모(김일성 동상을 까부수는 모임)' 사건을 미국이 기획했다고 폭로했다.[2] '동까모' 주동자 전영철은 당시 평양 기자회견에서 자신들의 계획은 최종적으로 미국이 승인하여야 하고 미국이 자금을 댄다고 했다. 행동 개시 날짜는 2012년 2

---

1 조선로동당 당력사연구소, 〈조선로동당력사 2〉(조선로동당출판사, 2018) 389~390쪽.
2 '정치테로분자들은 오판하지 말라'(〈조선중앙통신〉 2012년 7월 20일)

최전연 부대를
시찰 중인
김정은 위원장
〈로동신문〉

월 16일(광명성절) 또는 4월 15일(태양절)로 정해졌으나 사전에 발각되어 결국 실패했다는 것이다. 주민들 시위와 소요가 없는 북에서 만들 수 있는 충격적이고 상징적인 사건이 바로 부서진 김일성 주석 동상을 인민들과 세상에 보여주는 것이라 판단한 것이다. 이를 계기로 북녘 사회에 혼란을 조성하려는 미국의 기도가 사전에 적발됐다고 당시 북은 보도했다.

이뿐 아니다. 이듬해인 2013년 12월 '국가전복 음모사건'이 발각되어 주모자인 장성택이 처형되었다. 그가 김정은 제1위원장과 인척관계여서 남측 언론이 더 놀라워했는데 당시 〈로동신문〉에 따르면, 장성택이 처형된 핵심 이유는 군대를 동원해 정변을 꾀했다는 것이다. 특별군사재판 과정에서 장성택은 정변의 대상을 '최고령도자 동지'라고 밝혔다. 재판 심리 과정에서 장성택은 인맥관계에 있는 인민군 간부들이나 보안기관 관련자들을 이용해 정변을 일으키려 했다고 진술했다. 그는 또 정변을 일으킨 다음 총리직에 오른 뒤 자기가 주도하는 새 정권을 외국으로부터 인정받으려 했다는 것이다.

당시 〈조선중앙통신〉은 "장성택이 미국과 괴뢰 역적패당의 '전략적 인내' 정책과 '기다리는 전략'에 편승하여 우리 공화국을 내부로부터 와해 붕괴시키고 당과 국가의 최고 권력을 장악하려고 오래전부터 가장 교활하고 음흉한 수단과 방법을 다 동원하였다"고 주장했다. 관련성을 직접화법이 아닌 '편승'이란 간접 표현으로 알렸지만 장성택 사건이 외부세력, 특히 미국의 '전략적 인내' 정책과 연관된 정권교체 기도사건임을 밝힌 것이다.[3]

두 사례가 모두 외견상 북 내부에서 벌어진 문제였다면 직접적인 격돌은 북의 우주개발을 빌미 삼은 미국의 군사적 압박 공세로 야기됐다. 미국이 북의 정권교체기에 있을 수 있는 정치 동요나 혼란을 예의주시하였음은 물론이다. 미국은 2012년 12월 북의 인공위성 '광명성 3-2호' 발사를 비난하며 유엔 안보리를 통한 제재로 북에 압박을 가한 데 이어 2013년 한미연합훈련의 강도와 규모를 전례 없이 증강했다.

"적들은 정치, 경제, 군사적 힘을 동원하여 우리 공화국을 고립압살하기 위한 책동에 미쳐 날뛰었으며, 그로 인하여 나라의

재판장에 나온 장성택 〈로동신문〉

---

[3] 〈조선로동당력사 2〉에선 장성택 사건을 1960년대 8월 종파사건과 대비해 '현대판 종파'라 규정했다. "장성택을 두목으로 하는 종파는 1950년대나 1960년대에 우리 당 안에서 나타났던 종파와는 완전히 색채가 다를 뿐 아니라 은폐되고 개량된 현대판 종파이다. 한마디로 말하여 지난 시기의 종파와 겉모양과 형식, 내용이 전혀 다른 다형화, 다색화, 지능화된 종파이다. 현대판 종파는 밖으로는 제국주의자들의 압력에 겁을 먹고 안으로는 부르죠아 사상문화에 오염된 타락한 사상적 변질체라는데 그 정체가 있다." 눈길을 끈 것은 장성택 사건에 대한 북의 대응 수순이 8월 종파사건 때와는 달랐다는 점이다. 8월 종파사건 때엔 '유일사상체계' 확립을 재발방지책으로 사건 이후 추진했는데 장성택 사건 때는 유일사상체계를 계승발전했다는 '유일영도체계' 확립을 사건 전에 추진했다. 김정은 제1위원장은 장성택 사건 6개월 전인 2013년 6월 〈당의 유일적 령도체계 확립의 10대 원칙〉을 발표했다. 유일사상·영도체계에 대한 여론을 환기해 장성택 사건의 심각성과 근본 원인을 미리 교양하는, 북측 표현으로 정치사업을 앞세우기 위한 수순이었다고 보겠다(조선로동당 당력사연구소, 위의 책, 385~389쪽).

정세는 전쟁전야의 엄중한 단계에까지 이르게 되었다.… 미제는 력사상 처음으로 3대 핵 타격수단을 우리나라에 동시에 투입하면서 정세를 극단으로 몰고 갔으며 2012년 1월부터 2015년 12월 사이에 서해 5개 섬 일대와 우리측 영해 수역을 목표로 한 해상사격훈련과 키 리졸브, 독수리 훈련연습을 비롯한 각종 대규모 군사연습을 수십 차례나 벌려놓았다."⁴

상황이 여기에 이르자 북은 2013년 3월 5일 '정전협정 백지화'를 선언하였다. 북은 유엔의 대북제재 논의와 '키 리졸브(Key Resolve)' 한미연합군사훈련 등에 반발해 북미간 정전협정을 완전히 백지화하고 판문점 대표부의 활동을 전면 중지하겠다고 밝혔다. 이어 사흘 뒤인 3월 8일엔 남북 불가침 합의 폐기와 판문점 대화 단절을 발표하였다. 유엔에서 대북제재 결의안이 통과되자 조국평화통일위원회 이름으로 발표하였다. 그리고 3월 26일 조선인민군 최고사령부가 전군에 '1호 전투근무태세' 명령을 내린 데 이어 3월 30일 전시상황 돌입을 선언했다. 강대강의 정면대결이 본격화된 것이다. 남한 정국이 바로 술렁였다.

그뿐 아니었다. 이튿날인 3월 31일 당중앙위원회 전원회의에서 이른바 '경제-핵무력 건설 병진노선'을 채택했다. 경제건설과 핵무력 건설의 병진노선 채택은 김정은시대에 북이 미국의 경제제재 속에서도 변함없이 핵 억제력 확보를 계속 추진한다는 핵, 미사일 전략무기 개발에 관한 합법화, 공개 강화노선이었다. 북의 초강경 입장 표명이었다.

북은 그해 4월 '자위적 핵보유국의 지위를 더욱 공고히 할 데 대하여'라는 법령을 채택하고 "핵무력은 세계의 비핵화가 실현될 때까지 공화국에 대한 침략과 공격을 억제, 격퇴하고 침략의 본거지들에 대한 섬멸적인 보복타격을 가하는 데 복무한다"고 명시했다. 또 녕변군에 있는 5MW급 흑연감

---

4 조선로동당 당력사연구소, 위의 책, 390쪽.

<로동신문>이 공개한 '전략군 미 본토 타격 계획' 사진

속로를 재가동하고 원자력총국을 원자력공업성으로 승격했다.

"새로운 병진로선은 일시적인 대응책이 아니라 우리 혁명의 최고 리익으로부터 항구적으로 틀어쥐고 나가야 할 전략적 로선이다. 새로운 병진로선은 국방비를 늘이지 않고도 적은 비용으로 나라의 방위력을 더욱 강화하면서 경제발전과 인민생활 향상에 큰 힘을 돌릴 수 있게 한다. 경제건설과 핵무력 건설 병진로선은 위대한 수령님과 위대한 장군님께서 제시하고 구현해오신 경제·국방건설 병진로선의 계승이며 심화·발전이다"[5]

당시 남측은 박근혜 정권이 막 출범한 때였다. 남측과 서방언론이 북의 병진노선에서 주목한 것은 경제건설이 아니라 긴장된 시기 북이 새로 출범한 김정은시대에 핵무력 강화를 병행한다는 조선로동당의 공식 결정이었다. 이는 매우 중대한 함의를 갖는 정책적 결정이었다. 한미가 수십 년간 공들인 북 비핵화 정책이 사실상 허물어지는 순간이었다.

김정은시대 조선민주주의인민공화국은 이미 2012년 4월 최고인민회의에서 헌법 서문을 고쳐 핵보유국임을 명시했다. 북 최고법인 헌법에 핵보유국을 명시한 것은 김정은시대 대미정책과 핵정책의 기본방향과 의지

---

5 위의 책, 391쪽.

를 드러낸 것이다. 이를 증명하듯 그해 12월 인공위성 '광명성 3-2호'를 발사한 데 이어 2013년 2월 12일 세 번째 핵시험을 단행했다.

2013년 전쟁위기 당시 김정은 제1위원장은 전략회의에서 미국 본토 타격계획을 실제 준비하였다. 3월 29일 새벽 김정은 최고사령관이 긴급 작전회의를 소집했다고 〈조선중앙통신〉이 알렸는데 김정은 최고사령관은 회의에서 "미 본토와 하와이·괌도를 비롯한 태평양 작전전구 안의 미제침략군 기지들, 남조선 주둔 미군기지를 타격할 수 있게 사격 대기 상태에 들어가라"고 명령했다는 것이다. 당시 회의에는 현영철 총참모장과 이영길 작전국장, 김영철 정찰총국장, 김낙겸 전략로켓군 사령관 등이 참석했다고 한다. 북은 이례적으로 최고사령부 집무실도 언론에 공개했다. 〈로동신문〉이 보도한 사진(201쪽 참조)엔 김정은 최고사령관이 집무실 책상에서 서류에 사인하는 모습이 담겼는데 뒤쪽엔 '전략군 미 본토 타격계획'이란 지도가 걸려 있었다.

북은 또 4월 2일 5MW 흑연감속로를 재가동하겠다고 발표했다. 녕변 원자로를 재가동하겠다는 것이다. 이튿날엔 개성공단에 출경금지 조치가 내려진 데 이어 4월 5일 외국공관 직원 철수를 권고했다고 한다. 평양에 있는 러시아, 중국 대사관 등 외국공관에 4월 10일 이후의 안전을 보장할 수 없다는 이유로 철수를 권한 것이다.

4월 9일 북의 아시아태평양평화위원회는 전쟁이 터지면 남한 내 외국인들이 피해를 입는 걸 바라지 않는다며 사전 대피 및 소개대책을 세우라고 발표했다. 4월 11일엔 조국평화통일위원회가 담화문을 발표해 "버튼만 누르면 태평양과 동아시아의 모든 미군기지를 타격할 수 있으며, 근래의 위협은 심리전이 아니다"라고 주장했다. 긴장은 한반도 상공에 미군 B-52 전략폭격기가 나타나면서 극에 달했다. 한반도가 다시 전쟁접경으로 치달아 이른바 '제2차 한국전쟁설'이 돌며 최고의 전쟁위기가 도래하는 심각한 분위기였다.

끝이 안 보이던 한반도 위기와 북미간 일촉즉발의 극한 군사대결은 미국이 먼저 4월 15일 존 케리(John Kerry) 국무장관을 대북특사로 파견 제안한 데 이어 5월 1일 지미 카터(Jimmy Cater) 전 대통령의 방북 제안과 북의 1호 전투근무태세 해제로 누그러졌다. 1994년 전쟁위기와 마찬가지로 미국이 다시 물러선 것이다.

조선로동당 중앙위원회 전원회의란?

전원회의는 무엇을 하는 기관인가? 정식 명칭은 조선로동당 중앙위원회 전원회의다. 전원회의는 당중앙위원 전원이 모여 안건을 논의, 결정하는 회의이다. 회의 차순은 6차 당대회 이후는 6기 1차, 2차, 3차…, 7차 당대회 이후엔 7기 1차, 2차… 식으로 기록된다. 경제·핵무력 건설 병진노선을 채택한 전원회의는 제6기 23차 전원회의(2013년 3월 31일)였다. 조선로동당 제7차 대회가 36년 만인 2016년 5월 개최되었기에 김정은시대 첫 전원회의는 7기가 된 것이다.

조선로동당 제7차 대회 이후 전원회의
제7기 제1차 전원회의 (2016년 5월 6일)
제7기 제2차 전원회의 (2017년 10월 7일)
제7기 제3차 전원회의 (2018년 4월 20일) - 새 '경제건설 집중' 전략노선 채택
제7기 제4차 전원회의 (2019년 4월 10일)
제7기 제5차 전원회의 (2019년 12월 28일)
제7기 제6차 전원회의 (2020년 8월 19일) - 8차 당대회 개최 결정

조선로동당은 당대회와 다음 당대회까지 기간에는 당중앙위원회가 최고지도기관 역할을 한다. 당중앙위는 전원회의를 1년에 한 차례 이상 소집할 수 있다. 전원회의에선 당 내외 문제를 논의 결정하는데 국가와 당의 중대한 정책 방향에 관한 사항도 여기서 결정한다. 전원회의가 열리지 않는 기간엔 당중앙위의 권한과 역할을 당 정치국, 당 정치국 상무위원회가 맡는다.

3 36년 만에 열린 조선로동당 제7차 대회

2016년 5월 6일 조선로동당 제7차 대회가 열렸다. 조선로동당 6차 대회가 1980년에 열렸으니 무려 36년만인 것이다. 당대회가 통상 5~10년 주기로 열렸던 것을 감안하면 매우 이례적이었다.

조선로동당 대회는 북에서 가장 중요한 최고의 정치행사이다. 그런데도 당대회를 정례적으로 열지 못한 것은 급변했던 국내외 정세와 사건 등을 원인으로 꼽을 수 있다.

1990년대엔 먼저 소련 해체와 동유럽의 사회주의 중단,[1] 중국의 천안문 사태 등이 이어졌다. 소련이 해체되자 국제사회의 힘의 균형이 깨지면서 중동에서 걸프전(1차 이라크전쟁)이 터졌다. 이어 핵개발을 둘러싼 북미간 전쟁위기가 고조되었다. 1994년 김일성 주석이 서거한 뒤 극심한 홍수와 가뭄, 자연재해 등이 덮쳤다. 미국과 김영삼 정부는 북이 동유럽 사회주의국가들처럼 무너지길 기대했다. 당시 김영삼 대통령은 "남북의 체제

---

[1] 당시 북은 사회주의 원칙을 고수하며 자력으로 위기를 정면돌파하려 했다. 김정일 비서는 1994년 11월 1일자 〈로동신문〉에 발표한 논문 〈사회주의는 과학이다〉에서 이렇게 밝혔다. "사회주의는 과학이다. 여러 나라에서 사회주의가 좌절당하였지만 과학으로서의 사회주의는 의연히 인민들의 마음속에 살아 있다.… 여러 나라에서 사회주의가 무너진 것은 과학으로서의 사회주의의 실패가 아니라 사회주의를 변질시킨 기회주의의 파산을 의미한다. 사회주의는 기회주의에 의하여 일시 가슴 아픈 곡절을 겪고 있지만 그 과학성, 진리성으로 하여 반드시 재생되고 종국적 승리를 이룩하게 될 것이다."

경쟁은 끝났다", "언제 갑자기 통일이 눈앞에 닥쳐올지 모른다"며 북의 붕괴를 공공연히 바랐다. 당시 '북 붕괴'는 타칭 시간문제였다.[2] 북은 이때를 '고난의 행군' 시기라 명명하고 김정일 국방위원장이 내세운 선군정치로 헤쳐나갔다.

5년여가 흘러 북은 2000년 10월 조선로동당 창당 55주년을 맞으며 고난

조선로동당 제7차 대회 〈로동신문〉

의 행군 종료를 선언했다. 〈로동신문〉은 두 면에 걸친 정론에서 "한 나라, 한 민족의 역사에서나 인류사에 있어서 그 유례를 찾아볼 수 없는 최악의 시련이였다"고 지난 기간을 회고했다.[3] 고난의 행군이 종료되었다고 하지만 실제로는 최악의 고비를 넘겼다고 보는 게 적절한, 사회주의권 해체 등 후유증을 딛고 사회와 경제 전반을 상승 궤도에 올려세우기까진 시간이 더 필요한 상태였다.

---

2 이 책 4장의 '2. 김일성 주석 서거와 수령영생위업' 부분을 환기하기 바란다.
3 '정론: 우리는 영원히 잊지 않으리라'(〈로동신문〉 2000년 10월 3일자)

그리고 2010년대 들어 대외관계가 정착되고 경제가 완만하게라도 상승곡선을 그리던 때 후계자를 지명했지만 당대회를 통해 공식 추대하지 못한 상태에서 갑자기 김정일 위원장이 타계했다. 자연히 후계자 추대를 공식화할 당대회도 다시 연기됐으리라 추정된다.

그렇게 어렵사리 36년 만에 열린 7차 당대회에선 먼저 '주체사상, 선군정치의 위대한 승리'를 선포하였다. 당대회는 지난 국가적 위기를 극복하고 주체의 사회주의 원칙을 변함없이 고수하며 자력으로 새로운 도약을 준비하는 김정은시대의 출발이라는 기조를 견지하였다.

> "총결기간 우리 당은 전대미문의 엄혹한 시련과 난관 속에서 사회주의 사상과 이념을 옹호고수하고, 사회주의위업의 주체를 튼튼히 다지는데 주되는 힘을 넣으면서 사회주의 건설과 사회생활의 모든 분야에서 사회주의의 본태를 고수하고 우리식 사회주의의 우월성을 높이 발양시켜 나갔으며, 반제 자주적 립장과 사회주의 원칙을 견결히 지킴으로써 우리식 사회주의를 굳건히 지켜내고 승리적으로 전진시켜 왔다."[4]

7차 당대회에서 결정한 사항은 다음과 같다. 먼저, 비상시기 국가기구와 각급 당회의를 정상화하는 조치를 취했다. 북은 당 최고지도자의 직위를 7차 당대회를 통해 '당 제1비서'에서 '당 위원장'으로 변경했다. 당규약엔 "조선로동당 위원장은 당을 대표하고 전당을 령도하는 당의 최고령도자"라고 명시하였다. 이어 당중앙위원회 비서 직제를 부위원장으로, 도·시·군당위원회와 기층당조직의 책임비서-비서-부비서 직제를 위원장·부위원장으로, 당중앙위 비서국을 정무국으로, 도·시·군당위원회 비서처를 정무처로 바꾸는 등 내용을 현실발전의 요구에 맞게 수정 보충했다고 한다.[5]

---

4 조선로동당 당력사연구소, 〈조선로동당력사 2〉(조선로동당출판사, 2018), 432쪽.
5 조선로동당 당력사연구소, 위의 책, 438쪽.

조선로동당 제7차 대회 〈로동신문〉

다음으로 김일성-김정일주의 정식화가 최고기구인 당대회에서 이뤄졌다. 사회주의나라에서 선대 지도자들의 사상을 어떻게 평가하고 계승하느냐는 매우 중요한 문제이다. 앞서 봤듯이 소련은 니키타 흐루쇼프(Никита Хрущёв)가 등장하여 선대 지도자 이오시프 스탈린(Ио́сиф Ста́лин)을 비난(스탈린 격하운동)하며 반작용으로 수정주의노선을 채택했다. 그 뒤 소련의 사회주의 건설 총노선은 흐루쇼프식 수정주의의 폐해로 혼란에 빠졌다. 중국 역시 마오쩌둥(毛澤東), 덩샤오핑(鄧小平) 사후 그들의 업적을 어떻게 평가할지가 중요한 전략적 노선문제로 되었으며, 당대회를 통해 당헌·당규에 평가를 남기고 수정을 가했다.

김정은 위원장의 선대 지도자들에 대한 입장은 '절대적 계승'이라고 하겠다. 특히 김정일 국방위원장의 업적을 공식 평가하면서 이를 김일성주의를 계승, 발전시킨 김정일주의로 처음으로 정식화했다. 그리고 러시아혁명에서 집권한 소련 공산당이 레닌주의를 공식화해 맑스-레닌주의라고 명명한 것처럼 김일성-김정일주의로 정립했다.[6]

---

6 "당규약에서는 우리 당은 위대한 김일성-김정일주의 당이며 위대한 령도자 김정일 동지는 조선로동당의 상징이시고 영원한 수반이시라는 것을 새롭게 규제하여 당의 성격을 뚜렷이 하였다."(조선로동당 당력사연구소, 위의 책, 438쪽)

"인민대중의 자주위업, 사회주의위업은 위대한 김일성-김정일주의를 지도적 지침으로 하여 온 사회를 김일성-김정일주의화함으로써만 빛나게 완성될 수 있습니다. 온 사회의 김일성-김정일주의화는 우리 당의 최고강령입니다. 온 사회의 김일성-김정일주의화는 일찌기 위대한 김정일 동지께서 제시하시고 실현하여 오신 온 사회의 김일성주의화의 혁명적 계승이며 새로운 높은 단계에로의 심화발전입니다."[7]

당대회에선 이어 경제건설 전략을 수립했다. 국가경제발전 5개년 전략이 새롭게 제시된 것이다. 북은 당대회 때마다 제시하던 인민경제 개발계획을 6차 당대회 이후 제시할 수 없었다. 위기와 조정기를 거쳐야 했다. 7차 당대회에선 36년 만에 '5개년 전략'으로 경제계획 전망목표를 제시하였다. 특히 과학기술 발전으로 지식경제강국 건설을 목표로 한다는 점을 분명히 했다.

"대회에서는 경제강국을 성과적으로 건설하기 위하여 국가경제발전 5개년 전략을 토의 결정하였다. 5개년 전략 수행 기간에 당의 새로운 병진로선을 틀어쥐고 에네르기 문제를 해결하면서 인민경제 선행부문, 기초공업부문을 정상궤도에 올려세우고 농업과 경공업 생산을 늘여 인민생활을 결정적으로 향상시켜야 한다."[8]

"경제강국 건설은 현시기 우리 당과 국가가 총력을 집중하여야 할 기본전선입니다.… 지금 우리나라가 정치군사강국의 지위에 당당히 올라섰지만 경제부문은 아직 응당한 높이에 이르지 못하고 있습니다.… 첨단돌파전은 현대 과학기술의 명맥을 확고히 틀어쥐고 과학기술의 모든 분야에서 세계를 앞서나가기 위한 사상전, 두뇌전입니다.… 정보기술, 나노기술, 생물공학을 비롯한 핵심 기초기술과 새 재료기술, 새 에네르기기술, 우주기술, 핵

---

7 김정은, 〈조선로동당 제7차 대회 중앙위원회 사업총화보고〉(2015년 5월 6일)
8 조선로동당 당력사연구소, 위의 책, 436쪽.

기술과 같은 중심적이고 견인력이 강한 과학기술분야를 주타격 방향으로 정하고 힘을 집중하여야 합니다."[9]

당대회에서 또 주목받은 것은 조국통일 문제와 관련해 선대 지도자들과 달라진 입장이 있는가였다. 결론은 그 역시 계승강화의 입장이었다. 다만 통일문제에 관해 평화적 방도만 아니라 비평화적 방도란 경로를 공개적으로 언급한 게 특징적이고, 연방제 통일을 거듭 명시적으로 밝혔다.

"대회는 련방제 통일을 주장하고 평화통일을 위하여 할 수 있는 노력을 다하지만 남조선 당국이 천만부당한 '제도통일'을 고집하면서 끝끝내 전쟁의 길을 택한다면 정의의 통일대전으로 반통일 세력을 무자비하게 쓸어버릴 것이며 겨레의 숙원인 조국통일의 력사적 위업을 성취할 것이라는 의지를 표명한다."[10]

7차 당대회에선 조국통일 문제와 관련해 이렇게 결정하였다. 먼저, 조국통일을 위한 투쟁에서 민족자주의 기치, 민족대단결의 기치를 높이 들고 나갈 데 대한 과업을 제시하였고, 한반도의 평화와 안전을 보장하며 연방제 통일방안을 실현하기 위해 노력할 것을 천명하였다.

또 당대회에선 남북관계를 근본적으로 개선하는 것을 조국의 자주적 통일을 이룩하는 데서 절박하게 나서는 문제로 규정하고 그 실현을 위한 과업과 방법을 제시하였다. 그리고 대회는 세계 자주화를 실현하는 데 필요한 원칙적 문제들과 자주적 강국, 핵보유국의 지위에 맞게 대외관계 발전에서 새로운 장을 열어나가기 위한 과업도 제시하였다고 한다.[11]

---

[9] 김정은, 위의 글(2015년 5월 6일)
[10] '조선로동당 제7차 대회 결정서: 조선로동당 중앙위원회 사업총화에 대하여'(2016년 5월 8일)
[11] 조선로동당 당력사연구소, 위의 책, 437쪽.

종합하면, 조선로동당 제7차 대회는 북이 새로운 도약을 준비하며 자력갱생으로 과학기술 발전에 기반한 주체의 사회주의경제를 건설하고 한반도 통일문제에 대한 '연방제 노선', 그리고 국제사회에서 '핵보유국'의 전략적 지위를 계속 확대 강화하겠다는 의지를 표명한 자리였다. 이런 대내외 정책노선 실현의 기초인 당사업에선 김정은 위원장이 새롭게 천명한 유일영도체계 확립과 인민대중제일주의가 강조되었다. 중국과 러시아는 북의 전통적 혈맹과 우방이라고 하지만 과거에도 조선로동당의 독자노선에 대해 우호적이지 않았다. 그러나 북은 과거에도 그랬듯이 선대 지도자들의 사상과 노선을 계승하고 발전시키며 자기식대로 살아가는 주체의 길을 또 선택했다.

4. 2017년 정점에 이른 김정은시대 북미 2차 핵대결

2017년은 북미간 핵대결이 정점에 이른 해였다. 당시까지 북미 핵대결은 북이 2013년 조선로동당 중앙위원회 전원회의에서 경제-핵무력 건설 병진노선을 선언했을 때, 다음은 2016년 7차 당대회에서 핵보유국 지위 강화를 천명했을 때 등 주로 북의 핵능력 신장에 비례해 수위가 높아갔다. 앞서 봤듯 당시 미국의 버락 오바마(Barack Obama) 정부가 견지했던 이른바 '전략적 인내'(Strategic Patience) 정책에 대한 북의 평가는 명확했다. 대북 정권 전복, 봉쇄 압살 전략을 실행하는 '대북 적대전략'의 다른 명찰이라는 것이었다.

> "오바마 정권이 들고나온 전략적 인내 정책이란 우리가 '선 핵포기'라는 행동 변화를 보일 때까지 우리와의 대화를 거부하고 압박과 제재를 가하면서 인내심을 갖고 기다린다는 정책이다."[1]

그래서 김정은시대에 북의 대미 핵억제력 확보노선도 더 강화되었다. 2016년 8월 24일 북은 잠수함발사탄도미사일(SLBM) '북극성 1호' 시험발사에 성공했다. 북이 'SLBM 클럽'에 가입한 것이다[2]. 세계는 다시 놀랐다. 북의 군사력 평가에 인색하던 미국의 군사평론가들과 남한 보수

---

[1] '미국의 대조선 정책은 총파산의 운명을 면할 수 없다'(《로동신문》 2015년 1월 24일)
[2] 당시 잠수함발사탄도미사일(SLBM)을 보유한 나라는 UN 안보리 상임이사국인 미국, 러시아, 중국, 영국, 프랑스 외엔 인도뿐이었다.

언론조차 북의 SLBM 시험 성공을 보고 북미관계의 '게임 체인저(Game changer)'[3]라 규정하기를 주저하지 않았다.

SLBM은 '보이지 않는 핵무기'이다. 바닷속 잠수함에서 은밀하게 기습적으로 발사되기 때문에 현대전에서 가장 위협적인 '핵 선제공격' 수단이자 가장 위력한 '핵 보복' 수단으로 꼽힌다.[4] 일상 감시가 가능한 대륙간탄도미사일(ICBM)은 그나마 선제타격이나 요격미사일로 대응할 수 있지만, 불시에 기습적으로 바닷속에서 솟아오르는 SLBM은 패트리엇 미사일(PAC-2, 3), 종말고고도방어체계(THAAD, 일명 싸드) 등 미사일 방어체계(MD)도 속수무책으로 알려져 있다.

한발 더 나아가 북은 2016년 1월 6일 첫 수소탄 시험에 성공했다. 이듬해인 2017년 9월 3일엔 급기야 ICBM 장착용 수소탄 시험을 단행한 데 이어 그해 11월 29일엔 사정거리가 1만3,000km에 이르는 '화성 15호'[5] ICBM 시험발사에 성공하였다. 북은 이를 계기로 국가핵무력의 완성을 선언하였다. 북의 서쪽 끝인 남포시에서 발사해도 워싱턴에 도달하는 미사일이 출현한 것이다. 역사적으로 볼 때 북미간 핵대결이 새로운 분기점에 이른 순간이었다.

빈센트 브룩스(Vincent K. Brooks) 전 주한미군사령관은 2020년 1월 일본 〈아사히신문〉과 인터뷰에서 2017년 가을 전쟁이 일어날 뻔 했다고 말했다. 당시 미국 정부 안에선 남측과 일본에 체류 중이던 수십만의 미국

---

3 게임 체인저(Game Changer) : 게임의 판도를 완전히 바꾸는 중요한 인물이나 사건.
4 이정훈, '미국의 '아시아 회귀' 전략 뒤흔든 북한 SLBM'(〈민플러스〉 2016년 9월 1일자)
5 영국 〈가디언〉에 따르면, 미국의 미사일 전문가인 데이비드 라이트(David Wright) 박사는 "일반적인 각도로 발사했을 경우 약 1만3,000km를 비행할 수 있을 것"이라고 했다. 북에서 미국 동부까지 거리가 약 1만1,000km이고 보면 뉴욕, 워싱턴 D.C., 보스턴 등이 모두 사정거리에 든다는 얘기다.

화성-14호 시험발사 장면
〈로동신문〉

인을 대피시키는 방안을 검토했지만, 북의 오판을 부를 수 있다는 이유로 반대했다고 한다.

브룩스 전 사령관은 "우리들은 당시 모든 군사행동의 선택지를 검토했다"면서 "선제공격과 단독공격이 실제 필요한지 어떤지는 별도로 어떤 선택지도 검토할 필요가 있었다"고 했다. 그는 당시 각국 대사들과의 회담에서 "우리들의 목적은 전쟁이 아니라 김정은 위원장의 생각을 바꿔 외교적 노선을 정착시키는 것"이라면서도 "현실과 심각성을 과소평가해선 안 된다. (북한측의)오판으로 전쟁은 일어날 수 있다"고 솔직히 말했다고 소개했다. 그러면서 "전쟁에 매우 가까운 상황이었다"고 회고했다.[6]

---

[6] '전 주한미군사령관 "2017년 한반도 전쟁날 뻔… 미국인 대피계획도"'(〈경향신문〉 2020년 1월 19일)

21세기 현대전 무기체계의 핵심이 재래식 전력이 아니라 미사일공방체계라는 건 잘 알려진 사실이다. 현대전은 한마디로 최첨단 전략미사일(ICBM 및 SLBM)과 미사일 방어무기(MD)라는 창과 방패의 싸움이다. 아무리 기갑전력, 포병전력, 전투기, 주력 함대(항공모함과 이지스함)가 많고 육해공군의 재래식 무기가 많아도 미사일 전력에서 첨단과 우위를 차지한 상대는 결코 이길 수 없다고 한다.

폭발력은 1940년대 태평양전쟁 말기 히로시마와 나가사키에 투하된 원자폭탄인 리틀보이(Little Boy), 팻맨(Fat Man)과는 비교할 수 없다. 국가 하나를 단 한 발로 멸망시킬 수도 있는, 폭발력에 제한이 없다는 수소폭탄이 개발된 상태다. 또 폭발력을 자유로이 제한하는 소형화된 전술 원자폭탄이 개발되었다. 게다가 생물은 죽이지 않고 전자장비만을 완전히 무력화하는 전자기장 충격파(EMP) 폭탄도 있다. 여기에 1만5,000km를 훌쩍 넘어 지구 어디든 보낼 수 있는 미사일은 물론, 인공지능(AI)을 탑재해 수백km를 날아가 5㎡ 크기의 정밀표적을 타격할 수 있는 순항미사일도 만드는 시대이다.

방패를 만들면 그 방패를 무용지물로 만드는 창을 개발하는 최첨단 미사일 군비경쟁이 지금 미국, 러시아, 중국 등 주요 군사대국 사이에서 벌어지고 있다. 이 군비경쟁을 부추긴 나라는 바로 미국이었다. 당시 오바마 정부는 30년간 우리 돈 약 1,200조 원(약 1조 달러)이란 천문학적 비용이 들어가는 핵무기 현대화 사업[7]에 착수한 상태였다.

미국-소련간 냉전체제가 해체되었지만 록히드 마틴(Lockheed-Martin), 보잉(Boeing), 노스롭 그루먼(Northrop-Grumman) 등 미국의 군산복합체

---

[7] 이정훈, "사면초가' 박근혜 정권이 모르는 4가지'(《민플러스》 2016년 8월 5일자)

는 축소된 게 아니라 외려 더 강화되고 확장되었다. 미국은 기존 핵보유국이며 잠재적 적대국가인 중국과 러시아 등의 추가 핵개발을 저지·제한하면서 자신은 핵무기 현대화 사업에 박차를 가하는 이중적 태도를 보인다. 미국은 글로벌 MD(미사일 방어체계)와 차세대 레이저무기 개발사업 등으로 미래 전쟁 능력을 선점하려고 집요하게 움직인다. 또 NATO 회원국

북극성 SLBM 시험발사 성공과 이를 지켜본 김정은 위원장
〈로동신문〉

과 일본, 남한 등 자기 영향권 아래 있는 국가들에 자국 군산복합체가 생산한 전쟁무기(F-35, 글로벌 호크 정찰기, THAAD 등)를 강매한다.

북은 오랜 미국과의 적대관계와 핵 위협 속에서 자위를 위해 핵 억제력 보유 대열에 참여하게 되었다고 수차례 입장을 밝혔다. 2017년 11월 29일을 기점으로, 미국이 전쟁 불사를 경고하면서까지 막으려 했던 핵무력, 즉 수소폭탄과 SLBM, ICBM 모두를 북이 드디어 보유하게 되었다. 미국은 이 기나긴 싸움에서 패했다. 비유하자면 이후 북미관계는 총과 칼의 싸움이 아니라 서로 총을 들고 싸우는 관계로 바뀌었다.

"이제는 조미 사이의 힘의 구도가 완전히 달라졌다. 분단의 원흉인 미국은 수소탄까지 보유한 불가항력의 존재와 맞서지 않으면 안 되게 되였다.… 그(7차 당대회) 노선에 관통되고 있는 민족자주와 민족대단결, 평화보장과 련방제 실현의 원칙과 방도는 7.4공동성명이나 6.15, 10.4선언에 이미 명시된

것들이지만, 그것들은 과거와 다른 새로운 시대적 문맥에서 언급되고 강조되고 있다."[8]

북의 주장대로 수소폭탄과 그 발사수단인 대륙간탄도미사일(ICBM)과 잠수함발사탄도미사일(SLBM)의 전력 배비가 현실화되었다면 그것의 군사전략적, 정치적 의미는 무엇일까?

남측은 헌법에 국방에 관해 명시하고 있지만[9] 실제로는 전시작전지휘권이 없어 독자적인 한반도 전쟁전략과 작전계획이 없다. 미국이 한반도에서 모든 전시작전계획을 짜고 조금씩 보완 수정한다. 그것이 유명한 미국의 대북 전쟁계획인 '작전계획'[10] 5027, 5028, 5029, 5030 등이다. 그런데 문제는 이것들이 모두 한반도에 국한된 대북 전쟁계획이지 태평양 도서(오키나와, 괌, 사이판, 하와이 등)의 미군기지들과 미국 본토에 대한 핵공격 방어전략이 아니란 점이다. 북의 핵무력 완성이 사실이라면 미국 국방전문가가 말했듯 미국은 본토가 상시적으로 핵공격 위협에 노출된 매우 위험한 상태인 것이다.

피터 프라이(Peter V. Pry) 전 미국 하원 전문위원은 북이 핵공격 위협 때 EMP탄 훈련을 실시했으며, (후유증까지 감안하면) 미국인 10명 가운데 9명까지 죽일 수 있는 위력이라고 지난 2014년에 미국 하원이 주최한 청문회에서 말했다.[11] 그리고 당시 청문회의 전문가 패널들은 북이 핵탄두를

---

8 '민족사의 중대기로, 대화를 통한 동반자관계 구축'(〈조선신보〉 2016년 6월 3일자; '"북의 남북 군사회담 제안, 박 정부의 마지막 기회" 〈조선신보〉'(〈통일뉴스〉 2016년 6월 4일자 재인용)

9 "국군은 국가의 안전보장과 국토방위의 신성한 의무를 수행함을 사명으로 하며…"(대한민국 헌법 제5조 2항)

10 작전계획5027(Operational Plan 5027) : 1974년 미국이 처음 만든 한반도 전쟁대비 단계별 작전계획이다. 짧게 '작계5027'이라 부르며, 숫자에서 50은 태평양 지역을 가리킨다.

11 '미 하원 "북한, 미국 본토 공격할 전자기파 폭탄 훈련"'(〈중앙일보〉 2014년 5월 12일자)

수소탄 모형을 시찰하는
김정은 위원장 〈로동신문〉

미국 상공에서 폭발시켜 EMP 공격을 감행할 수 있는 능력이 충분할 것이라고 예측했다. 미국이 2017년에 남측 경상북도 성주군 초전면 소성리에 강제로 배치한 싸드(THAAD, 종말고고도방어체계)는 미국을 방어하기 위한 대륙간탄도미사일 대비용에 불과할 뿐이다. 그런데 미국은 태평양이나 대서양에서 은밀히 기동하는 핵잠수함의 SLBM 공격에 대한 대비책은 갖추고 있지 않다.

북이 이런 핵전력을 갖춘 게 사실이고, 그것을 앞서 당대회 결정문에서 언급한 '통일대전'에 적용하면 한반도 작전계획은 완전히 종전과는 전혀 다르게 준비할 수밖에 없다고 하겠다. 남북간 우발적 충돌이 확전돼 북이 태평양과 한반도에서 대미 핵억제력과 통일대전을 양동작전으로 전개할 경우 현실적으로 미국은 북을 상대로 한 핵전쟁을 섣불리 개시할 수가 없다. 이것이 사실이라면 매우 충격적인 변화이다. 김정일 위원장이 천명한 "조선이 없는 지구는 있을 수 없다.… 이 땅에 단 한 알갱이의 핵먼지라도 떨구는 날엔 미국은 불바다가 되고 말 것"[12]이란 말이 현실이 될 수 있다는 얘기다.

2017년 7월 4일 북의 ICBM 시험발사 성공 이후 미국이 북에 보인 반응을 보자. 당시 도널드 트럼프(Donald Trump) 대통령은 "화염과 분노에 직면할 것"(Flame and Fear), "대북해법 장전", "심판의 날"(Dooms Day) 등 원색적인 발언을 쏟아냈다. 대미를 장식한 것은 그해 9월 19일 UN무대에서 한 연설이다. "북한을 완전히 파괴할 수밖에 없을 것"이 '공식 발언'이었다. 이를 당시 미국 언론들은 트럼프 정부의 '미치광이 전략'이라고 해석했다.

그러자 김정은 위원장이 처음으로 조선민주주의인민공화국 국무위원장 명의의 성명을 발표하였다.

> "트럼프가 세계의 면전에서 나(김정은)와 국가의 존재 자체를 부정하고 모욕하며 우리 공화국을 없애겠다는 력대 가장 포악한 선전포고를 해온 이상 우리도 그에 상응한 사상 최고의 초강경 대응조치 단행을 심중히 고려할 것이다. 말귀를 알아듣지 못하고 제 할 소리만 하는 늙다리에게는 행동으로 보여주는 것이 최선이다.… 이것은 트럼프가 즐기는 수사학적 표현이 아니다. 나는 트럼프가 우리의 어떤 정도의 반발까지 예상하고 그런 괴이한 말을 내뱉았을 것인가를 심고하고 있다. 트럼프가 그 무엇을 생각했든 간에 그 이상의 결과를 보게 될 것이다. 미국의 늙다리 미치광이(Dotage of a dotard)를 반드시, 반드시 불로 다스릴 것이다."[13]

이런 북미간 군사 역학관계의 새로운 변화와 충격, 그리고 이어진 외교공

---

12 정기종, 〈불멸의 향도 총서: 력사의 대하〉(문학예술출판사, 2005) 330쪽.

방 뒤 북미, 동북아 정치외교는 대결과 파국이 아니라 거꾸로 새로운 변화를 이끌어내기 위한 협상을 모색하기 시작했다. 2018년 4.27판문점선언에 이어 역사상 첫 북미정상회담이 열리는 극적 반전이 벌어졌다.

당시 북의 성명에는 "공화국의 변화된 전략적 지위를 인정하고 대북 적대정책을 포기하라"는 표현이 자주 등장했다. 무슨 의미일까? 과거 미국이 이라크처럼 북을 대하던 때는 지나갔다는 뜻이다. 미국의 과거 대북 접근법을 모두 거두라는 요구였다. 북은 한미연합군사훈련을 '철 지난 시기' 대북 적대정책의 기본수단으로 인식하고 있다.

"조미 양국의 수뇌분들은 이번에 훌륭한 인내력과 자제력을 가지고 이틀간에 걸쳐서 진지한 회담을 진행하시였습니다. 우리는 지난해 6월 싱가포르 회의 중 1차 조미수뇌상봉 회담의 공동인식으로 이룩된 신뢰조성과 단계적 해결원칙에 따라 이번 회담에서 현실적 제안을 제기했습니다.… 완전한 비핵화에로의 여정에는 반드시 이러한 첫 단계 공정이 불가피하며 우리가 내놓은 최대한의 방안이 실현되는 과정을 반드시 거쳐야 할 것입니다. 우리의 이런 원칙적 립장에는 추호도 변함이 없을 것이며 앞으로 미국측이 협상을 다시 제기해오는 경우에도 우리 방안에는 변함이 없을 것입니다. 이상입니다."[14]

북은 미국이 북의 전략적 지위를 인정한 상태에서 과거 전쟁으로 발생한 모든 문제를 근원적으로 해결하는 대화를 하고자 했다. 이것이 트럼프 정부가 북미협상의 길로 들어선 배경이었다. 트럼프 이후 현재의 조 바이든(Joe Biden) 정부든 다른 어떤 정권이 미국에 들어서든 북미간에 형성된 새로운 단계의 기조를 무시할 수 없는 근본 배경이다.

---

13 김정은, '조선민주주의인민공화국 국무위원회 위원장 성명'(〈조선중앙통신〉 2017년 9월 22일)
14 '北 리용호·최선희 심야 기자회견'(〈연합뉴스〉 2019년 3월 31일자)

김정은시대의 북녘

◀ 려명거리 〈우리민족끼리〉

▲ 삼지연 개건 〈조선신보〉

▶▲ 과학기술전당 〈조선의 오늘〉
▶▼ 미래과학자거리 〈통일뉴스〉

김정은시대의 북녘

김정은시대의 북녘 223

▲ 보통강 주택지구 구상도 〈로동신문〉

▲ 1만세대 살림집 구상도 〈로동신문〉

▶ 2020년 수해복구 준공식 〈로동신문〉

김정은시대의 북녘

▲ 세포등판 〈우리민족끼리〉
▼ 양덕온천문화휴양지구 〈로동신문〉
▶▲ 문수물놀이장 〈조선신보〉
▶▼ 마식령스키장 〈우리민족끼리〉

김정은시대의 북녘

5 역사적인 4.27판문점선언과 9.19평양공동선언

2018년 1월 북은 신년사를 통해 자기네 선수단의 평창동계올림픽 참가의향을 밝혔다. 새해 벽두부터 남북관계 개선에 대한 기대가 급격히 높아졌다. 처음에 지켜보자던 미국도 곧 지지한다는 쪽으로 돌아섰다. 2월 강원도 평창군에서 열린 동계올림픽 개막식에는 21개국의 정상급 인사들이 참여했다. 북의 김여정 특사와 김영남 최고인민회의 상임위원장도 전격 참가했으며 평창동계올림픽은 성공적으로 개최되었다. 이어 4월 판문점에서 남북정상회담이 열려 역사적인 4.27판문점선언이 발표되었고 6월엔 싱가포르에서 사상 첫 북미정성회담이 열렸다. 언제 전쟁위기가 있었느냐는 듯 그야말로 순식간에 한반도의 평화 물결은 세계의 이목을 집중시키며 이 순풍이 과연 어디에 다다를지 궁금증을 자극했다.

2017년 극한 대결을 벌이던 북과 미국은 어떤 이유에서 이렇게 극적으로 방향을 선회한 것일까? 당시 미국의 도널드 트럼프(Donald Trump) 대통령은 '최대의 압박과 관여전략'(일명 '미치광이 전략')이 통했다고 주장했다. 미국과 '국제사회'의 압박에 북이 결국 더 견디지 못하고 화해의 신호를 보내기 시작했다는 논지이다. 문재인 정부도 트럼프 대통령의 확고한 원칙과 협력 덕분이라고 트럼프에게 감사하다고 했다.

그런데 러시아의 블라디미르 푸틴(Владимир Владимирович Путин) 대통령은 생각이 달랐다. 그는 한반도 주변 정세 흐름을 언급하면서 "나는 김정은 위원장이 이번 판에서 분명히 이겼다고 믿는다. 그는 이미 기민하고 원숙한 정치인이 됐다"고 호평하곤 "북은 핵폭탄을 갖고 있고 사실상 전 세계 어느 지점, 최소한 적의 영토 모든 지점까지 도달할 수 있는 1만 3,000km나 되는 글로벌 사정거리의 로켓도 갖고 있다"고 했다.[1] 북의 핵무력 완성을 저지하는데 실패한 미국이 더는 자신의 과거 정책을 유지하기 어려운 처지가 되었음을 시사한 것이다. 트럼프의 주장과는 정반대인 시각을 읽을 수 있다.

트럼프 정부가 임기 초반에 취한 전쟁 협박을 앞세운 '미치광이 전략'은 전략적 의미를 잃어가고 있었다. 상대에게 가할수록 되레 부메랑이 되어 자국 본토 방위와 안전을 위협하고 정치적 위기로까지 번지는 '악수'가 되었다. 전쟁과 협박, 경제제재가 통하지 않으면 할 수 있는 것은 대화밖에 없다. 당시 대화와 일정한 휴지기를 절실히 원한 곳은 북이 아니라 미국이었을 것이다.[2] 그러던 차에 북이 평창동계올림픽 참가를 제안함으로써

2018평창 동계올림픽, 남북선수단 공동입장
〈통일뉴스〉

---

1 '"Путин назвал Ким Чен Ына грамотным и зрелым политиком и призвал к диалогу"'(ТАСС, Москва, Россия, 2018년 1월 12일자 참조)
2 이정훈, '반도의 봄, 통일이 오는 길'〈민플러스〉 2018년 1월 1일자)

4.27 판문점선언
대한민국 청와대 남북정상회담
준비위원회 소장자료

뜻밖에 평창올림픽이 미국에게 새롭게 다가왔다. 이렇게 평창에서 4.27 판문점선언까지 일사천리로 이어졌다.

판문점선언의 정확한 명칭은 '한반도 평화와 번영, 통일을 위한 판문점선언'이다. 판문점선언은 2000년 6.15공동선언과 2007년 10.4선언의 계승본이자 종합판 성격의 합의이다. 최대 핵심은 남북이 종전을 선언하여 화해 협력을 강화하고, 동시에 북미관계를 개선하여 실질적인 평화체제를 함께 구축하자는 것이었다. 4.27판문점선언의 주요 내용은 다음과 같다.

1. 남과 북은 남북관계의 전면적·획기적인 개선과 발전을 이룩함으로써 공동번영과 자주통일의 미래를 앞당겨 나갈 것

    ① 민족자주의 원칙 확인, 기존 남북간 선언·합의 철저 이행으로 관계 개선과 발전
    ② 고위급회담 등 분야별 대화를 빠른 시일 안에 개최, 실천대책 수립
    ③ 남북 당국자가 상주하는 남북공동연락사무소 개성지역 설치
    ④ 각계각층의 다방면적 교류·협력 및 왕래·접촉 활성화. 각계각층이 참가하는 민족공동행사 추진, 2018년 아시아경기대회 공동 출전
    ⑤ 8.15 계기 이산가족 상봉행사, 남북적십자회담 개최
    ⑥ 10.4선언 합의사업 적극 추진, 철도·도로 연결 및 현대화

9.19 평양 공동선언
대한민국 청와대 남북정상회담
준비위원회 소장자료

2. 남과 북은 군사적 긴장완화와 전쟁위험 해소를 위해 공동으로 노력해 나갈 것
   ① 상대방에 대한 모든 적대행위 전면 중지, 비무장지대의 평화지대화
   ② 서해 평화수역 조성으로 우발적 충돌방지 대책 마련, 안전한 어로활동 보장
   ③ 국방장관 회담 등 군사당국자 회담 수시 개최, 5월 장성급 군사회담 개최

3. 남과 북은 한반도의 항구적이고 공고한 평화체제 구축을 위해 적극 협력해 나갈 것
   ① 무력 불사용과 불가침 합의 재확인 및 엄격 준수
   ② 상호 군사적 신뢰의 실질적 구축에 따라 단계적으로 군축 실현
   ③ 올해 종전선언, 항구적 평화체제 구축을 위한 3자 또는 4자 회담 개최
   ④ 완전한 비핵화를 통해 핵 없는 한반도 실현의 목표 확인

정상회담 정례화 및 직통전화 실시, 올해 가을 평양에서 정상회담 개최[3]

9월 평양공동선언은 사실 4.27판문점선언을 이행하기 위한 제반 영역에서의 실행계획 성격이 강하다. 즉 남북간 종전선언을 실행하는 방안들이고, 남북교류와 경제협력의 구체적인 진전 사항들과 계획들을 담았으며,

---

[3] 문재인·김정은, '한반도 평화와 번영, 통일을 위한 판문점 선언'(2018년 4월 27일) 참조.

미국이 참가하는 종전선언을 위한 남북공동의 노력으로 구성되어 있다. 선언은 모두 6조14항으로 돼있는데 첫째 조항이 '남북 종전선언'에 해당하는 내용이다. 평양공동선언 1조는 "남과 북은 비무장지대를 비롯한 대치지역에서의 군사적 적대관계 종식을 한반도 전 지역에서의 실질적인 전쟁위험 제거와 근본적인 적대관계 해소로 이어나가기로" 하였고, ①항에서 '판문점선언 군사분야 이행합의서'를 평양공동선언의 부속합의서로 채택하였다. ②항은 '남북군사공동위원회를 가동'해 군사분야 합의서의 이행실태를 점검하기로 하였다. 2~4조는 경협과 교류의 실행계획들이다. 2조에선 "남과 북은 상호호혜와 공리공영의 바탕 위에서 교류와 협력을 더욱 증대시키고, 민족경제를 균형적으로 발전시키기 위한 실질적인 대책들을 강구"해나가기로 합의했다.

북이 여러 성명을 통해 주장하는 '자주통일'이란 개념의 뜻을 풀면, 첫째는 한반도에서 외세의 개입과 영향력을 차단하고, 둘째는 남북이 그동안 쌓인 오해와 불신을 풀고 서로 단합하고 협력하는 두 가지 과제의 해결을 담고 있다. 통일을 하려면 남북 모두 기본적으로 미국과의 관계를 풀어야 하지만, 더 중요한 문제는 결국 남북이 하나가 되는 것이다. 통일문제가 우리 민족 내부문제라고 하는 것도 이런 이유에서이다.

남북, 북미 정상회담이 동시에 진행되며 4.27판문점선언, 싱가포르 북미공동선언 등 소중한 성과들이 나왔으나 이를 진척시키고 실현하는 데까지는 나아가지 못했다. 결과적으로 보면 협상은 실패했다. 그러나 거시적 관점에서 보면 북미 역관계에 이전과는 전혀 다른 지형 변화가 생긴 만큼 미국에 어떤 정부가 들어서든 평화협상 외에 다른 출로가 없는 것 또한 사실이다. 그래서 4.27판문점선언은 실패한 과거가 아니라 잠시 보류 중이라고 보는 게 타당할 것이다.

6. 조선로동당 7기 3차 전원회의와 싱가포르 북미정상회담

평창동계올림픽이 끝나고 얼마 지나지 않은 2018년 4월 20일 조선로동당 중앙위원회 제7기 3차 전원회의가 열렸다. 북은 여기서 핵무력 완성국가로 책임 있는 핵보유국 지위에서 핵 불사용과 핵기술 불이전을 선언하고 차후 주도적으로 세계 비핵화에 이바지하겠다고 천명했다.

이는 획기적인 결정으로 평가할 만하다. 북이 NPT(핵확산금지조약) 밖의 사실상 핵보유국이지만 기득권 핵클럽 편입전략을 택하지 않은 것이다. 핵무력 완성 이후 출발부터 기존 핵클럽 밖에서 세계 비핵화전략을 펴겠다는 원칙을 선언한 셈이다. 전원회의 결정은 한반도 비핵화의 원칙과 개념의 차이, 그리고 북미간 비핵화 이행을 위한 원칙과 조건 등 전제를 밝혔는데 이는 어쨌든 한반도에서부터 세계 비핵화를 실현할 수 있다는 획기적인 입장을 내놓은 것이다. 북이 말하는 비핵화 의제는 북 일방의 선(先) 비핵화가 아니라 한반도 전역의 비핵화이다.[1]

---

[1] 북은 '조선반도 비핵화' 문제에 대해 이렇게 설명한다.
　1. 미국이 남조선에 대한 핵기지화 정책을 포기하지 않고 있는 것과 관련된다.
　2. 조선반도에서는 남조선이 오래전에 미국의 핵무기고로 전변된 상태에서 비핵지대를 창설해야 하는 사정과 관련된다.
　3. 조선반도에서는 대치 쌍방이 다같이 핵무기를 가지고 있는 것이 아니라 미군이 강점하고 있는 남조선에만 있으며 이것이 공화국을 핵타격하기 위한 수단으로 작용한다.
　북은 이 세 가지 문제를 근거로 들어, '조선반도 비핵화를 위하여 남측에서 미국의 핵무기를 철거시키며 미국이 핵기지화 정책을 포기하여야 한다는 것을 시종일관 강조하여왔고, 그 실현을 위해 투쟁하였다'고 설명한다(심병철, 〈조국통일문제 100문 100답〉(평양출판사, 2003) 142~143쪽).

"미국은 이제라도 조선반도 비핵화라는 용어의 뜻을 정확히 인식해야 하며 특히 지리공부부터 바로 해야 한다. 조선반도라고 할 때 우리 공화국의 영역과 함께 미국의 핵무기를 비롯한 침략무력이 전개되여 있는 남조선 지역을 포괄하고 있으며 조선반도 비핵화라고 할 때 북과 남의 령역 안에서 뿐 아니라 조선반도를 겨냥하고 있는 주변으로부터의 모든 핵위협 요인을 제거한다는 것을 의미한다는 데 대해 똑바로 알아야 한다.… 애초에 비핵지대였던 조선반도에 핵무기를 대량 끌어다 놓고 핵 전략자산의 전개와 핵전쟁연습 등 우리를 핵으로 끊임없이 위협함으로써 우리가 핵전쟁 억제력을 보유하지 않으면 안 되게 한 장본인이 미국이다. 그렇게 놓고 볼 때 조선반도 비핵화란 우리의 핵억제력을 없애는 것이기 전에 '조선에 대한 미국의 핵위협을 완전히 제거하는 것'이라고 하는 것이 제대로 된 정의이다."[2]

다음으로 회의에서 채택한 '경제건설과 핵무력 건설 병진노선의 위대한 승리를 선포함에 대하여'란 결정서의 첫 번째는 다음과 같다. "당의 병진로선을 관철하기 위한 투쟁과정에 임계전 핵시험과 지하핵시험, 핵무기의 소형화, 경량화, 초대형 핵무기와 운반수단 개발을 위한 사업을 순차적으로 진행하여 핵무기 병기화를 믿음직하게 실현하였다는 것을 엄숙히 천명한다." 이는 북의 핵무력이 핵시험 개발 수준이 아니라 첨단기술 수준에서 전방위적으로 배비되고 있다는 의미이다.

이어 "핵시험 중지는 세계적인 핵군축을 위한 중요한 과정이며 우리 공화국은 핵시험의 전면 중지를 위한 국제적인 지향과 노력에 합세할 것"이라며 "우리 국가에 대한 핵위협이나 핵도발이 없는 한 핵무기를 절대로 사용하지 않을 것이며 그 어떤 경우에도 핵무기와 핵기술을 이전하지 않을 것"이라고 밝혔다. 이를 두고 당시 〈로동신문〉은 "제7기 제3차 전원회의

---

[2] '조미관계 교착은 조선반도 비핵화에 대한 미국의 그릇된 인식'(〈로동신문〉 2018년 12월 20일)

김정은-도널드 트럼프 싱가포르 회담 〈대외관계발전의 새시대를 펼치시여〉(외국문출판사, 2021)

에서는 핵무기 없는 세계 건설에 적극 이바지하려는 당의 평화애호적 립장이 엄숙히 천명됐다"고 부연했다.[3]

북의 '한반도 전역 비핵화'란 입장을 옳게 이해하려면, 다른 핵보유국의 비핵화 경로를 대비해보는 것도 한 방법이다. 영국을 예로 들자. 영국이 비핵화하도록 하려면 주변의 다른 핵보유국은 그냥 지켜보기면 하면 될까? 영국 입장에서는 당연히 자신의 안전을 위해 주변국의 행동을 요구할 것이다. 쌍무적인 상호군축, 안전보장과 다자적 국제 안전보장 문제가 선결돼야 한다. 그래야 영국이 안심하고 비핵화에 나설 수 있다. 북도 마찬가지란 얘기다. 리비아나 우크라이나 모델 같이 일방적 비핵화모델은 절대 아니라는 뜻이다. 최근 우크라이나 사태를 보면 우크라이나의 핵 이전과 집단안전보장은 사실 무용지물이었음이 입증됐다.

---

3 '조선로동당 중앙위 제7기 제3차 전원회의- 김정은 위원장 지도'(《로동신문》 2018년 4월 21일자)

따라서 이는 북만이 아니라 모든 전략국가의 미래 핵문제이다. 가까운 미래, 아니 당면한 지구촌 핵 기득권 해체방법의 합리적 원칙과 선례를 공동으로 만드는 매우 복잡한 문제이다. 당연히 새로운 원칙과 창조적 공정이 필요하다. 안전이 보장되지 않으면 그 어느 핵보유국도 먼저 비핵화에 나서지 않을 것이다.

북의 장기적인 세계 비핵화전략과 북미가 합의할 수 있는 당면한 비핵화 수준은 차원이 다른 문제이다. 북의 '돌이킬 수 없는 완전한' 비핵화는 세계의 완전한 대북 안전보장을 의미하는데 북미를 포함해 상당 규모의 상호군축과 법적, 제도적 안전장치의 완성이 수반돼야 한다. 적대적인 전략국가 사이의 정치, 군사, 외교 등 핵심 분야에 걸친 총체적 문제이기 때문이다. 이는 사실 10년이 걸려도 해결하기 어려운 매우 복잡한 문제이다.

반면 북미간 '합의할 수 있는 완전한 비핵화'는 비교적 짧은 시간 안에 빠르게 진행될 수 있다. 핵과 군사적 문제를 단계적으로, 과도적 조치로 풀면서 정치외교적 관계 정상화를 통해 공존을 모색하는 정치우선 해법이 그것이다. 중-미, 미-러 등 적대적 국가가 핵을 갖고 공존할 수 있는 이유는 상호 적대적 정치관계를 정상화하면서 관리하기 때문이다. 그래서 6.12싱가포르 북미정상회담은 리비아식으로는 풀 수 없었다. 비록 실패했지만 북 비핵화가 초점이 아니라 적대적 전략국가인 북미가 상호 공존할 길 찾기를 처음 시도한 역사적인 정치합의였던 셈이다.

북이 과거 다양한 북미협상의 실패 원인을 어떻게 평가하는지를 보면 이런 접근법의 취지를 이해할 수 있다. 지난 2009년 북 외무성 성명을 참조하자.

"우리가 9.19공동성명에 동의한 것은 비핵화를 통한 관계 개선이 아니라 바로 관계 정상화를 통한 비핵화라는 원칙적 입장에서 출발한 것이다. 우리가 조선반도를 비핵화하려는 것은 무엇보다도 지난 반세기 동안 지속되여 온 우리에 대한 미국의 핵위협을 제거하기 위해서이다. 미국의 대조선 적대시정책과 그로 인한 핵위협 때문에 조선반도 핵문제가 산생되였지 핵문제 때문에 적대관계가 생겨난 것이 아니다. 우리가 핵무기를 먼저 내놓아야 관계가 개선될 수 있다는 것은 거꾸로 된 논리이다."[4]

북이 국가핵무력을 완성한 다음에도 계속 비핵화전략을 추진하리라 예상한 전문가는 거의 없었다. 어렵게 달성한 핵무력 완성의 다음 단계는 중국과 마찬가지로 시간이 걸리더라도 합법적 핵보유국의 지위를 얻는 길일 거라고 봤다. 그런데 북은 사실상의 핵보유국 지위를 가지고 단계적 비핵화의 길을 선택했다. 처음부터 공인 핵보유국이 아니라 비공인 핵보유국 지위에서 비핵화를 결단하고, 기존 핵클럽에게 비핵화에 필요한 현실적 안전보장을 주문했다. 따라서 북 비핵화의 진척 정도는 미국과 다른 핵보유국의 북에 대한 상호군축과 안전보장 수준에 비례하는 문제로 전화되었다.

북이 제7기 3차 전원회의에서 결정한 주도적 비핵화전략으로, 북을 둘러싼 국제관계도 하루아침에 전변했다. ① 트럼프 정부가 대결전략에서 상호공존의 협상전략으로 바꾸는 결정적 계기가 됐다. ② 북의 핵개발과정에서 발생했던 북-중 갈등이 해소되고 북중관계가 다시 사회주의 혈맹으로 전격 복원됐다. ③ 남북관계가 4.27판문점선언으로 사실상 종전을 선언하고 획기적인 평화, 번영, 통일의 관계로 전변됐다. ④ 북이 경제발전에 집중할 계기가 마련됐다 ⑤ 동북아시아에서 오랜 냉전체제가 해체될

---

4 '조선민주주의인민공화국 외무성 성명'(《조선중앙통신》 2009년 1월 13일자)

여건이 마련됐고 일본은 북미관계에서 완전히 소외돼 피동에 놓이게 됐다. 결정적으로는 북이 비핵화를 선언했음에도 전략국가의 지위와 영향력은 계속 유지하게 됐다.

북이 말하는 비핵화는 단계적이고 장기적이며 상호적인 개념이다. 2018년 당시 전원회의 이후 표명한 '부분 핵동결'에서 시작된 핵의 시험, 생산, 전파를 전면 중지하는 '완전한 핵동결'이 현실적인 출발점이라고 판단한 것으로 보인다. 즉 억제력 수준의 핵무력을 유지하면서 군축, 평화협정, 관계 정상화가 순조롭게 진행된다면 미래 핵의 중지와 과거 핵 일부를 해체할 의향이 있다는 입장으로 해석된다. 이런 전향적인 양보를 미국이 오판하고 욕심을 내 북미정상회담에서 상호 신뢰구축과 선(先) 관계 정상화를 무시하고 과거처럼 북 비핵화만 강변했으니 협상은 처음부터 결렬될 가능성이 높았다.

북미간 협상이 타결을 목표로 한다면 비핵화가 아닌 관계 정상화에 방점을 찍은 협상이어야 했다. 관계 정상화를 앞세워 상호신뢰를 바탕으로 비핵화를 단계적으로 처리하는 방식이다. 그럼 관계 정상화 협상에서 중요한 건 뭘까? 적대정책을 중단하고 친선정책으로 상호 존중해 신뢰를 회복하는 것이다. 상호 존중의 핵심은 각자 주권과 실체의 존중이다. 실체의 존중과 신뢰회복이란 상대방 무력의 전략적 지위를 일방적으로 제거하려는 무장해제 기도와 적대정책을 중지하는 것이다. 정상회담 이후 한미 합동군사훈련과 핵·미사일 시험의 상호 중지를 시작으로, 상호 적대정책과 무력을 실질적으로 후퇴, 제거하는 조처로 나아가는 방법이다.

이 협상이 성공하려면 강조점과 진행 순서가 과거와는 달라야 했다. 정치적 신뢰를 앞세워 군사 문제를 해결하는 방식이다. 상호신뢰에 기초해 관계 정상화 선언을 포괄적으로 하고 평화협상을 진행해 이후 비핵화와 주한미군 철수문제를 단계적으로 처리하는 수순이어야 한다. 따라서 북미 정상회담에서 종전선언과 관계 정상화, 즉 북미수교 착수 선언, 연락사무소(대사관) 설치에 이어 평화협정 추진 선언과 신뢰회복 조치인 경제제재 해제가 수순이어야 했다.

조선로동당 3차 전원회의 결정을 바탕으로 북미간에 수차례 실무회담이 열렸고, 드디어 북의 김정은 국무위원장과 미국의 도널드 트럼프(Donald Trump) 대통령이 2018년 6월 12일 싱가포르에서 역사적인 첫 정상회담을 가졌다. 역사적인 합의문 전문은 다음과 같다.

1. 조선민주주의인민공화국과 미합중국은 두 나라의 인민들의 평화와 번영에 부합되게 새로운 관계를 설립하는데 노력한다.
2. 조선민주주의인민공화국과 미합중국은 조선반도의 지속·안정적 평화체제 구축에 노력한다.
3. 2018년 4월 27일 판문점선언을 재차 확인하고, 조선민주주의인민공화국은 조선반도의 완전한 비핵화(complete denuclerarization)를 위해 노력할 것을 약속한다.
4. 조선민주주의인민공화국과 미합중국은 신원이 이미 확인된 전쟁포로(POW) 및 전쟁실종자(MIA)들의 유해를 즉각 (미국으로)송환하는 것을 포함해 유해 수습을 약속한다.[5]

모두 4개 조로 되어있는 6.12조미공동성명 첫 조항에서 두 나라가 약속한 것은 바로 '새로운 관계 수립'이었다. 비핵화 약속은 세 번째였다.

---

[5] 김정은·Donald Trump, '조미수뇌회담 공동성명'(2018년 6월 12일)

7   2019년 베트남 하노이 2차 북미정상회담의 결렬

세계의 이목을 집중시킨 2019년 2월 베트남 하노이 2차 북미정상회담은 합의를 보지 못하고 끝났다. 이례적인 합의문 서명 무산으로 가시적인 성과는 없었다. 하지만 당시 회담 양측의 평가는 상대에 대한 비난보다는 생산적 대화를 계속하는 게 의미가 있다는데 방점이 찍혀 있었다. 회담이 우호적인 분위기에서 상호 이해를 높인 만큼 북미관계의 이후 추이는 결렬이나 파탄이 아닌 다음을 기약하는 분위기였다.

> "경애하는 최고령도자 동지와 트럼프 대통령은 70여 년의 적대관계 속에서 쌓인 반목과 대결의 장벽이 높고 조미관계의 새로운 력사를 열어나가는 려정에서 피치 못할 난관과 곡절들이 있지만 서로 손을 굳게 잡고 지혜와 인내를 발휘하여 함께 헤쳐나간다면 능히 두 나라 인민들의 지향과 념원에 맞게 조미관계를 획기적으로 발전시켜나갈 수 있다는 확신을 표명하시였다. 조미 최고수뇌분들께서는 두 번째로 되는 하노이에서의 상봉이 서로에 대한 존중과 신뢰를 더욱 두터이 하고 두 나라 관계를 새로운 단계로 도약시킬 수 있는 중요한 계기로 되였다고 평가하시였다."[1]

양측이 오랜 기간 다양한 경로의 실무협상을 통해 논의했는데도 왜 합의문 서명에 실패했을까? 만약 합의를 이뤘다면 대략 다음과 같은 내용이 담겼으리라고 당시 전문가들은 추측했다.[2] 종전선언(또는 평화선언), 평화협

---

1 '제2차 조미수뇌상봉 제2일 회담'《로동신문》 2019년 3월 1일)

정위원회 설치, 부분적 제재 완화, 녕변 핵시설 영구 폐기, 상호 연락사무소 설치와 교류 협약 등이다.

원래 북의 단계적 비핵화에 상응하는 미국의 조치는, 경제제재 완화가 아니라 북에 대한 단계적인 핵 공격 능력의 제거, 즉 핵우산의 후퇴라는 게 북의 입장이었다. 그런데 회담을 마친 뒤 열린 리용호 외무상과 최선희 부상의 기자회견 내용[3]을 보면 북은 회담에서 미국의 입장을 고려해 그런 요구를 다루지 않았다고 한

하노이 회담장 주변에서 산책 중인 김정은 위원장과 트럼프 대통령 〈대외관계발전의 새시대를 펼치시여〉(외국문출판사, 2021)

다. 그와 직결된 미 군사력 후퇴와 안전 담보 등 첨예한 의제는 정상회담에서 다자간 평화협정위원회의 구성이 합의되면 그와 연동해 다음 정상회담에서 다룰 수 있으리라 기대한 것으로 보인다. 실무협상 과정에서 준비된 합의문이 체결되었다면, 비록 미국의 핵심적인 군사안보분야 상응조치가 빠져있다고 해도 의미는 매우 컸으리란 견해이다. 실행에 옮겨졌다면 북미관계가 결정적인 양질전환의 새 단계에 진입하는 내용들이었기 때문이다. 단계적인 상호조치들이지만 새로운 북미관계를 향한 실질적인 '역진불가의 길'에 들어설 수 있는 회담이었다.

---

[2] '북한 전문가들 "北 상응조치… 종전선언이 아닌 북미관계 개선, 평화체제 구축 등 의미"'(〈서울평양뉴스〉 2018년 10월 6일자); '다시 '담판' 나서는 北美정상, 뭘 주고받나…빅딜'(〈매일경제〉 2019년 1월 19일자 참조)

[3] '북 리용호, '미측 추가요구로 회담 결렬' 반박'(〈통일뉴스〉 2019년 3월 1일자)

선택의 기로에서 미국의 극우보수세력(네오콘)과 트럼프 반대파는 북미회담 파탄을 위해 여론전을 펼쳤다. 2차 북미정상회담을 전후해 대부분의 국내 언론은 트럼프 대통령과 김정은 국무위원장의 일거수일투족에 의미를 두고 실시간 생중계했지만 CNN, ABC 등 미국의 주류언론은 의도적으로 무게를 싣지 않았다. 대신 주류언론은 반(反)트럼프 진영의 선두에서 트럼프를 궁지에 몰기 위한 정쟁을 주도했다. 그들은 트럼프의 전 변호사 마이클 코언(Michael Cohen) 청문회를 종일 생중계했다. 코언 청문회 날짜는 북미정상회담 일정에 맞춰 준비되었다는 관측이 일반적이다.

지금도 여전하지만, 특히 당시 미국 정치권의 정쟁은 한국에서 생각하는 것보다 더 진흙탕 싸움이었고 매우 심각했다. 미국의 정보기관 관료, 주류언론을 포함한 기득권세력은 트럼프를 대통령으로 인정하지 않고 있었다. 당선 직후부터 그를 집요하게 대통령에서 끌어내리려 했다. 대선 직후 불거진 '러시아 스캔들'[4]은 미국의 국제적 위상 추락은 물론, 미국 내 정치와 언론이 얼마나 타락했는지를 상징적으로 보여줬다.

트럼프도 정상회담 날짜가 다가올수록 셈법이 복잡해져 최종 결정의 문턱에서 회담 원칙에 어긋나는 무리한 요구를 들이대 결국 합의를 무산시켰다. 이런 결과를 두고 트럼프 대통령이 원래부터 북미 적대관계 전환의 의지가 없었으며 북을 정치적으로 이용하기 위한 기만전술로 대북협상에 임했다거나 새로운 형태의 '기다리는 전술'로 북과 협상에 나섰다고 보는 평가도 있었다. 트럼프가 최종 선택에서 후퇴한 이유는 미국 내 정쟁 등 정치적 반대파의 집요한 방해도 있었지만 스스로 볼 때 대북제재라는

---

4 러시아 게이트(Russiagate) : 트럼프 대통령이 2016년 대선 승리를 위해 러시아 당국과 공모했다는 주장.

협상의 주요 지렛대를 조기에 잃을 수 있다는 부담이 컸던 것으로 보인다. 이는 회담 직후 트럼프의 기자회견[5] 발언에서도 확인된다.

> "김 위원장은 녕변 핵시설 해체에 동의했지만, 미국은 더 많은 것을 원했다. 추가적인 비핵화가 필요했다. 당시 언급은 안 했지만 고농축우라늄시설, 아니면 기타 시설 해체도 필요했다.… 그런데 김 위원장이 그걸 할 준비가 안 돼 있었다. 그래서 1단계 수준인 녕변 핵시설 해체에만 만족할 수는 없다고 생각했다. 또 오랫동안 쌓아온 협상 레버리지(지렛대)를 놓칠 순 없다고 생각했다. 그래서 이렇게 쉽게 제재 완화를 해서는 안 된다고 생각했다. 물론 나도 북의 경제적인 잠재력을 감안해 제재 완화를 원한다. 그러나 북이 추가적인 비핵화를 해야 가능할 것이다."

미국이 1차 정상회담 이후 일방적인 선(先) 북 비핵화 논리에서 후퇴해 '행동 대 행동'의 단계적 접근법을 인정했음에도 불구하고 대북제재라는 마지막 지렛대를 통해 더 많은 가시적 비핵화와 군사적 양보를 얻어내려 고집한 것이다. 핵시험 및 탄도미사일 시험발사의 중지와 핵시험장 폐기 등 선제적 비핵화 조치를 취한 북은 동창리의 엔진시험장과 로켓 발사대의 폐기 용의도 이미 표명하였다. 그리고 북이 '녕변 핵시설 영구폐기'라는 단계적 비핵화의 최대치를 제시했음에도 합의는 무산되었다. 핵보유국 간의 단계별 행동 대 행동 원칙이 북미정상회담을 이끌어갈 기본 원칙임에도 미국은 회담에서 대북제재를 유력한 지렛대로 더 앞선 단계의 비핵화 조치와 연동시키려 했다. 아마도 북은 정상회담의 원칙과 대전제를 무시하는 셈법을 수용할 수 없다고 판단한 것 같다.

리용호 외상은 회담 결렬 뒤 회견[6]에서 먼저 "우리가 비핵화 조치를 취해

---

[5] '하노이 담판 결렬: 트럼프 대통령 기자회견 문답'(《연합뉴스》 2019년 3월 31일자)
[6] '北 리용호·최선희 심야 기자회견'(《연합뉴스》 2019년 3월 31일자 참조)

나가는 데서 보다 중요한 문제는 '안전 담보' 문제이지만 미국이 아직은 군사분야 조치를 취하는 것이 부담스러울 것이라 보고 부분적 제재 해제를 상응 조치로 제안한 것"이라며 "이번 회담에서 우리는 미국의 우려를 덜어주기 위해서 핵시험과 장거리로케트 시험발사를 영구적으로 중지한다는 확약도 문서 형태로 줄 용의를 밝혔다"고 알렸다. "신뢰조성 단계를 거치면 앞으로 비핵화 과정은 더 빨리 전진할 수 있을 것"이라고 본 때문인데 "그러나 회담 과정에 미국측은 녕변지구 핵시설 폐기조치 외에 한 가지를 더 해야 한다고 끝까지 주장했으며, 따라서 미국이 우리의 제안을 수용할 준비가 돼 있지 않다는 것이 명백해졌다"고 전했다. 그러면서 "현 단계에서 우리가 제안한 것보다 더 좋은 합의가 이뤄질 수 있는 것인지는 이 자리에서 말하기 힘들다. 이런 기회마저 다시 오기 힘들 수 있다"고 부연했다. 더불어 "완전한 비핵화에로의 여정에는 반드시 이러한 첫 단계 공정이 불가피하며 우리가 내놓은 최대한의 방안이 실현되는 과정을 반드시 거쳐야 할 것이다. 우리의 이런 원칙적 입장에는 추호도 변함이 없을 것이며 앞으로 미국측이 협상을 다시 제기해오는 경우에도 우리 방안에는 변함이 없을 것"이라고 강조했다. 큰 기대를 모았던 역사적인 2차 북미정상회담은 결국 이렇게 무산되었다.

8 '정면돌파전', 2019년 12월 전원회의

2차 북미협상이 결국 무산되었다. 북은 핵보유국간 협상원칙에 어긋나는 미국의 리비아식 선(先) 핵포기 주장, 패권적이고 일방적인 협상전술과 대북 적대정책 전환 의지 부재로 2019년 2월 하노이 정상회담은 성과 없이 끝났다고 분석했다. 북의 예상대로 협상의 난관은 미국의 태도였다. 북은 뒤로는 협상을 간청하고 정작 협상이 시작되자 곧바로 '양면전술'로 상대를 교란하고 전복하려는 미국의 관행 문제를 짚었다.[1] 미국이 오랜 적대관계 종식을 위한 합리적 협의로 나오는 게 아니라 다시 시간을 끌며 종래의 '채찍과 당근'식의 이른바 '관여정책'을 반복하려는 태도를 보였다는 것이다.

협상 실무를 준비했던 최선희 북 외무성 부상은 3월 15일 기자회견에서 "미국과의 비핵화 협상을 중단하는 것을 고려하고 있다. 미국이 (핵·미사일 시험유예 등) 우리가 취해온 조처들에 상응하는 조처를 하지 않거나 정치적 계산을 바꾸지 않는다면 우리는 어떤 형태로든 미국의 요구에 양보하거나 협상을 계속할 의사가 없다.… 미국은 지난달 김정은 국무위원장과 도널드 트럼프 대통령 간의 하노이 정상회담에서 황금 같은 기회를 날렸고 우리는 미국과 협상을 지속할지, 그리고 미사일 발사와 핵시험 중단

---

1 '조선로동당 중앙위 제7기 제5차 전원회의- 김정은 위원장 지도'(《조선중앙통신》 2020년 1월 1일자)

을 유지할지 등을 곧 결정할 것"이라고 했다.[2]

트럼프 대통령은 북의 핵시험과 미사일 발사 중단을 자신의 가장 큰 외교적 성과로 내세워 왔다. 역사상 처음인 정상간 협상 개시만으로도 오랜 기간 누적 심화된 국가안보 위기의 급한 불을 껐다고 자화자찬하였다. 미국의 역대 어느 대통령도 해내지 못한 가시적 성과를 일궈냈다고 했다. 그러나 과감히 결단해야 할 제재 문제를 좌고우면하면서 시간을 끌고 협상의 지렛대로 쓰려 했다. '급한 불'을 끄자마자 북의 비핵화 의지와 선제적 핵시험장 폐기, 그리고 핵미사일 모라토리엄 조처를 본인의 업적으로 선전하고 이용하려고만 했다고 볼 수 있다.

남측 국회와 기능이 유사한 5년 임기의 북 최고인민회의 14기 대의원들이 2019년 4월 10일 새로 선출되었다. 김정은 국무위원장은 이튿날 회의에서 〈현 단계에서의 사회주의 건설과 공화국 정부의 대내외정책에 대하여〉란 시정연설을 했다. 여기엔 향후 북의 사회주의 건설노선, 북미관계, 남북관계와 관련된 주요 내용이 담겼다.

2차 정상회담 뒤 북미는 여지를 남기며 상호 비난을 자제했으나 협상이 난관에 봉착한 것은 분명했다. 이런 와중에 열린 최고인민회의에서 김정은 위원장이 시정연설을 한 것이다. 연설에선 2017년 11월 북의 국가핵무력 완성 선언 이후 진행된 북미간 협상결과를 평가, 정리했다. 2018년 3차 전원회의 이후 진행된 북 사회주의 발전전략과 대내외 관계에 대한 총화인 셈이다. 특히 주목받은 것은 이전과 다른 새로운 차원에서 제시된 접근법이다.

"최근 우리 핵무장력의 급속한 발전 현실 앞에서 저들의 본토 안전에 두려

---

[2] '최선희 북한 외무성 부상 3월 15일 평양 회견 발언문'(《뉴시스》 2019년 3월 25일자)

움을 느낀 미국은 회담장에 나와서 한편으로는 관계 개선과 평화의 보따리를 만지작거리고, 다른 한편으로는 경제제재에 필사적으로 매여 달리면서 어떻게 하나 우리가 가는 길을 돌려세우고 선 무장해제, 후 제도전복 야망을 실현할 조건을 만들어보려고 무진 애를 쓰고 있습니다."

"지난 2월 하노이에서 진행된 제2차 조미수뇌회담은 우리가 전략적 결단과 대용단을 내려 내짚은 걸음들이 과연 옳았는가에 대한 강한 의문을 자아냈으며 미국이 진정으로 조미관계를 개선하려는 생각이 있기는 있는가 하는데 대한 경계심을 가지게 한 계기로 되었습니다.… 최근 미국이 제3차 조미수뇌회담을 또다시 생각하고 있으며 대화를 통한 문제해결을 강력히 시사하고 있지만 새로운 조미관계 수립의 근본방도인 적대시정책 철회를 여전히 외면하고 있으며 오히려 우리를 최대로 압박하면 굴복시킬 수 있다고 오판하고 있습니다."[3]

4.12시정연설의 핵심은 '자력갱생' 전략이었다. 그런데 이번에 강조한 자력갱생은 과거의 그것과는 의미가 상당히 달랐다. 새로운 자력갱생 노선은 북이 단순히 경제봉쇄와 제재에 견디고 살아남겠다는 방어적 개념의 자력갱생 전략이 아니었다. 전략국가의 지위에 오른 새로운 조건과 환경에서 자기네 사회주의 자립적 민족경제노선으로 '미국과 관계 개선 없이도' 자력으로 사회주의강국으로 뛰어오르겠다는 공세적 개념이었다. 2018년 4월 조선로동당 3차 전원회의 결정의 기본내용인 '사회주의 경제건설 총력 집중' 전략기조를 그대로 유지하면서, 이를 미국과의 관계 개선이나 제재해제에 연연하지 않고 자력으로 해결해 나가기로 결정한 것이다.

"지금 미국이 제3차 조미수뇌회담 개최에 대해 많이 말하고 있는데 우리는 하노이 조미수뇌회담과 같은 수뇌회담이 재현되는데 대하여서는 반갑

---

[3] 김정은, 「현 단계에서의 사회주의 건설과 공화국 정부의 대내외정책에 대하여」, 2019.04.12.

백마를 타고 백두산에 오른 김정은 위원장(2019.12. 4) 〈조선의 오늘〉

지도 않고 할 의욕도 없습니다.… 미국이 올바른 자세를 가지고 우리와 공유할 수 있는 방법론을 찾은 조건에서 제3차 조미수뇌회담을 하자고 한다면 우리로서도 한 번은 더 해볼 용의가 있습니다. 그러나 지금 이 자리에서 생각해보면 그 무슨 제재해제 문제 때문에 목이 말라 미국과의 수뇌회담에 집착할 필요가 없다는 생각을 하게 됩니다. 어쨌든 올해 말까지는 인내심을 갖고 미국의 용단을 기다려볼 것이지만 지난번처럼 좋은 기회를 다시 얻기는 분명 힘들 것입니다."[4]

그러면서 김정은 위원장은 북의 녕변 핵시설 영구폐기에 상응해 미국에 요구할 조치로는 대북 안전보장 문제, 즉 대북 핵무력 철수와 상호 군사력 후퇴방안이라고 못 박았다. 이를 받아들이지 않으면 당연히 핵미사일 모라토리엄도 순차적으로 깨질 수 있다는 경고의 의미였다. 북미관계에서 '불과 불'이 부딪치던 2018년 이전으로 돌아갈 수도 있음을 뜻한 거였다.

이렇게 4월 시정연설에서 북이 미국에 밝힌 새 계산법에 따른 '연말 시한'

---

4   김정은, 위의 글, 2019.04.12.

이 다가왔으나 미국은 '대화 유지'만을 되풀이할 뿐 답을 주지 못했다. 그런 상황에서 2019년 12월 말 조선로동당 중앙위원회 제7기 5차 전원회의가 열려 '정면돌파전'이란 '새로운 길'이 천명됐다. 이는 김 위원장의 지난 4월 시정연설 기조와 일맥상통하는 것이다.

5차 전원회의의 결과는 지난 2년간 북미, 남북관계를 근본적으로 개선하려던 시도 진체에 대한 평가와 그에 기초한 전략적 정책전환 내용을 담고 있다. 더불어 반세기 이상 추진한 국가핵무력 완성 이후 북 스스로 선언한 핵전략, 즉 대담한 단계적 핵군축(비핵화), 핵전파 방지정책 실행에 대한 수정과 '재전환 정책'도 포함하고 있다. 이후 북의 핵억제력 강화는, 북미관계에 따라 '상향수준' 등 수위 조절의 여지를 남겼지만 미국이 대북 적대정책을 지속한다면 부득불 핵군축의 역방향(핵무력 증강)으로 나갈 수밖에 없음을 밝힌 것이다. 북미관계 개선과 6.12싱가포르 공동성명 이행의 여건조성을 위해 북이 먼저 단행한 핵시험과 전략미사일 시험발사

2019년 12월 전원회의 전경 〈로동신문〉

중지(핵·전략미사일 모라토리엄)가 끝났음을 밝힌 것이다.

> "미국의 본심은 대화와 협상의 간판을 걸어놓고 흡진갑진하면서 저들의 정치외교적 리속을 차리는 동시에 제재를 계속 유지하여 우리의 힘을 점차 소모 약화시키자는 것이라고 락인하시였다.… 근간에 미국이 또다시 대화 재개 문제를 여기저기 들고 다니면서 지속적인 대화타령을 횡설수설하고 있는데 이것은 애당초 대조선 적대시정책을 철회하고 관계를 개선하며 문제를 풀 용의가 있어서가 아니라 사면초가의 처지에서 우리가 정한 년말 시한부를 무난히 넘겨 치명적인 타격을 피할 수 있는 시간벌이를 해보자는 것일 뿐이라고, 대화타령을 하면서도 우리 공화국을 완전히 질식시키고 압살하기 위한 도발적인 정치군사적, 경제적 흉계를 더욱 로골화하고 있는 것이 날강도 미국의 이중적 행태라고 못 박으시였다."[5]

이런 현실 평가에 기초해 북이 내린 결론은 두 가지, 즉 자력갱생과 핵억제력 강화였다. 자력갱생이 대내 전략이라면 핵억제력 강화는 대외 전략인 셈이다. 그렇다고 곧바로 대미 군사행동을 개시하겠다는 것은 아니었다. 경제적 자강과 핵전력 증강으로 미국의 대북 적대정책을 전환시키겠다는 뜻으로 읽힌다. "미국과의 장기적 대립을 예고하는 조성된 현 정세는 우리가 앞으로도 적대세력들의 제재 속에서 살아가야 한다는 것을 기정사실화하고 각 방면에서 내부적 힘을 보다 강화할 것을 절박하게 요구하고 있습니다." "세기를 이어온 조미대결은 오늘에 와서 자력갱생과 제재와의 대결로 압축되어 명백한 대결그림을 그리고 있습니다."

이런 목표를 실현할 방법은 대미 협상전략이 아니었다. '정면돌파전'이란 새로운 방향이 제시되었다. 정면돌파전은 미국이 대북 적대정책을 철회할 때까지 진행해야 하는 장기전의 성격이 강하다. 그런 만큼 하노이 정

---

5 '조선로동당 중앙위 제7기 제5차 전원회의- 김정은 위원장 지도'〈조선중앙통신〉 2020년 1월 1일》

상회담에서처럼 제재해제와 비핵화(녕변 핵시설 폐기)를 협상하는 일이 더는 없음을 의미한다.

> "미국의 본심을 파헤쳐본 지금에 와서까지 미국에 제재해제 따위에 목이 매여 그 어떤 기대 같은 것을 가지고 주저할 필요가 하나도 없으며 미국이 대조선 적대시정책을 끝까지 추구한다면 조선반도 비핵화는 영원히 없을 것이라는 것, 미국의 대조선 적대시가 철회되고 조선반도에 항구적이며 공고한 평화체제가 구축될 때까지 국가 안전을 위한 필수적이고 선결석인 전략무기 개발을 중단 없이 계속 줄기차게 진행해나갈 것임을 단호히 선언하시였다."[6]

5차 전원회의 결정은 2년간 진행한 대미전략의 전면 수정이었다. 이에 따라 그동안 트럼프 정부와 지속하던 대미협상의 동력은 사라지고 북미 사이 관계 개선과 비핵화 교환이란 협상공식도 의미를 잃었다. 북이 전원회의에서 직접 대미협상 파기를 선언하지는 않았지만 트럼프 정부와 협상이 더는 대미전략의 우선순위에 있지 않은 만큼 협상이 재개될 가능성도 급락했다.[7] 그런데 더한 문제는 5차 전원회의 결정이 트럼프 정부만을 대상으로 한 방침이 아니란 사실이었다. 트럼프 정부를 넘어서는 대미전략 차원의 결정이었다. 이를 두고 김정은 위원장은 전원회의 보고에서 "혁명의 최후승리를 위하여, 위대한 우리 인민을 잘 살게 하기 위하여 우리 당은 또다시 간고하고도 장구한 투쟁을 결심하였습니다"라고 알렸다.

---

6 위의 기사(2020년 1월 1일)
7 '北 최선희 "북미회담설에 아연… 마주 앉을 필요 없어"'(〈연합뉴스〉 2020년 7월 4일)

9 새 격변기 준비한 조선로동당 제8차 대회

조선로동당 제8차 대회가 2021년 1월 5일부터 12일까지 이례적으로 연초부터 개최되었다. 당대회는 2017년 11월 북이 국가핵무력 완성을 선언한 이후 첫 대회이고, 트럼프 정부의 요청으로 시작된 두 차례 역사적인 북미정상회담이 결실을 맺지 못한 상태에서 열렸다. 당대회는 미국의 정권교체기와 맞물렸다. 공화당 소속인 트럼프 대통령이 연임에 실패하고 이번엔 민주당의 바이든 정부가 1월 출범했다.

2019년 12월 당중앙위원회 전원회의 결정으로 싱가포르 북미공동성명 실현과 평화협상에 대한 기대를 사실상 접고 '정면돌파전'으로 선회한 상태였다. 북 입장에서 8차 당대회는 앞선 7차 당대회 이후 이룩한 전략국가로서 행보를 평가하면서도 정면돌파전에 임하는 결의를 높이고 자력갱생 기조에서 이를 전면화하는 계기였다고 할 수 있다. 김정은 위원장의 당 사업총화보고와 대회 주요 결정내용을 역사적 맥락에서 살펴보면 이렇다.

첫째, 김정은 위원장은 기존 당 제1비서[1]라는 직위에서 2016년 당위원장을 거쳐 8차 당대회에서 당 총비서로 추대됐다. 김정일 국방위원장이 김 주석

---

[1] 2012년 4월 당대표자회에선 김정일 국방위원장을 '당의 영원한 총비서'로 추대하고, 김정은 당군사위 부위원장을 '조선로동당 제1비서'로 추대했다. 이후 2016년 5월 7차 당대회에서 제1비서 대신 당위원장을 신설해 김정은 제1비서를 추대했다. 2021년 1월 8차 당대회에선 당 총비서직을 복원했다.

조선로동당 제8차 대회 전경 〈로동신문〉

서거 3년 뒤에야 맡았던 당 최고직위가 총비서였다. 어찌 보면 이전 '제1비서', '당위원장' 등의 직위는 총비서로서 지도력을 준비하는 과정이었다고 보겠다. 김정은 위원장이 명실상부한 당 최고직위의 지도력을 공인받았음은 물론, 유일영도체계를 확고히 다졌다는 의미로 받아들여진다.

> "혁명하는 당에 있어서 당의 수반은 전당의 조직적 의사를 체현한 혁명의 최고뇌수이며 령도의 중심, 단결의 중심이다. 당의 수반을 정확히 선거하는 것은 혁명위업의 계승기와 새로운 발전기에 더욱 중요하고 사활적인 요구로 나선다.… 주체혁명의 유일무이한 계승자이시고 령도자이시며 우리 국가의 강대성의 상징이시고 모든 승리와 영광의 기치이신 김정은 동지를 조선로동당의 수반으로 변함없이 높이 모시는 것은 시대와 력사의 엄숙한 요구이고 전체 당원들의 총의이며 우리 인민의 한결같은 념원이다."[2]

둘째, 당규약의 당면목표인 사회주의 강성국가 건설과 조국통일의 길에서 미국과의 정면대결은 피할 수 없다는 결론을 내렸다.

지난 3년간 북의 대미, 대남 '선도적 선의(善意)정책'을 재평가하면서 '강

---

[2] '조선로동당 제8차 대회 결정서: 조선로동당 총비서 선거에 대하여'〈로동신문〉2021년 1월 11일자)

대강, 선대선' 정책으로 전환하여 적대세력들과 강권을 휘두르는 대국들에 대해서는 강대강 정책을 견지하기로 하였다. 선대선은 원칙적 표현으로 보이며, 북은 현실적으로 미국의 제국주의적 침략성과 대북 적대정책에 변화가 없으리라 보고 있음이다.

이에 따라 8차 당대회에서 북은 핵무력을 계속 고도화하기로 하였다. 또 공화국 무력을 정치·사상적으로, 군사·기술적으로 부단히 강화하겠다고 당규약에 명시했다. 8차 당대회는 사회주의 건설과 조국통일의 주된 장애물인 미국을 '제압하고 굴복'시키는데 집중한다는 대담한 전략을 수립하였다.

> "대외정치활동을 우리 혁명발전의 기본 장애물, 최대의 주적인 미국을 제압하고 굴복시키는데 초점을 맞추고 지향시켜나가야 한다."[3]

셋째, 이런 목표의 실현방도로 '인민대중제일주의'를 다시 한번 강조했다. 더불어 자강력에 기초한 사회주의 자립경제노선과 핵무력 국방력을 지속적으로 강화하는 정면돌파전을 택했다.

'인민대중제일주의 정치'는 2012년 김정은시대의 출범부터 북이 강조한 정책이자 구호였고, 8차 당대회를 통해 북의 사회주의 기본정치방식으로 정식화되었다.

> "정세가 아무리 엄혹하고 난관이 중첩되어도 인민대중제일주의 정치를 철저히 구현하면 불리한 모든 요인들을 능히 극복하고, 방대한 과제들을 용이하게 해결할 수 있다."[4]

"'이민위천', '일심단결', '자력갱생' 바로 여기에 우리 당의 향도력을 높일

---

3 김정은, '조선로동당 제8차 대회 중앙위원회 사업총화보고'(2021년 1월 9일)
4 김정은, 위의 글(2021년 1월 9일)

조선로동당 제8차 대회에서
연설하는 김정은 위원장
〈로동신문〉

수 있는 근본 비결이 있고 우리 당이 군중 속에 더 깊이 뿌리박기 위한 근본방도가 있으며 우리가 유일하게 살아나가고 앞길을 개척할 수 있는 근본담보가 있습니다. 나는 이번 당대회에서 그 어떤 요란한 구호를 내드는 것보다도 우리 당의 숭고한 '이민위천', '일심단결', '자력갱생' 이 3가지 리념을 다시 깊이 새기는 것으로써 당 제8차 대회의 구호를 대신하자는 것을 제기합니다."[5]

넷째, 사회주의 경제건설과 관련해 미국 오바마, 트럼프 정부 시기의 극한 대북 경제제재와 대외환경을 일시적 조건이 아니라 장기적인 상시 조건으로 두고 새로운 경제계획을 수립하였다. 이에 따라 기존 자립적 민족경제에 더해 과학기술이 선도하는 강력한 '자급자족 경제'를 구현하는 경제관리원칙으로 조정 정비하기로 하였다.

국가경제발전 5개년 계획이 새롭게 제시되었다. 7차 당대회의 추상적인 '경제발전 5개년 전략'은 이번 대회에서 구체적인 '5개년 계획'으로 명시되었다. 이는 고난의 행군 시기 곡절 속에 중단된 경제분야 계획과 실행 공정을 재개한 것으로 그만큼 북의 경제토대가 안정되고 70~80년대 고속

---

[5] 김정은, 〈조선로동당 제8차 대회에서 한 결론〉(2021년 1월 12일)

성장기처럼 계획적인 사회주의 경제건설이 가능하다고 판단한 결과라고 보겠다. 더불어 내각 책임제가 다시 강조되었다. 기존 군수중심 경제에 따른 특수와 특권을 교정하고 모든 생산부문을 사회주의 일반 경제원리에 복종시키는 조치로 이해된다.[6]

보고에선 또 사회주의 건설과정에서 나타난 결함도 지적됐다. 엄혹한 내외 정세에서 경제사업을 비롯한 여러 분야 사업에서 심중한 결함들이 나타났지만, 이는 새로운 발전단계, 사회주의위업의 전진과정에 나타난 편향이며 자체의 지혜와 힘으로 얼마든지 바로잡고 해결할 수 있는 문제들이라고 평하였다.

조선로동당 창당 75주년 기념 열병식에서 선보인 신형 SLBM과 ICBM 〈로동신문〉

다섯째, 핵보유국의 입장에서 핵무력, 국방력을 비상히 강화하여 전략국가의 지위와 역할을 확대하고, 대외정책은 국제사회에서 반제·반미연대전선을 강화하는 방향에서 정립하였다.

7차 당대회와 비교할 때 흥미로운 점은 8차 당대회 총화보고와 결정문 전문을 공개하지 않고 요약정리 형식으로 알린 것이다. 그런 한편 국방분야 계획과 관련해선 특급 국가기밀 수준의 내용을 상당히 구체적으로 공개

---

6 '국방공업 성과 민수로 전환되면 확 달라진다: [인터뷰] 북 대외무역일꾼 강문 ① 8차 당대회를 통해 본 북한 경제'〈통일뉴스〉 2021년 3월 2일〉

하였다. 이것들은 군사강국인 러시아, 미국, 중국도 현재 경쟁적으로 추진 중인 기밀계획들로 미국을 위시한 서방 제국주의 세력에게 보내는 공개 메시지로 읽힌다. 특히 대미 전략무기와는 별도로 다양하게 개발된 초정밀 전술핵무기, 극초음속 활공비행 전투부, 군사정찰위성, 최근 열병식에서 보여준 현대화된 재래식 무기는 북의 국지전, 조국통일대전의 준비 정도와 수준을 반영한다고 하겠다.

> "제기한 국가방위력 강화를 위한 중대 과업들은 미국과 적대세력들의 분별없는 군비증강으로 국제적인 힘의 균형이 파괴되고 있는 실정에서 이 땅에서 전쟁접경과 완화, 대화와 긴장의 악순환을 영원히 해소하고 적대세력들의 위협과 공갈이라는 말 자체가 종식될 때까지 나라의 군사적 힘을 지속적으로 강화해나갈 철의 신념과 의지의 표명으로 된다."[7]

여섯째, 남북관계의 경우 문재인 정부의 4.27판문점선언 불이행을 비판하면서 합의를 이행하는 만큼 대남 관계를 진척시킨다는 새 원칙을 정했다.

> "남조선당국이 비정상적이며 반통일적인 행태들을 엄정관리하고 근원적으로 제거해버릴 때 비로소 공고한 신뢰와 화해에 기초한 북남관계 개선의 새로운 길이 열리게 될 것임을 분명히 했다.… 지금 현시점에서 남조선당국에 이전처럼 일방적으로 선의를 보여줄 필요가 없으며 우리의 정당한 요구에 화답하는 만큼, 북남합의들을 리행하기 위하여 움직이는 것만큼 상대해주어야 한다고 강조하였다."[8]

또 북은 "남조선당국의 태도 여하에 따라 얼마든지 가까운 시일 안에 북남관계가 다시 3년 전 봄날과 같이 온 겨레의 염원대로 평화와 번영의 새 출발점에로 돌아갈 수도 있을 것"이라고 했다. 이는 문재인 정부에 대한

---

7 조선로동당 제8차 대회에서 하신 김정은 위원장의 보고에 대하여'〈조선중앙통신〉 2021년 1월 9일)
8 김정은, 위의 글(2021년 1월9일)

실낱같은 희망이고, 그보다는 북이 기존 남북합의들과 평화, 민족대단결 원칙에 '먼저 문을 닫지는 않겠다'는 의미로 해석된다. 이는 2021년 3월 4일 김여정 부부장 담화[9]를 통해 현실이 됐다.

북은 1990년대 사회주의진영의 몰락과 위기 속에서도 선대수령의 국가핵무력 완성 구상을 포기하지 않았다. 국가핵무력 완성 이후 트럼프 정부의 협상 요청을 받아들여 북미 적대관계 해소를 시도하였고 한반도 평화체제와 통일여건 조성, 그리고 '경제 집중노선' 실현을 통해 본격적인 경제부흥과 인민생활 향상을 동시에 도모하였다. 인민경제를 빠르게 선진국 수준으로 부흥시키고자 한 것이다.

7차 당대회 이후 5년 기간에 대한 평가는 이렇다. 최악의 내외환경 속에서 자존과 번영의 '우리 국가제일주의' 새 시대를 열었고 7차 당대회에서 제시한 경제목표에 비록 미달했으나 경제의 사회주의적 기초와 과학기술 수준, 그리고 준비된 성장 잠재력은 매우 크다고 했다. 이룩한 성과도 있겠으나 북은 새로운, 완전한 승리를 위해 비판적 입장에서 이를 총평했다.

> "사회주의 건설의 주체적 힘, 내적 동력을 비상히 증대시켜 모든 분야에서 위대한 새 승리를 이룩해나가자는 것이 조선로동당 제8차 대회의 기본사상, 기본정신입니다."[10]

북은 국가핵무력 완성과 정치군사강국 기반 위에 인민대중제일주의로 그들이 추구하는 '새 발전기, 격변기'를 열기로 한 것으로 보인다. 대북제재를 상수로 놓고 자력 경제부흥과 핵무력과 국방력을 다시 비상히 강화

---

9 '北 김여정 담화문 전문 "南, 전쟁의 3월 선택… 어떤 협력·교류도 필요 없다"'(《뉴스핌》 2021년 3월 16일자)
10 김정은, 〈조선로동당 제8차 대회에서 한 결론〉(2021년 1월 12일)

하여 미국의 대북 적대정책을 힘으로 파탄 내는 '끝장 투쟁'이 예상된다. 자강력으로 사회주의 자립적 민족경제의 부흥기를 열고 '완전한 평화'인 조국통일을 구현하려는 행보는 현재진행형인 것이다.

8차 당대회 결정을 실행할 북의 사상태세를 함축한 김정은 총비서의 최종 결론의 마지막 대목을 소개한다.

> "사회주의위업의 새로운 승리를 쟁취하며 혁혁한 전진을 이루려면 보다 힘겨운 정면돌파전을 각오하여야 합니다. 이제 적대세력들은 더욱 미친 듯이 우리의 앞길을 가로막으려 할 것이며, 세계는 우리 당의 정치선언과 투쟁강령이 어떻게 실현되어 나가는가를 지켜볼 것입니다.
>
> 당의 구상과 결심을 철저한 행동실천으로 받드는 전체 당원들과 인민들, 인민군 장병들의 불타는 충성심과 일심단결의 불가항력적 힘이 있는 한 우리의 승리는 확정적입니다. 모두 다 당 제8차 대회가 제시한 투쟁강령의 빛나는 실현을 위하여, 영광스러운 조선로동당의 강화발전과 주체혁명위업의 승리적 전진을 위하여, 위대한 우리 인민을 위하여 더욱 힘차게 싸워나갑시다."[11]

---

11 김정은, 위의 글(2021년 1월 12일)

| 참고문헌 |

■ 단행본

남측

강호제, 〈과학기술로 북한 읽기 1〉(알피사이언스, 2016)
극동문제연구소 편, 〈원전 공산주의대계〉(극동문제연구소, 1984)
김광수, 〈세습은 없다: 주체의 후계자론과의 대화〉(선인, 2008)
김성보·기광서·이신철, 〈사진과 그림으로 보는 북한현대사: 1945~〉(웅진지식하우스, 2009)
김승재, 〈인도에 등장한 김정은, 그 후의 북한 풍경〉(선인, 2015)
김형수, 〈문익환 평전〉(실천문학사, 2010)
미셸 초서도브스키 저, 진병춘 역, 김장호 편, 〈전쟁의 세계화〉(민플러스, 2018)
〈민족21〉 편, 〈실리 사회주의 현장을 가다〉(선인, 2006)
박경순, 〈현대조선의 탄생: 1945~1948〉(내일을 여는 책, 2020)
박병엽 구술, 정창현 편, 〈곁에서 본 김정일〉(김영사, 1999)
4.27시대연구원 편, 〈북 바로알기 100문 100답(1)〉(사람과사상, 2019)
4.27시대연구원 편, 〈진보 길라잡이〉(4.27시대, 2020)
서재정·정용욱 편, 〈탈냉전과 미국의 신세계질서〉(역사비평사, 1996)
와다 하루끼 저, 서동만·남지정 역, 〈북조선: 유격대 국가에서 정규군 국가로〉(돌베개, 2004)
이종석, 〈북한의 역사 2: 주체사상과 유일체제, 1960~1994〉(역사비평사, 2011)
이진규, 〈새시대 정치학원론〉(조국, 1990)
임영태, 〈민족화해와 협력의 시대에 읽는 북한 50년사②: 주체사상의 정립부터 김정일 시대까지〉(들녘, 1999)
전상봉, 〈통일, 우리민족의 마지막 블루오션〉(시대의 창, 2007)
정석홍, 〈남북한 비교론〉(사람과 사람, 1999)
정창현, 〈CEO of DPRK 김정일〉(중앙북스, 2007)
존 톰슨 저, 김남섭 역, 〈20세기 러시아 현대사〉(사회평론, 2000)
최한욱, 〈핵과 한반도〉(도서출판 6.15, 2006)

한홍구, 〈대한민국사〉 3(한겨레출판, 2005)
황성환, 〈아메리카 제국의 몰락〉 상·하(민플러스, 2018)
히메다 미쓰요시 저, 김순호 역, 〈20세기 중국사〉(돌베개, 1995)

북측

김순철, 〈관측원들은 보고한다〉(〈조선문학〉 2008년 7호)
김일성, 〈김일성저작선집〉 8권(조신로동당출판사, 1982)
김일성, 〈김일성전집〉 93권(조선로동당출판사, 2011)
김일성방송대학, 〈상식수첩, 선군정치 문답집(1)〉(2007)
김일성, 〈세기와 더불어〉 1권(조선로동당출판사, 1992)
김일성, 〈세기와 더불어〉 4권(조선로동당출판사, 1994)
김일성, 〈세기와 더불어〉(계승본) 7권(조선로동당출판사, 1996)
김일성, 〈세기와 더불어〉(계승본) 8권(조선로동당출판사, 1996)
김정일, 〈김정일선집〉 6권(조선로동당출판사, 2010)
김정일, 〈김정일선집〉(증보판) 7권(조선로동당출판사, 2011)
김정일, 〈김정일선집〉(증보판) 13권(조선로동당출판사, 2012)
김정일, 〈김정일선집〉(증보판) 19권(조선로동당출판사, 2013)
김정일, 〈김정일저작집〉 10권(조선로동당출판사, 인터넷자료)
김정일, 〈김정일저작집〉 13권(조선로동당출판사, 인터넷자료)
김재천 저, 김경식 편, 〈후계자문제의 이론과 실천〉(출판처 불명, 1989)
김한길, 〈현대조선력사〉(사회과학출판사, 1983)
리경철·안원혁, 〈김일성 주석 통일일화〉(평양출판사, 2008)
리기성, 〈지식경제시대와 새 세기 산업혁명〉(사회과학출판사, 2019)
리성준, 〈위대한 주체사상 총서 1: 주체사상의 철학적 원리〉(사회과학출판사, 1985)
리성호, 〈력사를 통하여 본 영문국호 표기: Corea〉(사회과학출판사, 2013)
리종렬, 〈총서 불멸의 역사: 평양은 선언한다〉(문학예술종합출판사, 2000)
백보흠·송상원, 〈총서 불멸의 역사: 영생〉(문학예술종합출판사, 1997)
심병철, 〈조국통일문제 100문 100답〉(평양출판사, 2003)
사회과학원 경제연구소 편, 〈경제사전〉(학우서방, 1973)
사회과학원 력사연구소 편, 〈력사사전〉(학우서방, 1972)
사회과학원 력사연구소, 〈장군님과 력사학〉(사회과학출판사, 2014)

사회과학원 력사연구소, 〈조선전사 년표 2〉(과학백과사전출판사, 1993)

사회과학원 력사연구소, 〈조선전사〉 16권 '현대편 : 항일무장투쟁사 1'(과학백과사전출판사, 1981)

사회과학원 력사연구소, 〈조선전사〉 31권 '현대편 : 사회주의건설사 4'(과학백과사전출판사, 1982)

사회과학원 력사연구소, 〈조선전사〉 33권 '현대편 : 사회주의건설사 6'(과학백과사전출판사, 1982)

사회과학원 력사연구소, 〈조선전사〉 34권 '현대편 : 사회주의건설사 7'(과학백과사전출판사, 1992)

사회과학원 력사연구소, 〈조선통사(하)〉(개정판)(사회과학출판사, 2016)

사회과학원 철학연구소, 〈조선철학전사〉 11권(사회과학출판사, 2010)

사회과학원 철학연구소, 〈조선철학전사〉 13권(사회과학출판사, 2010)

정기종, 〈총서 불멸의 향도: 력사의 대하〉(문학예술출판사, 2005)

조선로동당 당력사연구소, 〈조선로동당력사 2〉(조선로동당출판사, 2018)

조선로동당 당력사연구소 편, 〈김일성저작선집〉 8권(조선로동당출판사, 1982)

조선중앙통신사, 〈조선중앙년감 1999〉(2000)

조선중앙통신사, 〈조선중앙년감 2002〉(2003)

최철웅·신영균, 〈사회주의 배신자들의 추악한 운명〉(사회과학출판사, 2010)

탁진·김강일·박홍제, 〈김정일지도자 1〉(구월서방, 1984)

탁진·김강일·박홍제, 〈김정일지도자 2〉(구월서방, 1984)

탁진·김강일·박홍제, 〈김정일지도자 4〉(평양출판사, 1999)

평양출판사 편, 〈선군태양 김정일장군 1〉(평양출판사, 2006)

■ 논문

남측

김주용, 〈만주지역 간도특설대의 설립과 활동〉(〈한일관계사연구〉 31집, 한일관계사학회, 2008)

문영찬, 〈등소평의 사회주의 시장경제론 비판〉(〈노동사회과학〉 vol 1., 노동사회과학연구소, 2008년 11월호)

양문수, 〈김정은의 강성국가 전략 지식경제강국〉 토론문

정성장, 〈김정일 시대의 정치체제 특징 연구〉(통일부 2003년 정책연구과제)

정영철, 〈평화경제의 구성, 개성공단과 금강산 관광의 의미〉(2019년 10월 7일 개성공단·금강산관광 재개 범국민운동본부 발족식 토론회)

조우찬, 〈1967년 북한 갑산파의 혁명전통 다원화 시도의 종결〉(《현대정치연구》 2017년 봄호 (Vol 10.1), 2017)

진희관, 〈북한에서 '선군'의 등장과 선군사상이 갖는 함의에 관한 연구〉(《국제정치논총》 제48집 1호, 2008, 378쪽)

북측

김정일, 〈사회주의 건설에서 군의 위치와 역할〉(김일성종합대학 정치경제학부 학사논문, 1964년 3월)

리기성, 〈현시기 사회주의 경제강국 건설의 주요 과업〉(《경제연구》 2009년 1호, 사회과학원)

유정철, 〈위대한 령도자 김정일 동지께서 수령영생위업을 빛나게 실현하신 불멸의 업적〉(김일성방송대학 홈페이지, 2018)

■ 언론보도 등

남측

'김정일 약력'(《매일경제》 1994년 7월 9일자)

KBS 드라마 〈붉은 왕조〉(1980년)

KBS 드라마 〈지금 평양에선〉(1983~85년)

'미국무장관 블링컨과 북한 '셰쌍둥이'의 상관관계는?'(유튜브 〈왈가왈북〉 2021년 3월 25일자)

'남북이 공유할 항일역사 출판 계기로 새 시대 열자'(《통일뉴스》 2021년 4월 23일)

'출협 "김일성회고록 가처분 기각 환영… 서점서 자유롭게 만나길"'(《연합뉴스》 2021년 5월 14일자)

'김일성 주석 안전 위해 목숨 바친 국제주의전사 장울화 열사'(《자주민보》 2008년 4월 18일자)

'한반도전쟁 시뮬레이션 해봤더니… 하루 만에 240만 명 사상'(《시사인》 124호, 2010년 11월 29일자)

'[세상읽기] 9.11, 금강산댐, 천안함'(《한겨레신문》 2010년 5월 12일자)

'북한, 대남 수해지원 소개…지원 기대?'(《연합뉴스》 2012년 8월 31일자)

'"중유 중단은 합의문 파기 선언"〈조선신보〉'(《연합뉴스》 2002년 11월 20일자)

'미국의 '아시아 회귀' 전략 뒤흔든 북한 SLBM'(《민플러스》 2016년 9월 1일자)

'전 주한미군사령관 "2017년 한반도 전쟁날 뻔… 미국인 대피계획도"'(《경향신문》 2020년 11월 9일)

"'사면초가' 박근혜 정권이 모르는 4가지'(《민플러스》 2016년 8월 5일자)

"국군은 국가의 안전보장과 국토방위의 신성한 의무를 수행함을 사명으로 하며…"(대한민국 헌법 제5조 2항)

'미 하원 "북한, 미국 본토 공격할 전자기파 폭탄 훈련"'(《중앙일보》 2014년 5월 12일자)

'北 리용호·최선희 심야 기자회견'(《연합뉴스》 2019년 3월 31일자)

'반도의 봄, 통일이 오는 길'(《민플러스》 2018년 1월 1일자)

'북한 전문가들 "北 상응조치… 종전선언이 아닌 '북미관계 개선, 평화체제 구축 등 의미"'(《서울평양뉴스》 2018년 10월 6일)

'다시 '담판' 나서는 北美정상, 뭘 주고받나… 빅딜'(《매일경제》 2019년 1월 19일 참조)

'하노이 담판 결렬: 트럼프 대통령 기자회견 문답'(《연합뉴스》 2019년 3월 31일자)

'최선희 북한 외무성 부상 3월 15일 평양 회견 발언문'(《뉴시스》 2019년 3월 25일자)

'북 리용호, '미측 추가요구로 회담 결렬' 반박'(《통일뉴스》 2019년 3월 1일자)

'北 최선희 "북미회담설에 아연… 마주 앉을 필요 없어"'(《연합뉴스》 2020년 7월 4일)

'국방공업 성과 민수로 전환되면 확 달라진다: [인터뷰] 북 대외무역일꾼 강문 ① 8차 당대회를 통해 본 북한 경제'(《통일뉴스》 2021년 3월 2일)

'평양선언 25년… 최후승리는 주체의 사회주의〈북 통신〉'(《통일뉴스》 2017년 4월 20일자)

'北 토지정리작업 의미 부각'(《연합뉴스》 2001년 11월 19일자)

"'김일성 탄생 100돌 해에 강성대국의 대문을 열자"'(《통일뉴스》 2007년 12월 1일자)

'北 인사 "식량배급 전면 중단 사실 아니다"'(《연합뉴스》 2004년 4월 9일자)

"'김일성김정일기금의 사명은 사회발전 위한 사업하는 것"'(《통일뉴스》 2013년 9월 17일자)

'남북정상회담 내달 25일 평양서'(《경향신문》 1994년 6월 29일자)

'남북정상회담 새 국면/ 김 대통령·김정일 비서 일단 재추진 희망'(《한겨레신문》 1994년 7월 25일자)

'김 대통령 "김정일 건강 이상 있는 듯"'(《한겨레신문》 1994년 8월 17일자)

'북 식량난 4년간 22만명 사망 추정'(《한겨레신문》 1999년 5월 11일자)

'고난의 행군의 상징, 자강도의 강계정신'(《왈가왈북》 2020년 10월 11일자)

'북, 당창건 55돌 기념 김영춘 총참모장 연설'(《통일뉴스》 2000년 10월 11일자)

'美 '심각한 사태' 규정/ 日 KEDO 분담금 유보'(《경향신문》 1998년 9월 1일자)

'北 "미사일 발사는 자주권"'(《경향신문》 1998월 9월 3일자)

'북 "인공위성 발사 성공"/ 외교부 "대포동 미사일 아닌 위성" 공식발표'(《한겨레신문》 1998년 9월 5일자)

정희상, '한반도전쟁 시뮬레이션 해봤더니… 하루 만에 240만 명 사상'(〈시사인〉 124호, 2010년 11월 29일자)

'박한식, "클린턴 '카터 평양행' 돌연 승낙하자 김영삼도 급선회했다"'(〈한겨레〉 2019년 3월 18일자)

'수많은 사연 안고 위성궤도 도는 광명성-4호'(〈자주시보〉 2016년 2월 15일자)

'역사적 합의, 그러나 왜 3일을 못 참은 것일까'(〈오마이뉴스〉 2000년 4월 10일자)

'박지원이 털어놓은 6.15 남북정상회담 막전막후'(〈프레시안〉 2008년 6월 11일자)

'남북 정상회담/ 6월 회담 이뤄지기까지'(〈한겨레신문〉 2000년 4월 11일자)

'김정은 신년사가 강조한 '근위부대'란?'(〈조선펍〉 2015년 1월 2일자)

'김정은, 2009년 北 미사일 발사 현장 참관'(〈연합뉴스〉 2012년 1월 8일자)

국가정보원, 〈'2007 남북정상회담' 회의록(10.2~4 평양)〉(2013년 6월 23일)

'김정일 위원장, 자강도 현지지도… 김정은 동행'(〈통일뉴스〉 2011년 10월 29일자)

통일부 북한정보포털 '북한 지식사전'

네이버 〈천문학 작은사전〉

북측

'만리마 속도창조운동의 본질과 특징'(〈로동신문〉 2019년 5월 20일자)

'종합적인 위생문화 편의봉사기지에 깃든 사연'(〈조선의 오늘〉 2020년 3월 21일자)

'지하평양이 전하는 이야기' 1~2(〈조선의 오늘〉 2016년 1월 28일자)

'혁명실화 총서 〈민족과 더불어〉 제1권 출판'(〈로동신문〉 2020년 7월 7일자)

'혁명실화 총서 〈민족과 더불어〉 제1권 / 김일성 주석님의 해방 후 업적을 서술'(〈조선신보〉 2020년 7월 10일자)

'금수강산을 진동시키는 40만의 환호성'(〈평양민보〉 1945년 10월 15일자)

'전체 당원들과 인민군 장병들과 인민들에게 고함'(〈조선중앙통신〉 2011년 12월 19일자)

'자주, 평화, 친선은 당과 정부의 변함없는 대외정책 리념'(〈로동신문〉 2017년 1월 4일자)

'정치테로분자들은 오판하지 말라'(〈조선중앙통신〉 2012년 7월 20일)

'정론: 우리는 영원히 잊지 않으리라'(〈로동신문〉 2000년 10월 3일자)

'미국의 대조선 정책은 총파산의 운명을 면할 수 없다'(〈로동신문〉 2015년 1월 24일)

'민족사의 중대기로, 대화를 통한 동반자관계 구축'(〈조선신보〉 2016년 6월 3일자)

김정은, '조선민주주의인민공화국 국무위원회 위원장 성명'(〈조선중앙통신〉 2017년 9월 22일)

'조미관계 교착은 조선반도 비핵화에 대한 미국의 그릇된 인식'(〈로동신문〉 2018년 12월 20일)

'조선로동당 중앙위 제7기 제3차 전원회의- 김정은 위원장 지도'(〈로동신문〉 2018년 4월 21일자)

'조선민주주의인민공화국 외무성 성명'(《조선중앙통신》 2009년 1월 13일자)

'제2차 조미수뇌상봉 제2일 회담'(《로동신문》 2019년 3월 1일)

'조선로동당 중앙위 제7기 제5차 전원회의- 김정은 위원장 지도'(《조선중앙통신》 2020년 1월 1일자)

'조선로동당 제8차 대회 결정서: 조선로동당 총비서 선거에 대하여'(《로동신문》 2021년 1월 11일자)

〈위대한 생애의 1994년〉(조선기록영화촬영소, 1994)

'주체의 사회주의 승리는 력사의 진리이다'(《로동신문》 2017년 4월 21일자)

〈혁명의 새 승리를 향한 력사적 진군에서 사회주의애국청년동맹의 위력을 힘있게 떨치라: 청년동맹 제10차 대회에 보낸 서한〉(《로동신문》 2021년 4월 30일자)

'위대한 수령 김일성 동지의 서거에 즈음하여'(《로동신문》 199년 7월 9일자)

'우리는 영원히 잊지 않으리라: 백두의 령장 김정일 장군의 '고난의 행군' 혁명실록을 펼치며'(《로동신문》 2000년10월 3일자)

[조선영화]〈자강도사람들〉제1부(유튜브)

'성강의 봉화'(《김일성방송대학》 우리민족강당)

'우리가 사는 시대'(《로동신문》 2013년 1월 7일자)

해외

Fred Kaplan, "Powell: The U.S. Is 'Running Out Of Demons'"(The Seattle Times, 1991년 4월 9일자)

"'Путин назвал Ким Чен Ына грамотным и зрелым политиком и призвал к диалогу'"(ТАСС, Москва, Россия, 2018년 1월 12일자 참조)

George H. W. Bush, "Speech: Address to the Nation on the Invasion of Iraq"(1991년 1월 16일)

George H. W. Bush, "Speech: Address Before a Joint Session of Congress"(1990년 9월 11일)

| 사진 출처 | (참고: 매체나 잘 알려진 단체의 경우 링크는 포함하지 않음.
개인 포스트나 사진의 경우 링크를 올립니다.)

3장. 사회주의 고속성장기(1980~1993)

1. 조선로동당 제6차 대회, 혁명의 계승과 '온 사회의 주체사상화' 선포
- 조선로동당 제6차 대회를 주관하는 김일성 주석과 김정일 비서(1980. 10): 〈조선의 오늘〉

2. 차이를 넘어 하나됨을 위하여 - 고려민주련방공화국 통일방안
- 고려민주련방공화국 선전화: 〈우리민족끼리〉

3. '혁명의 계승자' 김정일의 성장과정과 후계자 등장
- 김정일 가족사진: 〈조선의 오늘〉, 탁진·박홍제·김강일, 〈김정일 지도자〉 1, 구월서방, 1984
- 제105기갑사단을 현지지도하는 김정일(1960. 8.): 〈조선의 오늘〉
- 김일성경기장을 현지지도하는 김일성 주석과 김정일 비서(1992.): 〈조선중앙통신〉
- 조선예술영화촬영소를 현지지도하는 김정일 비서: 〈조선중앙통신〉

4. 유일사상체계의 확립과 주체사상의 완성
- 주체사상탑: Aram Pan, "Juche Tower", 〈DPRK 360〉 2020. 4. 25. https://dprk360.com/inside-north-korea/juche-tower/1047/
- 카륜회의(1930. 6.) 상상화: 〈조선의 오늘〉
- 조선로동당 제3차 사상일군대회(1974. 2)에서 결론하는 김정일 비서와 〈주체사상에 대하여〉 표지: 〈조선의 오늘〉, 〈우리민족끼리〉

5. 사회주의 경제건설을 위한 '속도 창조' 운동
- 200일 전투: 〈로동신문〉
- 80년대 대표 건축물들: 〈조선의 오늘〉, 〈우리민족끼리〉, 대한민국 청와대 등.
- 광복거리 건설 장면: 〈조선신보〉

6. '혁명의 교과서' 〈세기와 더불어〉
- 〈회고록〉을 집필 중인 김일성 주석: 〈조선의 오늘〉
- 〈회고록〉 표지: 〈우리민족끼리〉

7. "조선이 없는 지구는 있을 수 없다" - 1994년 전쟁위기와 북미 제네바합의
   - 대동강 유람선에서 함께 한 김일성 주석과 카터 전 대통령 부부: 〈조선중앙통신〉
   - 북미 제네바 합의(1994. 10. 21.): 인터넷 자료

8. 백두에서 한라까지 조선은 하나다 - 통일운동의 발전과 전민족대단결 10대 강령
   - 처음 만나 웃으며 포옹하는 김일성 주석과 문익환 목사: 〈통일맞이〉
   - 세계청년학생축전에 참가한 임수경 대표: 인터넷 자료

4장. 김정일시대와 선군정치(1994~2011)

1. '평양선언'에서 〈사회주의는 과학이다〉까지
   - 1991년 12월 소련이 해체되어 소련기 대신 러시아공화국기를 게양하는 모습 (출처: "Без свидетелей: Как красный флаг сменился на триколор" 〈Общественная служба новостей(ОСН)〉(2020년 12월25일) https://www.osnmedia.ru/obshhestvo/bez-svidetelej-kak-krasnyj-flag-smenilsya-na-trikolor/)
   - 조선인민군 건립 60주년 열병식에서 "영웅적 조선인민군 장병들에게 영광이 있으라!"고 연설하는 김정일 최고사령관.: 〈조선중앙통신〉(1992년 4월 25일)
   - 〈사회주의는 과학이다〉 논문 표지와 '사회주의 승리를 향하여!' 열병식 사진: 〈조선의 오늘〉, 〈로동신문〉

2. 김일성 주석 서거와 수령영생위업
   - 조선혁명박물관 전시 '위대한 생애의 1994년': 〈우리민족끼리〉
   - 김일성 주석 서거: 〈조선중앙통신〉, 조선기록영화 〈위대한 생애의 1994년〉(조선기록영화촬영소, 1994) 캡쳐
   - 금수산태양궁전 전경: Mark Scott Johnson, 〈Kumsusan Memorial Palace〉, 2008. 9. 7. (https://www.flickr.com/photos/39791353@N00/3104547800/)

3. 고난의 행군과 강계정신
   - 항일무장투쟁 당시 고난의 행군 상상화: 〈조선의 오늘〉
   - 영화 〈자강도 사람들〉에서 묘사되는 고난의 행군 시기의 어려운 생활상: 〈자강도 사람들〉(조선예술영화촬영소, 2000) 캡쳐
   - '자강도는 고난의 행군 시기 나에게 정든 고장입니다': 〈통일의 메아리〉

4. 선군정치의 시작
   - 열병식 선군정치: 〈로동신문〉

- '선군정치의 위대한 승리 만세!' 포스터: Christoper Green, "Songun Corea del Nord Kim Jong Il", 〈Sino-NK〉 2013. 3. 25.
  https://sinonk.com/2013/03/25/all-the-worlds-a-stage-a-review-of-north-korea-beyond-charismatic-politics/songun-corea-del-nord-kim-jong-il/

5. 광명성 1호 발사와 '첨단을 돌파하라'
- 북이 공개한 '백두산 1호' 로켓 발사 모습과 인공위성 '광명성 1호'의 모형: 〈자주시보〉, 〈통일뉴스〉
- CNC 공작기계 전경과 노래 〈돌파하라 최첨단을!〉: 〈조선의 오늘〉
- 광명성 3호 발사: 〈로동신문〉

6. 두 차례 남북정상회담과 6.15·10.4선언
- 조국통일 3대헌장 기념탑: 〈통일뉴스〉
- 2000년 6. 15 공동선언과 시드니 올림픽 남북공동입장: 〈통일뉴스〉
- 2007년 10. 4 공동선언: 행정안전부 대통령기록관 소장자료

7. 강성국가론과 선군경제노선
- 〈아리랑〉 집단체조 '강성대국의 대문을 열자: "北 '강성대국' 대신 '강성국가' 표기 의미" 〈유코리아뉴스〉 2011. 12. 28.
  http://www.ukoreanews.com/news/articleView.html?idxno=48
- 자연흐름식 물길: 〈민족통신〉
- 희천발전소와 희천속도: 〈우리민족끼리〉, 〈통일뉴스〉
- 선군 8경: 〈조선의 오늘〉
  ① 백두산의 해돋이(량강도 삼지연군 백두산)
  ② 다박솔초소의 설경
  ③ 철령의 진달래(강원도 고산군-회양군 일대)
  ④ 장자강의 불야성(자강도 강계시)
  ⑤ 한드레벌의 지평선(평북 태천군 은흥협동농장)
  ⑥ 대홍단의 감자꽃바다(량강도 대홍단군)
  ⑦ 범안리의 선경(황북 서흥군 범안협동농장)
  ⑧ 울림폭포의 메아리(강원도 법동군 마식령 울림폭포)

8. 김정은 후계자 확정
- 현지지도에 나선 김정일 국방위원장과 김정은 대장(2011.12.): 〈조선의 오늘〉
- 2.8비날론련합기업소를 현지지도하는 김정일 국방위원장과 김정은 대장(2011.10): 〈우리민족끼리〉

5장. 김정은시대와 인민대중제일주의 : 북미대결을 중심으로(2012~2021)

1. 김정은시대의 출범, 2012년 4.15열병식
- 4.15열병식에서 연설 중인 김정은 제1위원장:〈로동신문〉
- 4.15 열병식 사진들:〈로동신문〉
- 김정일 국방위원장 영결식 장면:〈로동신문〉

2. 2013년 전쟁위기와 3월 전원회의 '경·핵 병진노선' 결정
- 최전연 부대를 시찰 중인 김정은:〈로동신문〉
- 재판장에 나온 장성택:〈로동신문〉
- 〈로동신문〉이 공개한 '전략군 미 본토 타격 계획' 사진:〈조선의 오늘〉

3. 36년 만에 열린 조선로동당 제7차 대회
- 조선로동당 제7차 대회:〈로동신문〉
- 조선로동당 제7차 대회 사진들:〈로동신문〉

4. 2017년 정점에 이른 북미 2차 핵대결
- 화성-5호 시험발사:〈로동신문〉
- 북극성 SLBM 시험발사 성공과 이를 지켜본 김정은 위원장:〈로동신문〉
- 수소탄 모형을 시찰하는 김정은 위원장:〈로동신문〉

- **김정은시대의 북녘**
    - 려명거리:〈우리민족끼리〉
    - 삼지연 개건:〈조선신보〉
    - 과학기술전당:〈조선의 오늘〉
    - 미래과학자거리:〈통일뉴스〉
    - 보통강 주택지구 구상도:〈로동신문〉
    - 1만세대 살림집 구상도:〈로동신문〉
    - 2020년 수해복구 준공식:〈로동신문〉
    - 세포등판:〈우리민족끼리〉
    - 양덕온천문화휴양지구:〈로동신문〉
    - 문수물놀이장:〈조선신보〉
    - 마식령스키장:〈우리민족끼리〉

5. 역사적인 4.27판문점선언과 9.19평양공동선언
    - 2018평창동계올림픽, 남북선수단 공동입장: 〈통일뉴스〉
    - 4.27 판문점선언: 대한민국 청와대 남북정상회담 준비위원회 소장자료
    - 9.19 평양 공동선언: 대한민국 청와대 남북정상회담 준비위원회 소장자료

6. 조선로동당 7기 3차 전원회의와 싱가포르 조미정상회담
    - 김정은-도널드 트럼프 싱가포르 회담: 〈대외관계발전의 새시대를 펼치시여〉(외국문출판사, 2021)

7. 2019년 히노이 2차 조미정상회담의 결렬
    - 하노이 회담장 주변에서 산책 중인 김정은 위원장과 트럼프 대통령: 〈대외관계발전의 새시대를 펼치시여〉(외국문출판사, 2021)

8. '정면돌파전', 2019년 12월 전원회의
    - 백마를 타고 백두산에 오른 김정은 위원장(2019.12.04.): 〈조선의 오늘〉
    - 2019년 12월 전원회의 전경: 〈로동신문〉

9. 새 격변기 준비한 조선로동당 제8차 대회
    - 조선로동당 제8차 대회 전경: 〈로동신문〉
    - 조선로동당 제8차 대회에서 연설하는 김정은 위원장: 〈로동신문〉
    - 조선로동당 창당 75주년 기념 열병식에서 선보인 신형 SLBM과 ICBM: 〈로동신문〉